Die freie Kündigung des Werkvertrages gemäß § 648 BGB

Europäische Hochschulschriften Recht

European University Studies in Law

Publications Universitaires Européennes de Droit

Band/Volume **6793**

Jonathan Pott

Die freie Kündigung des Werkvertrages gemäß § 648 BGB

Dogmatische Einordnung, rechtspolitische Würdigung und praktische Anwendungsprobleme der Norm

PETER LANG

Berlin - Bruxelles - Chennai - Lausanne - New York - Oxford

Bibliografische Information der Deutschen Nationalbibliothek
Die Deutsche Nationalbibliothek verzeichnet diese Publikation in der Deutschen Nationalbibliografie; detaillierte bibliografische Daten sind im Internet über http://dnb.d-nb.de abrufbar.

Zugl.: Köln, Univ., Diss., 2024

D 38
ISSN 0531-7312
ISBN 978-3-631-91945-3 (Print)
E-ISBN 978-3-631-91953-8 (E-PDF)
E-ISBN 978-3-631-91954-5 (EPUB)
DOI 10.3726/b21872

Verlegt durch: Peter Lang GmbH, Berlin, Deutschland

info@peterlang.com - http://www.peterlang.com/

Vorwort

Die vorliegende Arbeit wurde im Wintersemester 2023/2024 von der Rechtswissenschaftlichen Fakultät der Universität zu Köln als Dissertation angenommen. Rechtsprechung und Literatur befinden sich auf dem Stand April 2023, weshalb insbesondere die grundlegenden Änderungsvorschläge von *Björn Retzlaff* zum anderweitigen Erwerb (BauR 2023, 1036-1051 und BauR 2023, 1168-1180) in der Arbeit keine Berücksichtigung gefunden haben.

Die Arbeit ist neben meiner Tätigkeit als wissenschaftlicher Mitarbeiter sowie Rechtsanwalt bei der Kanzlei Kapellmann und Partner in Düsseldorf entstanden.

Mein herzlicher Dank gilt zunächst Frau *Prof. Dr. Dr. h.c. Barbara Dauner-Lieb* für die Betreuung der Promotion und die Erstellung des Erstgutachtens. Darüber hinaus danke ich Frau *Prof. Dr. Barbara Grunewald* für die Erstellung des Zweitgutachtens.

Herrn *Dr. Daniel Busche* danke ich für den konstruktiven Austausch und die kritische Lektüre meines Manuskripts.

Weitere Danksagungen gebühren Herrn *Prof. Dr. Klaus Eschenbruch*, der mir die Anregung für die Themenwahl gab, sowie Herrn *Prof. Dr. Heiko Fuchs* und meinem Studienfreund *Simon Becker, MJur (Oxon)* für den punktuellen Austausch zu einzelnen in der Arbeit behandelten Themen.

Meinen Eltern *Regina* und *Matthias Pott* sei für die stete Unterstützung während meiner gesamten Ausbildungszeit gedankt, die der Erstellung der Arbeit vorausging. Meine Frau *Nadine Pott* stand mir neben ihrer Richtertätigkeit als ständige Ansprechpartnerin zur Seite und hat mir bei der sprachlichen Korrektur der Arbeit geholfen. Darüber hinaus hat sie während der gesamten Promotionszeit – vor allem auch an den Wochenenden – die Hauptlast der familiären Aufgaben getragen. Hierfür kann ich kaum genug danken.

Düsseldorf, im Februar 2024
Jonathan Pott

Inhaltsverzeichnis

Einleitung

A. Einführung in die Thematik

Die Vorschrift des § 648 S. 1 BGB[1] eröffnet dem Besteller des Werkvertrages die Möglichkeit, den Vertrag jederzeit grundlos zu kündigen (sogenannte „freie" Kündigung).[2] Dasselbe regelt § 8 Abs. 1 Nr. 1 VOB/B für Bauverträge, auf welche die VOB/B Anwendung findet. Diese einseitige Kündigungsmöglichkeit wirft die Frage auf, welche Bedeutung und Reichweite dem Grundsatz der Vertragstreue im Werkvertragsrecht zukommt. Auf den ersten Blick scheint der Besteller durch den Vertragsabschluss nur eingeschränkt gebunden zu sein. Jeder Werkvertrag ist mit dem Risiko behaftet, vor der Herstellung des Werkes einseitig vom Besteller gekündigt zu werden. Entschließt sich der Besteller dazu, den Vertrag grundlos zu kündigen, bleibt er indes gemäß § 648 S. 2 BGB verpflichtet, dem Unternehmer die vereinbarte Vergütung zahlen. Der Unternehmer muss sich auf die vereinbarte Vergütung seine infolge der Kündigung ersparten Aufwendungen sowie den infolge der Kündigung erzielten oder böswillig unterlassenen Erwerb durch anderweitige Verwendung seiner Arbeitskraft anrechnen lassen.[3] Der Besteller kann den Werkvertrag folglich grundlos, jedoch in aller Regel nicht kostenlos kündigen.

Praktische Bedeutung erlangt § 648 BGB ganz überwiegend im Bereich des Bauvertragsrechts.[4] Dass der Besteller den Vertrag kündigt, weil er das Interesse an der Erstellung des Werkes verloren hat, kommt vor, dürfte jedoch nicht den Hauptanwendungsfall des § 648 BGB darstellen. Vielmehr kündigt der Besteller den

---

1 Vor dem 01.01.2018 fand sich der jetzige § 648 BGB noch mit identischem Wortlaut in § 649 BGB a.F. Zur Vereinfachung und Übersichtlichkeit wird die Norm in dieser Arbeit auch dann als § 648 BGB bezeichnet, wenn ältere Quellen zitiert werden, die sich auf den gleichlautenden § 649 BGB a.F. beziehen.

2 Zu den Modalitäten der Kündigungsausübung siehe *Peters,* in: Staudinger, § 648 Rn. 11-14, 16 f., 20; *Lührmann/Raab,* in: Dauner-Lieb/Langen, § 648 Rn. 7-11.

3 Dasselbe regelt mit leicht abweichendem Wortlaut § 8 Abs. 1 Nr. 2 VOB/B. Die Rechtsfolgen der freien Kündigung gemäß § 8 Abs. 1 VOB/B sind identisch mit denen der Kündigung eines Werkvertrags gemäß § 648 S. 1 BGB, vgl. etwa *Peters,* in: Staudinger, § 648 Rn. 74.

4 *Leupertz/Halfmeier,* in: Prütting/Wegen/Weinreich, § 648 Rn. 1. Außerhalb des Baurechts wurde § 648 BGB jüngst im Zusammenhang mit Personenbeförderungsverträgen im Luftverkehr relevant. Siehe dazu BGH, NJW 2018, 2039; *Schmid/Puschkarski,* NJW 2018, 657.

Werkvertrag häufig dann, wenn es zu Konflikten zwischen den Parteien kommt. Möchte der Besteller infolgedessen nicht weiter mit dem Unternehmer zusammenarbeiten, so beruft er sich bei der Kündigung in aller Regel auf einen wichtigen Grund zur Kündigung des Vertrages. Fehlt es jedoch an einem wichtigen Grund zur Kündigung, so ist die Kündigung des Bestellers in der Regel nicht unwirksam, sondern vielmehr als freie Kündigung zu verstehen.[5] Auch bei einer einvernehmlichen Vertragsaufhebung des Werkvertrages kommen meist die Rechtsfolgen des § 648 S. 2 BGB zur Anwendung.[6]

Obwohl die freie Kündigung gemäß § 648 BGB bereits seit der Einführung des BGB im Jahr 1900 in diesem geregelt und Gegenstand zahlreicher Urteile und Veröffentlichungen ist, gibt es bei der Anwendung der Norm noch immer viele offene Fragen. Jüngst wurde die freie Kündigung des Werkvertrages daher auch zutreffend als „*Dauerbrenner in der gerichtlichen Praxis*"[7] bezeichnet. Häufig streiten die Parteien zunächst darüber, ob die Kündigung des Vertrages durch den Besteller aus wichtigem Grund gemäß § 648a BGB erfolgt ist oder ob es sich vielmehr um eine freie Kündigung gemäß § 648 BGB handelt. Diese Bewertung ist nicht nur entscheidend für etwaige Schadensersatzansprüche des Bestellers infolge der Kündigung,[8] sondern auch dafür, ob dem Unternehmer ein Anspruch auf Zahlung der Vergütung für den nicht erbrachten Teil der Leistung gemäß § 648 S. 2 BGB zusteht. Unter welchen Voraussetzungen ein wichtiger Grund zur Kündigung gemäß § 648a BGB vorliegt, soll in dieser Arbeit nicht behandelt werden. Vielmehr erfolgt eine originäre Betrachtung des § 648 BGB, wobei sich bei der Abrechnung infolge der Kündigung teilweise auch Parallelen zur Abrechnung von Verträgen ergeben, die aus wichtigem Grund gekündigt wurden. Praktische Probleme ergeben sich vor allem bei der Abgrenzung des erbrachten vom nicht erbrachten Teil der Leistung sowie bei der Bewertung des erbrachten Teils der Leistung. Die hohen materiell-rechtlichen Anforderungen an die Berechnung des Vergütungsanspruchs wirken sich auch prozessual aus und führen dazu, dass der Unternehmer oft Schwierigkeiten hat, seinen Vergütungsanspruch aus § 648 S. 2 BGB im Gerichtsverfahren darzulegen und zu beweisen.

---

5 Siehe etwa BGHZ 51, 190 = NJW 1969, 419; BGH, NJW 1996, 1751; BGH, NJW 1999, 3554 (3556); BGHZ 156, 82 = NZBau 2003, 665.

6 Vgl. BGH, NZBau 2018, 461; OLG Frankfurt, NZBau 2020, 237.

7 *Rohland/Wawra*, NJW-Spezial 2021, 684. Vgl. auch *Kniffka*, Jahrbuch Baurecht 2000, 1 und *Dölle*, in: FS Werner, 169.

8 Siehe etwa *Busche*, in: MüKo BGB, § 648 Rn. 17.

B. Zielsetzung der Arbeit und Gang der Untersuchung

Das primäre Ziel der Arbeit ist eine grundlegende dogmatische Untersuchung des § 648 BGB und eine Einordnung der Norm in das Gesamtgefüge des BGB, wobei ein besonderer Fokus auf der Untersuchung der Reichweite der Vertragstreue im Werkvertragsrecht liegt. Darüber hinaus erfolgt eine rechtspolitische Bewertung des freien Kündigungsrechts, verbunden mit der Frage, ob anlasslose Loslösungsrechte nach dem Vorbild des § 648 BGB auch für andere Vertragstypen etabliert werden sollten. Ein weiteres Ziel der Arbeit liegt darin, Lösungsvorschläge für praktische Anwendungsprobleme bei der Ermittlung und Durchsetzung des Vergütungsanspruchs gemäß § 648 S. 2 BGB zu entwickeln, die vor allem aus der Grundstruktur der Norm resultieren.

Die Arbeit gliedert sich demnach in drei Teile. Im ersten Teil werden die dogmatischen Grundlagen des § 648 BGB und dessen Stellung im Gesamtgefüge des BGB untersucht. Im zweiten Teil erfolgt eine rechtspolitische Bewertung des freien Kündigungsrechts. Der dritte Teil widmet sich praktischen Anwendungsproblemen der Norm.

Im Einzelnen:

Die dogmatischen und systematischen Grundlagen des freien Kündigungsrechts, vor allem dessen Verhältnis zum Gesamtgefüge des BGB, sind noch nicht grundlegend geklärt. Ein Schwerpunkt der Arbeit besteht darin, eine umfassende dogmatische und systematische Einordnung des freien Kündigungsrechts vorzunehmen. Hierzu erfolgt zunächst eine kurze Begriffsbestimmung sowie eine Darstellung der Motive des historischen Gesetzgebers für die Schaffung des freien Kündigungsrechts (hierzu unter Teil 1, Abschnitt A). Die freie Kündigung des Werkvertrages gemäß § 648 S. 1 BGB weist Charakteristika auf, die nicht denen einer typischen Kündigung entsprechen. Daher wird diskutiert, ob die Bezeichnung als Kündigung zutreffend und sachgerecht ist. Ein Blick auf die Entstehungsgeschichte des freien Kündigungsrechts lohnt sich schon deshalb, weil dessen Einfügung in das BGB keinesfalls unumstritten war, sondern zuvor vielmehr kontrovers diskutiert wurde.[9]

Anschließend wird untersucht, ob das Recht zur einseitigen Loslösung vom Vertrag – wie teilweise vertreten wird – bereits aus allgemeinen schuldrechtlichen Grundsätzen folgt[10] oder ob § 648 S. 1 BGB vielmehr eine primär auf

---

9 Vgl. Mot II, 502 f.

10 So *Kohler*, Archiv bürg. Recht 1897, 149 (169); *Kohler*, IhJb 1879, 261 (276-278); *Venrooy*, JR 1991, 492 (497).

Interessenserwägungen beruhende Sonderregelung darstellt. Damit verknüpft ist die Frage, ob das freie Kündigungsrecht des § 648 S. 1 BGB eine „*Besonderheit des Werkvertragsrechts*“[11]oder bloß die explizite Normierung eines schuldrechtlichen Grundprinzips darstellt. Teilaspekte der dogmatischen Einordnung des freien Kündigungsrechts wurden bereits in der Rechtswissenschaft beleuchtet.[12] Eine umfassende dogmatische Einordnung des freien Kündigungsrechts ist bisher jedoch noch nicht erfolgt und soll Gegenstand dieser Arbeit sein. Von besonderem Interesse ist dabei das Verhältnis des § 648 BGB zum Grundsatz der Vertragstreue. Anknüpfend an die grundlegenden Ausführungen zur Vertragstreue von *Weller*[13] wird untersucht, ob und inwieweit es mit dem Grundsatz der Vertragstreue vereinbar ist, dass der Besteller sich durch die Kündigung „*aus dem Vertrag herauskaufen*“[14] kann. All diesen Fragen zur Einordnung des freien Kündigungsrechts in das Gesamtgefüge des BGB wird in Teil 1, Abschnitt B dieser Arbeit nachgegangen.

Ein weiterer Fokus der Arbeit liegt auf dem Prinzip der Vor- und Nachteilswahrung als dem „*leitenden materiell-rechtlichen Grundgedanken des Abrechnungsrechts nach der Kündigung*“[15]. So wird unter Bezugnahme auf die Motive nahezu einhellig davon ausgegangen, dass der Unternehmer durch die Kündigung des Vertrages wirtschaftlich so gestellt werden solle wie er bei vollständiger Vertragsdurchführung stünde.[16] Der Unternehmer solle durch die Kündigung keine Nachteile erleiden, jedoch auch keine Vorteile davontragen. Bei der aktuell praktizierten Anwendung der Norm in Rechtsprechung und Literatur zeigt sich jedoch eine ganze Reihe von Vor- und Nachteilen für den Unternehmer. Er profitiert etwa bei einem defizitär kalkulierten Vertrag dadurch, dass er infolge der Kündigung keinen oder einen nur geringeren Verlust realisiert als bei vollständiger Vertragsdurchführung. Außerdem kann sich die sofortige Fälligkeit

---

11 *Schmitz,* in: ibrOK Bauvertragsrecht, § 648 Rn. 2; *Kessen,* in: BeckOGK BGB, § 648 Rn. 1; *Geheeb,* in: Leinemann/Kues, § 648 Rn. 1. Siehe auch *Weyers,* in: Überarbeitung des Schuldrechts, Bd. II, 1115 (1135), der das freie Kündigungsrecht als „*ungewöhnliche Erscheinung*“ bezeichnet.

12 Siehe etwa *Kenter,* Vergütungsanspruch, S. 1-41; *Weller,* Vertragstreue, S. 552-557.

13 *Weller,* Vertragstreue.

14 Vgl. *Peters,* JZ 1996, 73 (74).

15 So *Kniffka,* Jahrbuch Baurecht 2000, 1.

16 Siehe etwa *Busche,* in: MüKo BGB, § 648 Rn. 18; *Kniffka,* Jahrbuch Baurecht 2000, 1; *Lederer,* in: Kapellmann/Messerschmidt, § 8 VOB/B Rn. 37; *Lührmann/Raab,* in: Dauner-Lieb/Langen, § 648 Rn. 3; *Leupertz/Halfmeier,* in: Prütting/Wegen/Weinreich, § 648 Rn. 1.

des Vergütungsanspruchs infolge der Kündigung vorteilhaft für ihn auswirken. Nachteile des Unternehmers infolge der Kündigung können daraus resultieren, dass er besondere Aufwendungen, z.B. für die Erstellung der Abrechnung oder Kalkulation des Vertrages tätigen muss. Anhand dieser und weiterer Beispiele wird aufgezeigt, dass es zu Widersprüchen zwischen dem Prinzip der Vor- und Nachteilswahrung und der konkreten Anwendung der Norm kommt. Diese Widersprüche möchte die Arbeit auflösen. Hierzu wird zunächst untersucht, welche Bedeutung dem Prinzip der Vor- und Nachteilswahrung bei der Anwendung der Norm zukommt. Anschließend werden die gängigen Definitionen des Prinzips der Vor- und Nachteilswahrung in Frage gestellt und durch eine eigene Definition ersetzt. Danach werden Lösungsvorschläge entwickelt, wie sich die teilweise auftretenden ungerechtfertigten Vor- und Nachteile infolge der Kündigung vermeiden lassen (hierzu unter Teil 1, Abschnitt C).

Ausgehend von den im ersten Teil der Arbeit untersuchten dogmatischen Grundlagen erfolgt im zweiten Teil eine rechtspolitische Bewertung des freien Kündigungsrechts aus § 648 BGB. Zunächst wird untersucht, ob das freie Kündigungsrecht vom Werkvertrag interessengerecht ist. Dabei werden die unterschiedlichen Interessen der Vertragsparteien im Hinblick auf den individuellen Vertrag berücksichtigt, insbesondere auch, ob die Vergütungsfolge des § 648 S. 2 BGB die Interessen des Unternehmers hinreichend wahrt. Zudem wird auch in den Blick genommen, ob das gesamtgesellschaftliche Interesse am Bestand und der Durchführung von geschlossen Verträgen gegen das freie Kündigungsrecht des Bestellers spricht (hierzu unter Teil 2, Abschnitt A). Im Anschluss an die Bewertung des Kündigungsrechts aus § 648 S. 1 BGB erfolgt eine Würdigung, ob ein anlassloses Loslösungsrecht vom Vertrag aus Interessenserwägungen auf andere Vertragstypen ausgeweitet werden sollte. Vereinzelt wird in der Literatur für eine solche Ausweitung des freien Kündigungsrechts, etwa auf Kauf- und Dienstverträge, plädiert.[17] Zur Bewertung dieser Frage werden unterschiedliche Vertragstypen untersucht und die für diese teilweise bereits bestehenden Loslösungsrechte, etwa beim Dienst- oder Reisevertrag, mit der Regelung und Reichweite des § 648 BGB verglichen. Sodann wird untersucht, ob die Interessenlage der jeweiligen Vertragsparteien es rechtfertigt oder gar gebietet, eine freie Loslösung vom Vertrag auch bei anderen Vertragstypen zu ermöglichen (hierzu unter Teil 2, Abschnitt B).

---

17 *Peters,* in: Staudinger, § 648 Rn. 59; *Peters,* JZ 1996, 73 (75 f.); siehe auch *Bitter/Rauhut,* JZ 2007, 964 (966 Fn. 23).

Der dritte Teil dieser Arbeit baut ebenfalls auf den Grundlagen des § 648 BGB im ersten Teil der Arbeit auf und widmet sich ausgewählten Anwendungs- und Auslegungsproblemen im Zusammenhang mit § 648 BGB. In materiellrechtlicher Hinsicht wirft vor allem die Ermittlung des Vergütungsanspruchs gemäß § 648 S. 2 BGB Fragen auf (hierzu unter Teil 3, Abschnitt A).[18] Dabei stellt sich etwa die Frage, wie sich Änderungen des Leistungsumfangs auf den Vergütungsanspruch des Unternehmers auswirken. Praktisch besonders bedeutsam ist, ob und unter welchen Voraussetzungen die Vergütung für Nachträge, die infolge der Kündigung nicht mehr ausgeführt wurden, bei der Berechnung des Anspruchs gemäß § 648 S. 2 BGB zu berücksichtigen ist. Vor allem umfangreiche Bauprojekte kommen nur selten ohne Nachträge aus, die das Auftragsvolumen und damit auch den Vergütungsanspruch des Unternehmers regelmäßig deutlich erhöhen. Nochmals an Bedeutung gewonnen hat diese Thematik mit der Einführung des BGB-Bauvertragsrechts zum 01.01.2018 und dem seither geregelten Anordnungsrecht des Bestellers aus § 650b BGB. Die Vergütung für einen nicht mehr zur Ausführung gelangten Nachtrag ist unzweifelhaft dann zu berücksichtigen, wenn die Parteien sich vor der Kündigung über den Nachtrag sowie die darauf bezogene Vergütung geeinigt hatten. Kontrovers beurteilt wird hingegen, ob die Vergütung für einen Nachtrag auch dann bei der Berechnung des Anspruchs gemäß § 648 S. 2 BGB zu berücksichtigen ist, wenn der Nachtrag vor der Kündigung entweder überhaupt nicht vereinbart oder beauftragt wurde oder die Parteien sich nicht über die Höhe der Nachtragsvergütung geeinigt haben.[19] Die Arbeit knüpft an den aktuellen Diskussionsstand an und entwickelt Abgrenzungskriterien, unter welchen Voraussetzungen nicht ausgeführte Nachträge sich vergütungserhöhend auf den Anspruch aus § 648 S. 2 BGB auswirken.

Des Weiteren soll eine grundlegende Untersuchung der Anrechnungsposition des anderweitigen Erwerbs erfolgen. Der Gesetzgeber hatte bei der Schaffung des § 648 BGB den einzelnen Handwerker vor Augen, weshalb das Gesetz auch von der „*anderweitigen Verwendung seiner Arbeitskraft*" spricht.[20] Die heutige wirtschaftliche Realität weicht vor allem bei Bauverträgen jedoch in aller Regel vom Bild des historischen Gesetzgebers ab, da vor allem große Unternehmen

---

18 *Venrooy*, JR 1991, 492 (493) formuliert hierzu zutreffend: „*Der an sich als Erleichterung dieser Kündigungs-Rechtsfolge gedachte folgende Halbsatz 2 wirft erhebliche Probleme der Tatsachenermittlung und der Berechnung auf*".

19 Hierzu jüngst *Rosendahl*, NZBau 2022, 450 sowie *Jacob*, BauR 2021, 751.

20 *Quack*, in: FS von Craushaar, 309 (309 f.); *Glöckner*, BauR 1998, 669 (675); vgl. auch *Nicklisch*, BB 1979, 533; *Nicklisch*, JZ 1984, 757 (757-759).

oftmals eine flexible Personalstärke aufweisen und – je nach Bedarf und Auftragslage – zusätzliche Arbeitskräfte anstellen können.[21] Die Anknüpfung des Gesetzestextes an die Arbeitskraft ist daher schon begrifflich nicht mehr zeitgemäß. Auch deshalb stellt sich die Frage, unter welchen Voraussetzungen eine Anrechnung anderweitigen Erwerbs erfolgt. Zweifelhaft ist die aktuelle Handhabung in der Rechtsprechung und Literatur, die aus einem Ersatzauftrag erzielte Vergütung entweder ganz oder gar nicht auf den Vergütungsanspruch aus § 648 S. 2 BGB anzurechnen. Weiterhin stellt sich die Frage, (bis) zu welchem Zeitpunkt bestimmt wird, ob ein Ersatzauftrag als anderweitiger Erwerb anrechnungspflichtig ist.

Den Abschluss der Arbeit bildet eine Untersuchung der prozessualen Anwendungsprobleme des § 648 S. 2 BGB (hierzu unter Teil 3, Abschnitt B). Um sicherzustellen, dass der Unternehmer infolge der Kündigung keine ungerechtfertigten Vorteile erzielt, obliegt diesem nach der Rechtsprechung eine weitgehende Darlegungslast, die ihn in der Praxis vor große Herausforderungen stellt. Besondere Schwierigkeiten für den Unternehmer ergeben sich bei der Darlegung des Vergütungsanspruchs infolge der freien Kündigung eines Pauschalpreisvertrages. Teilweise wird vermutet, es gebe in keinem anderen Bereich des Baurechts so viele unschlüssige Klagen wie dort.[22] Infolge der Kündigung eines Pauschalpreisvertrages entsteht für den Unternehmer ein Abrechnungsaufwand, der bei vollständiger Vertragsdurchführung nicht entstanden wäre. So ist etwa bei vollständiger Vertragsdurchführung eines Pauschalpreisvertrages kein Aufmaß der erbrachten Leistungen zur Bestimmung der erbrachten Massen erforderlich. Dies ändert sich jedoch im Falle der Kündigung, sodass der Unternehmer – vergleichbar mit einem Einheitspreisvertrag – ein Aufmaß und eine detaillierte Abrechnung der Massen vornehmen muss. Bei der Untersuchung der prozessualen Anforderungen an die Darlegung des Vergütungsanspruchs gemäß § 648 S. 2 BGB sind im Ausgangspunkt die Änderungen zu berücksichtigen, die sich durch die Rechtsprechungsentwicklung vor allem in den 1990er Jahren ergaben. In mehreren Urteilen änderte der BGH seine bis dahin praktizierte Rechtsprechung dahingehend, dass dem Unternehmer nunmehr infolge einer Kündigung nicht nur die Darlegung der ihm zustehenden Vergütung, sondern darüber hinaus auch die Erstdarlegung der von ihm ersparten Aufwendungen und des anderweitigen Erwerbs obliegt.[23] Eine gute Darstellung der Rechtsprechungsentwicklung zur

---

21 Vgl. *Glöckner*, BauR 1998, 669 (675).

22 *Leineweber*, ZfBR 2005, 110; *Hille*, NJW 2015, 2455 (2456).

23 Siehe etwa BGHZ 131, 362 = NJW 1996, 1282; BGHZ 200, 274 = NJW 2014, 2186 (2187 f. Rn. 21).

Darlegungslast bis zum Jahr 2000 findet sich in der Arbeit von *Kenter*.[24] Nicht zuletzt infolge der Rechtsprechungsänderung wurde in dem Diskussionsentwurf des Bundesministeriums der Justiz zum Schuldrechtsmodernisierungsgesetz sogar eine gänzliche Abschaffung des freien Kündigungsrechts vorgeschlagen. Der Vorschlag wurde maßgeblich auch damit begründet, dass der als Korrektiv zum freien Kündigungsrecht vorgesehene § 648 S. 2 BGB häufig leerlaufe.[25] Letztendlich wurde das freie Kündigungsrecht nach weiteren Diskussionen im Gesetzgebungsprozess jedoch beibehalten. Neue Dynamik ist mit der Einführung der Pauschalierungsregelung in § 648 S. 3 BGB durch das Forderungssicherungsgesetz aus dem Jahr 2008 entstanden. Durch die Ergänzung des § 648 S. 3 BGB wollte der Gesetzgeber dem Unternehmer die Durchsetzung des Vergütungsanspruchs[26] – auch vor dem Hintergrund der geänderten Rechtsprechung des Bundesgerichtshofs – vereinfachen.[27] Allerdings erreicht § 648 S. 3 BGB dieses Ziel nicht und ist in der Praxis wenig bedeutend.[28] Anknüpfend an die Arbeit von *Kenter*[29] und die darin skizzierte Rechtsprechungsentwicklung bis zum Jahr 2000 wird untersucht, ob und inwieweit sich seither – vor allem durch die Einführung des § 648 S. 3 BGB – Änderungen bei der Darlegung des Vergütungsanspruchs ergeben haben. Sodann sollen verschiedene Ansätze untersucht und zur Diskussion gestellt werden, die die Darlegung des Vergütungsanspruchs in der Praxis auf Basis des geltenden Rechts einfacher und gerechter gestalten könnten. Ausgangspunkt der Überlegungen ist der Ansatz, dass der Besteller die Kündigung veranlasst hat und daher im Grundsatz auch das Risiko für Prognoseunsicherheiten tragen sollte.

---

24 *Kenter*, Vergütungsanspruch, S. 95-119.

25 Diskussionsentwurf eines Schuldrechtsmodernisierungsgesetzes vom 04.08.2000, S. 552 f.

26 Zur Diskussion um die Rechtsnatur des Anspruchs siehe unter Teil 1, B.II.

27 BT-Drs. 16/511, S. 17.

28 Vgl. etwa *Kniffka*, in: Kniffka/Koeble, Teil 8 Rn. 73; *Brüninghaus*, in: BeckOK VOB/B, § 8 Abs. 1 Rn. 56; *Busche*, in: MüKo BGB, § 648 Rn. 33.

29 *Kenter*, Vergütungsanspruch, S. 95-119.

Erster Teil: Dogmatische Grundlagen des freien Kündigungsrechts nach § 648 BGB

Das freie Kündigungsrecht als jederzeitiges Loslösungsrecht des Bestellers wird als *„Besonderheit des Werkvertragsrechts“* bezeichnet.[30] Für andere Vertragstypen als den Werkvertrag ist ein solches anlassloses Kündigungsrecht jedenfalls nicht ausdrücklich vorgesehen.[31] Auch gilt das Kündigungsrecht nur einseitig für den Besteller. Der Unternehmer wiederum kann den Vertrag allein bei Vorliegen eines wichtigen Grundes kündigen. Diese Befunde bieten Anlass zu einer dogmatischen Einordnung des freien Kündigungsrechts.

Zunächst werden die Terminologie des Gesetzes, die Loslösung als „Kündigung“ zu bezeichnen, sowie die Motive des Gesetzgebers zur Schaffung des § 648 BGB beleuchtet. Sodann stellt sich die Frage, ob die Normierung des Kündigungsrechts allein beim Werkvertrag auf einer primär von Interessenserwägungen geleiteten Entscheidung des Gesetzgebers beruht oder ob vielmehr gewichtige oder gar zwingende dogmatische Erwägungen für die Existenz des Kündigungsrechts streiten. Dies ist bedeutsam für die später behandelte Frage, ob einzelne Vertragsparteien sich auch außerhalb des Werkvertragsrechts einseitig vom Vertrag lösen können. Auch drängt sich die Frage auf, ob und inwieweit das freie Kündigungsrecht als einseitiges Loslösungsrecht mit dem Grundsatz der Vertragstreue vereinbar ist.

Ein weiterer Fokus liegt auf der dogmatischen Untersuchung der Rechtsfolgen infolge der freien Kündigung des Werkvertrages. Vor allem die Regelung des § 648 S. 2 BGB wirft einige dogmatische Fragen auf. So ist zu prüfen, inwieweit § 648 S. 2 BGB eine eigene Anspruchsgrundlage darstellt. Zudem weist die Norm schadensersatzrechtliche Elemente auf. Dies bietet Anlass für eine Untersuchung der Rechtsnatur des Anspruchs infolge der Kündigung.

Außerdem soll der Regelungsgehalt des § 648 BGB untersucht werden. Mit unterschiedlichen Begründungen wird die Existenz des freien Kündigungsrechts

---

30 *Schmitz,* in: ibrOK Bauvertragsrecht, § 648 Rn. 2; *Kessen,* in: BeckOGK BGB, § 648 Rn. 1.

31 Zur Diskussion um die Anwendung des § 648 BGB auch auf andere Vertragstypen siehe unter Teil 2, B. Das freie Kündigungsrecht gilt auch für den Verbraucherbauvertrag (vgl. § 650i Abs. 3 BGB) sowie gemäß § 650q Abs. 1 BGB für den Architekten- und Ingenieurvertrag. Ein Bauträgervertrag kann hingegen nicht frei gekündigt werden, § 650u Abs. 2 BGB.

teilweise für überflüssig oder die Norm für rein deklaratorisch gehalten. So heißt es, der Besteller könne dem Unternehmer die Durchführung des Werkes schlicht unmöglich machen, was durch die Regelung des § 326 Abs. 2 BGB letztlich zum selben Ergebnis führe wie die Abrechnung infolge der freien Kündigung gemäß § 648 S. 2 BGB.[32] *Glöckner* wiederum stellt den Regelungsgehalt des § 648 S. 2 BGB mit der Begründung in Frage, dass dem Unternehmer im Falle der Erfüllungsverweigerung des Bestellers ein gleichlautender Schadensersatzanspruch zustehen würde.[33] Wie zu zeigen sein wird, hat § 648 BGB jedoch sehr wohl einen eigenständigen Regelungsgehalt. Dieser Befund dient als Basis für die anschließende rechtspolitische Bewertung des freien Kündigungsrechts im zweiten Teil der Arbeit.

A. Terminologie und Motive des Gesetzgebers

I. Bezeichnung als „Kündigung"

Bei einem ersten Blick auf die Vorschrift des § 648 BGB überrascht zunächst die Bezeichnung als „Kündigung", da üblicherweise nur Dauerschuldverhältnisse gekündigt werden können und Werkverträge regelmäßig keine Dauerschuldverhältnisse sind.[34] Es heißt, der Gesetzgeber habe damit verdeutlichen wollen, dass der Werkvertrag einige Charakteristika eines Dauerschuldverhältnisses aufweise, ohne typischerweise selbst ein solches zu sein.[35] Der Hauptunterschied zu Dauerschuldverhältnissen besteht darin, dass Werkverträge auf einen singulären Leistungserfolg gerichtet sind.[36] Die regelmäßig komplexe und langwierige vorbereitende Tätigkeit bei Werk- und insbesondere Bauverträgen unterschiedet diese wiederum von den punktuellen Austauschverträgen.[37]

---

32 *Peters,* in: Staudinger, § 648 Rn. 7; *Peters,* in: FS Thode, 65 (70); *Kenter*, Vergütungsanspruch, S. 6.

33 So *Glöckner*, BauR 1998, 669 (675-678).

34 Siehe etwa *Oetker*, Dauerschuldverhältnis, S. 156-158; *Glöckner*, BauR 1998, 669 (674); *Venrooy*, JR 1991, 492 (492, 496 f.); *Lührmann/Raab,* in: Dauner-Lieb/Langen, § 648 Rn. 1; *Mugler*, BB 1993, 1460 (1461). *Peters,* in: Staudinger, § 648 Rn. 4 weist indes darauf hin, dass bei regelmäßig zu erbringenden Werkleistungen durchaus von einem Dauerschuldverhältnis gesprochen werden könne.

35 *Busche,* in: MüKo BGB, § 648 Rn. 1.

36 *Oetker*, Dauerschuldverhältnis, S. 158.

37 *Oetker*, Dauerschuldverhältnis, S. 21 f., 157. *Weller*, Vertragstreue, S. 204 missdeutet die Position von Oetker, wenn er unter Berufung auf diesen Werkverträge als punktuelle Austauschverträge einordnet.

Die Zielrichtung des freien Kündigungsrechts gemäß § 648 BGB unterscheidet sich ebenfalls von der Zielrichtung des Kündigungsrechts bei Dauerschuldverhältnissen. So gilt bei Dauerschuldverhältnissen der Grundsatz der einseitigen Beendigungsfreiheit.[38] Ohne die von Gesetzes wegen vorgesehene und den Dauerschuldverhältnissen immanente Möglichkeit der einseitigen Kündigung bestünde eine potenziell ewige Bindung an die entsprechenden Verträge. Dies wäre mit dem Prinzip der Selbstbestimmung unvereinbar.[39] Dieser Gedanke lässt sich nicht auf Werkverträge übertragen, da diese üblicherweise mit der Erbringung eines singulären Leistungserfolges enden. Die Gewährung des freien Kündigungsrechts vom Werkvertrag durch den Gesetzgeber bedarf folglich einer abweichenden Begründung und Rechtfertigung.[40]

Die Wirkungen der freien Kündigung treten – ebenso wie beim Rücktritt[41] – ex nunc ein.[42] Die fehlende Rückabwicklung bereits erbrachter Leistungen stellt hingegen den entscheidenden Unterschied einer Kündigung im Vergleich zu einem Rücktritt oder zu Reuerechten[43] dar.[44] Allerdings beendet die freie Kündigung nach § 648 S. 1 BGB nicht – wie für Kündigungen üblich – die Leistungspflichten beider Parteien, sondern nur die zukünftige Leistungspflicht des Unternehmers. Die Zahlungspflicht des Bestellers bleibt hingegen aufgrund des § 648 S. 2 BGB im Grundsatz bestehen.[45] Zutreffend wird letztlich darauf hingewiesen, dass trotz der aufgezeigten Bedenken gegen die Bezeichnung als „Kündigung" kein Begriff in der Rechtssprache existiert, der die Konstellation des § 648 BGB besser oder präziser beschreiben könnte.[46]

---

38 *Oetker*, Dauerschuldverhältnis, S. 249; *Weller*, Vertragstreue, S. 203.

39 *Oetker*, Dauerschuldverhältnis, S. 249 f.

40 Siehe hierzu unter Teil 1, B.I sowie Teil 2, A.

41 Siehe etwa *Schmidt*, in: BeckOK BGB, § 346 Rn. 11; *Schall*, in BeckOGK BGB, § 346 Rn. 155 f.

42 *Oberhauser*, in: Messerschmidt/Voit, § 648 Rn. 16; *Venrooy*, JR 1991, 492 (497). Siehe hierzu näher unter Teil 1, B.III.2.a

43 Zum Begriff und zur Abgrenzung siehe unter Teil 1, B.III.2.b.

44 *Mankowski*, Beseitigungsrechte, S. 84.

45 *Peters*, in: Staudinger, § 648 Rn. 5.

46 *Peters*, in: Staudinger, § 648 Rn. 15. Das schweizerische Obligationenrecht enthält in Art. 377 eine inhaltliche nahezu mit § 648 BGB identische Regelung. Dort wird das Loslösungsrecht gleichwohl als „Rücktritt" bezeichnet, obwohl es ebenfalls lediglich ex nunc-Wirkung entfaltet. Siehe dazu *Gauch*, in: FS Locher, 35 (35 f.), der das Loslösungsrecht daher *„der Sache nach [als] Kündigungsrecht"* bezeichnet. Krit. hingegen *Mugler*, BB 1993, 1460, der von einer *„äußerst schlechte[n] Wortwahl des Gesetzgebers"* spricht.

II. Motive des historischen Gesetzgebers

Als Ausgangspunkt der weiteren Untersuchung lohnt zunächst ein Blick auf die Motive des historischen Gesetzgebers. Dieser begründete seine Entscheidung für die Schaffung des freien Kündigungsrechts mit den „*Eigenthümlichkeiten des Werkvertrages*".[47] Er ging davon aus, dass vorzugsweise der Besteller ein Interesse an der Erstellung des Werkes habe.[48] Durch das Kündigungsrecht erhalte dieser die Möglichkeit, flexibel auf Veränderungen in seinen persönlichen Umständen zu reagieren. Demgegenüber habe der Unternehmer regelmäßig vor allem ein finanzielles Interesse an dem Vertrag.[49] Dieses Interesse werde dadurch ausreichend gewahrt, dass der Unternehmer durch den Anspruch auf die entsprechende Gegenleistung vollständig schadlos gehalten werde.[50] Dabei hat der historische Gesetzgeber durchaus erkannt, dass auch weitere, über das reine Vergütungsinteresse hinausgehende Interessen des Unternehmers an der Durchführung des Vertrages denkbar sind. Dies ergibt sich aus der Formulierung „*[...] wenn nicht allein [...]*".[51] Solche – nicht unmittelbar finanzielle – Interessen des Unternehmers können etwa darin bestehen, dass der Unternehmer das Werk als Referenzobjekt zur Akquise von Folgeaufträgen erstellt, seine Kapazitäten auslastet oder Personal durch die Werkerstellung weiterqualifiziert.[52] Auch liegt es im Interesse des Unternehmers, höhere Umsatz- oder Vertragsabwicklungszahlen zu generieren.[53] Nicht gänzlich auszuschließen ist auch, dass der Unternehmer ein ideelles Interesse an der Ausführung seines Werkes haben kann.[54] Allerdings hat der Gesetzgeber derartige Interessen des Unternehmers – ohne

47 Mot. II, 503.

48 Mot. II, 503. Zu weitgehend ist hingegen die Interpretation, wonach die Herstellung des Werkes ausschließlich im Interesse des Bestellers liege. So etwa *Lachmann*, BauR 1990, 409.

49 So auch BGHZ 188, 149 = NJW 2011, 915 (916 Rn. 11) unter Verweis auf die Motive.

50 Mot. II, 503.

51 *Venrooy*, JR 1991, 492 (495) unter Bezugnahme auf die hier ebenfalls wörtlichen zitierten Mot. II, 503.

52 *Kessen*, in: BeckOGK BGB, § 648 Rn. 15.; *Busche*, in: MüKo BGB, § 648 Rn. 3; *Kapellmann*, NZBau 2011, 193 (197 f.).; *Peters*, JZ 1996, 73 (74); *Venrooy*, JR 1991, 492 (495).

53 *Weller*, Vertragstreue, S. 337.

54 *Weller*, Vertragstreue, S. 339. Von größerer Relevanz ist das dort auch behandelte ideelle Vertragsdurchführungsinteresse des Arbeitnehmers. Vgl. auch *Weyers*, in: Überarbeitung des Schuldrechts, Bd. II, 1115 (1136).

sie im Einzelnen zu benennen – durch die Konzeption des § 648 BGB als nachrangig bewertet.[55]

Ein weiteres Motiv für die Schaffung des freien Kündigungsrechtes wird darin erblickt, dass der Unternehmer beim Werkvertrag üblicherweise mit dem Eigentum des Bestellers in Berührung komme.[56] Der daraus entstehende Konflikt zwischen Eigentum und Werkherstellung werde zugunsten des Bestellers entschieden, der sich jederzeit vom Vertrag lösen könne.[57] Wenngleich dieser Gedanke sich nicht unmittelbar aus den Motiven ergibt, lag er der Vorstellung des Gesetzgebers zugrunde, was sich aus den Vorentwürfen der Redaktoren zum BGB ergibt.[58] Aus den Motiven wird der zutreffende Schluss gezogen, das freie Kündigungsrecht schütze auch nach Vertragsschluss die Entschließungsfreiheit des Bestellers.[59]

Die Gesetzesbegründung blieb nicht ohne Kritik. Noch vor Inkrafttreten des BGB wurde die Begründung in den Motiven für die Schaffung des § 648 BGB als dürftig bezeichnet.[60] Auch in der jüngeren Literatur heißt es, die Motive seien karg und nur bedingt aufschlussreich für das Verständnis und die Auslegung der Norm.[61] Inhaltlich wird kritisiert, der Gesetzgeber begründe das freie Kündigungsrecht mit einer bloßen Interessenwertung und ohne Berücksichtigung der schuldrechtlichen Dogmatik.[62]

B. Verhältnis des § 648 BGB zum Gesamtgefüge des BGB

I. Systematische und dogmatische Einordnung des Kündigungsrechts aus § 648 S. 1 BGB

Als Basis für die weitere Untersuchung soll eine systematische und dogmatische Einordnung des freien Kündigungsrechts in das Gesamtgefüge des BGB

---

55 *Peters*, JZ 1996, 73 (74 f.); *Voit*, in: FS Honsell, 415 (417 f.); *Bitter/Rauhut*, JZ 2007, 964 (967). *Peters*, in: Staudinger, § 648 Rn. 7. bezeichnet die Reduzierung des anerkannten Interesses des Bestellers auf das rein finanzielle als *„harte Entscheidung des Gesetzgebers"*.

56 BT-Drs. 16/511, S. 17.

57 *Weller*, Vertragstreue, S. 554 f.

58 Hierzu insgesamt *Weller*, Vertragstreue, S. 554 f. unter Verweis auf *Kübel*, Vorlagen der Redaktoren zum BGB, S. 742 ff.

59 *Roth*, JZ 2001, 543 (551).

60 *Kohler*, Archiv bürg. Recht 1897, 149 (165).

61 *Venrooy*, JR 1991, 492 (494).

62 *Venrooy*, JR 1991, 492 (494 f.).

erfolgen. In der Literatur finden sich Ansätze, die das freie Kündigungsrecht in Abgrenzung von der Gesetzesbegründung in den Motiven primär aus der schuldrechtlichen Dogmatik, konkret den Regelungen zum Annahmeverzug oder dem vermeintlichen Recht des Gläubigers auf Nichtannahme der Leistung herleiten möchten. Diesen Ansätzen soll nachgegangen werden, um zu untersuchen, ob das freie Kündigungsrecht sich bereits aus der schuldrechtlichen Dogmatik und den Grundsätzen zur Annahme der Leistung durch den Gläubiger ergibt oder eine primär auf Interessenserwägungen des Gesetzgebers beruhende Ausnahmeregelung darstellt.

1. *Freies Kündigungsrecht als strenge Konsequenz des Annahmeverzugs?*

Bereits vor Inkrafttreten des BGB vertrat *Kohler* die Ansicht, § 648 S. 1 BGB sei keine auf Billigkeitserwägungen beruhende Sonderregelung, sondern vielmehr strenge Konsequenz der allgemeinen Prinzipien des Annahmeverzugs. Der Gläubiger sei nicht zur Annahme der Leistung verpflichtet.[63] Die Annahme sei nur ein Recht, keine Pflicht, und stelle lediglich die Ausübung eines Vermögensrechts dar.[64] Da das Gesetz dem Gläubiger also keine Pflicht zur Annahme der Leistung aufbürde und dem Schuldner kein Recht auf Ausführung des Werkes gewähre, müsse der Besteller jederzeit vom Vertrag zurücktreten können.[65]

Auch § 640 BGB sowie § 433 Abs. 2 BGB nähmen dem Gläubiger nicht das Recht, auf die Annahme der Leistung zu verzichten. Eine Pflicht zur realen Abnahme ergebe sich aus diesen Normen nicht.[66] Vielmehr sei der Gläubiger nur bei besonderer Vereinbarung zur Annahme des Werkes oder Entgegennahme der Sache verpflichtet.[67] Sowohl § 640 BGB als auch § 433 Abs. 2 BGB hätten allein die Funktion, den Schuldner in den Fällen zu schützen, in denen der Gläubiger weder auf die Leistung verzichte noch die Leistung annehme. Da der Schuldner dann nicht von seiner Leistungspflicht befreit werde, müsse das Gesetz ihm Mittel an die Hand geben, um die Vertragserfüllung herbeiführen zu können.[68]

---

63 *Kohler*, Archiv bürg. Recht 1897, 149 (149, 161); ebenso bereits zuvor *Mommsen*, Lehre von der Mora, S. 3, 134.

64 *Kohler*, Archiv bürg. Recht 1897, 149 (149, 161); ebenso *Kohler*, IhJb 1879, 261 (267 f.) über den nahezu gleich lautenden Art. 1794 Code Civil.

65 *Kohler*, Archiv bürg. Recht 1897, 149 (169); *Kohler*, IhJb 1879, 261 (276-278).

66 *Kohler*, Archiv bürg. Recht 1897, 149 (178).

67 *Kohler*, Archiv bürg. Recht 1897, 149 (180 f.).

68 *Kohler*, Archiv bürg. Recht 1897, 149 (240 f.).

Die Rechte des Schuldners, so *Kohler*, würden durch die Regelungen zum Annahmeverzug geschützt.[69] Als weitere Instrumente zum Schutze des Gläubigers sah *Kohler* Liberationsmöglichkeiten in Gestalt von Erfüllungssurrogaten oder Befreiungsrechten zu, die über die im BGB normierten Tatbestände hinausgehen.[70] So lässt sich sagen, dass Kohler eine Annahmepflicht des Gläubigers nach seinem Verständnis nur für entbehrlich hält, weil dem Schuldner durch die Rechtsordnung weitreichende Liberationsmöglichkeiten eingeräumt werden.[71] Die Funktion der § 640 BGB und § 433 Abs. 2 BGB sieht *Kohler* – stringent seinem Verständnis folgend – allein darin, dass der Schuldner auch über die allgemeinen gesetzlichen Mittel (d.h. vor allem Hinterlegung und Selbsthilfeverkauf) hinaus die Möglichkeit erhalten solle, seine Leistungspflicht durch ein Erfüllungssurrogat zu erbringen. Eine Klage auf Abnahme sei nicht auf die Empfangnahme der Sache oder des Werkes gerichtet. Vielmehr solle dadurch festgestellt werden, ob das Werk vertragsgemäß und der Schuldner von seiner vertraglichen Verpflichtung befreit und zum Erhalt der Gegenleistung berechtigt sei. Der Gläubiger könne hingegen nicht von einem Gericht zur physischen Abnahme des Werkes gezwungen werden.[72] Eine Pflicht zur körperlichen Entgegennahme lasse sich auch nicht mit Interessenserwägungen begründen. Dem Interesse des Schuldners an der Abnahme könne nämlich ein ebenso großes oder gar größeres Interesse des Gläubigers an der Nichtabnahme entgegenstehen.[73]

Nach diesem Verständnis lässt sich das freie Kündigungsrecht aus § 648 S. 1 BGB als Instrument des Gläubigers deuten, die für ihn nachteiligen Folgen einer Nichtannahme der Leistung unmittelbar selbst herbeizuführen. Er muss nicht abwarten, bis der Schuldner seine Rechte verfolgt. Vielmehr kann er sein Schicksal selbst in die Hand nehmen und den Vertrag mit der Folge der weitgehend fortbestehenden Zahlungspflicht kündigen. Deshalb sieht *Kohler* – der eine Abnahmepflicht insgesamt ablehnt – die Regelung des § 648 S. 1 BGB auch nicht als Ausnahmeregelung, sondern spricht ihr vollumfängliche und prinzipielle Gültigkeit zu.[74]

---

69 *Kohler*, Archiv bürg. Recht 1897, 149; *Kohler*, IhJb 1879, 261.

70 *Kohler*, Archiv bürg. Recht 1897, 149 (240 f.); *Weller*, Vertragstreue, S. 502, 505-510. Eine ausführliche Darstellung der Argumentation von *Kohler* auch unter Verweis auf die hier zitierten Stellen findet sich bei *Weller*, Vertragstreue, S. 502, 505-510.

71 *Kohler*, Archiv bürg. Recht 1897, 149 (163).

72 *Kohler*, Archiv bürg. Recht 1897, 149 (241-245).

73 *Kohler*, Archiv bürg. Recht 1897, 149 (177).

74 *Kohler*, Archiv bürg. Recht 1897, 149 (169).

2. *Freies Kündigungsrecht als Wiederherstellung eines schuldrechtlichen Grundsatzes der fehlenden Annahmepflicht?*

In der jüngeren Literatur findet sich ein weiterer dogmatischer Begründungsansatz für die Existenz des freien Kündigungsrechts. Dort heißt es ebenfalls, die Existenz des § 648 S. 1 BGB beruhe nicht allein auf einer Interessenabwägung des historischen Gesetzgebers, sondern sei Ausdruck schlüssiger schuldrechtlicher Dogmatik.[75]

Dieser Begründungsansatz knüpft an die Argumentation *Kohlers* an und geht davon aus, dass die von diesem postulierte fehlende Annahmepflicht im Grundsatz auch Einzug in das BGB gefunden habe.[76] Überwiegend wird angenommen, der Gläubiger sei grundsätzlich nicht zur Annahme der Leistung verpflichtet; vielmehr stelle die Annahme der Leistung eine Obliegenheit dar.[77] Wenn der Gläubiger von seinem Recht zur Annahme der Leistung keinen Gebrauch macht und dadurch gegen die Obliegenheit verstößt, ergeben sich für ihn verschiedene Nachteile.[78] Folgen des Annahmeverzugs sind etwa Haftungsmilderungen für den Schuldner (§ 300 Abs. 1, § 301, § 302 BGB), die Verlagerung der Preis- und Leistungsgefahr auf den Gläubiger (§ 300 Abs. 2, § 326 Abs. 2 BGB) sowie ein möglicher Aufwendungsersatzanspruch des Schuldners (§ 304 BGB).[79] Vor allem bleibt der Gläubiger trotz Nichtannahme der Leistung verpflichtet, die vertraglich vereinbarte Gegenleistung zu erbringen.[80] Der Schuldner wird nach der Konzeption des BGB im Falle des Annahmeverzugs allerdings nicht ohne weiteres von seiner Leistungspflicht befreit und wird insbesondere nicht so gestellt, als habe er erfüllt. Es tritt also keine Erfüllungsfiktion zu seinen Gunsten ein.[81] Vielmehr bietet das BGB ihm Möglichkeiten, die Erfüllungswirkung herbeizuführen, etwa durch Hinterlegung (§ 372 S. 1 BGB, § 373 Abs. 1 HGB) oder

---

75 *Venrooy*, JR 1991, 492 (497).

76 Siehe etwa *Feldmann*, in: Staudinger, Vorbem. zu §§ 293-304 Rn. 1; *Dötterl*, in: BeckOGK BGB, § 293 Rn. 5; *Lorenz*, in: BeckOK BGB, § 293 Rn. 1.

77 *Lorenz*, in: BeckOK BGB, § 293 Rn. 1; *Ernst*, in: MüKo BGB, § 293 Rn. 1; *Armbrüster/Bickert*, NZBau 2006, 153 (154). A.A. *Schmidt-Kessel*, in: Dauner-Lieb/Langen, § 293 Rn. 2, der von einer echten Rechtspflicht zur Annahme und Mitwirkung ausgeht sowie *Weller*, Vertragstreue, S. 526, nach dessen Auffassung eine schlichtschadensersatzbewehrte Pflicht des Gläubigers zur Annahme der Leistung besteht. Hierzu näher unter Teil 1, B.I.3.

78 *Venrooy*, JR 1991, 492 (496); *Lorenz*, in: BeckOK BGB, § 293 Rn. 1.

79 *Ernst*, in: MüKo BGB, § 293 Rn. 1.

80 *Dötterl*, in: BeckOGK BGB, § 293 Rn. 122.

81 *Weller*, Vertragstreue, S. 489.

Selbsthilfeverkauf im Wege der Versteigerung (§ 383 Abs. 1 BGB, § 373 Abs. 2 HGB). Diese Möglichkeiten sind jedoch praktisch von beschränktem Nutzen.[82]

Von diesem Verständnis der Annahme als bloßer Obliegenheit ausgehend heißt es, die Abnahmeplicht nach § 640 Abs. 1 BGB sowie nach § 433 Abs. 2 BGB seien Ausnahmen von diesem Grundsatz.[83] Demgegenüber bewirke § 648 S. 1 BGB lediglich eine Rückkehr zu dem Grundsatz, dass der Gläubiger die Leistung nicht annehmen müsse.[84] Dies sei auch erforderlich, so *Venrooy*, denn: „*Vollständig und kompromißlos durchgeführt wäre diese Regelung [§ 640 BGB, Anm. d. Verf.] zuweit gegangen, hätte sie eine materiell nicht gerechtfertigte Ausnahme von dem Prinzip bedeutet, daß der Gläubiger lediglich berechtigt, aber nicht verpflichtet ist, die Leistung des Schuldners anzunehmen.*“[85] *Venrooy* hält die Regelung mithin für erforderlich, um dem schuldrechtlichen Grundsatz der fehlenden Annahmepflicht des Gläubigers Geltung zu verschaffen.

3. *Freies Kündigungsrecht als Ausnahme von allgemein bestehender Annahmepflicht?*

Teilweise wird bereits die Prämisse der vorgenannten Ansichten, dass im Schuldrecht keine generelle Annahmepflicht bestehe, in Zweifel gezogen. Vielmehr wird auch die Auffassung vertreten, das BGB sehe allgemein, d.h. für alle Vertragstypen, eine Annahmepflicht des Gläubigers vor.[86] So kritisiert insbesondere *Weller*[87] die Auffassung, die in der Annahme der Leistung eine reine Obliegenheit erblickt.[88] Zur Begründung führt er aus, die Qualifizierung der Annahme als bloße Obliegenheit werde den Interessen der Parteien nicht gerecht.[89] Vielmehr habe der Schuldner ein Naturalerfüllungsrecht, d.h. das Recht, die nach

82 *Weller*, Vertragstreue, S. 507 weist zu Recht darauf hin, dass die Hinterlegung sowie die öffentliche Versteigerung wenig praktikabel sind und die Rechte des Sachleistungsschuldners nur unzureichend wahren.

83 *Venrooy*, JR 1991, 492 (496 f.).

84 *Venrooy*, JR 1991, 492 (496 f.).

85 *Venrooy*, JR 1991, 492 (496).

86 *Hartmann*, Unterlassene Mitwirkung, S. 43-54; *Weller*, Vertragstreue, S. 466.

87 *Weller*, Vertragstreue, S. 465, 502-514.

88 *Lorenz*, in: BeckOK BGB, § 293 Rn. 1; *Ernst*, in: MüKo BGB, § 293 Rn. 1; *Armbrüster/Bickert*, NZBau 2006, 153 (154).

89 *Weller*, Vertragstreue, S. 502-514 identifiziert Defizite der Obliegenheitsthese bei der Realisierung des Gegenleistungsinteresses, des Liberationsinteresses sowie des Sekundärpflichtvermeidungsinteresses. Zur näheren Definition der Begriffe siehe *Weller*, Vertragstreue, S. 331-342.

dem Vertrag geschuldete Leistung in Natur zu erbringen.[90] Spiegelbildlich dazu sei der Gläubiger verpflichtet, die Leistung anzunehmen und bei der Leistungserbringung mitzuwirken.[91] Dabei handle es sich um eine aus der Leistungstreuepflicht gemäß §§ 242, 241 Abs. 2 BGB abgeleitete gesetzliche Pflicht des Gläubigers. Zwar sei die Annahmepflicht nicht durchsetzbar, jedoch *„schlicht-schadensersatzbewehrt"*.[92] Dem Schuldner stehe im Falle der Annahmeverweigerung durch den Gläubiger ein Anspruch auf Schadensersatz aus § 280 Abs. 1[93] oder § 282 BGB gegen diesen zu.[94] Ferner könne der Schuldner nach Maßgabe des § 324 BGB vom Vertrag zurücktreten.[95] Nur auf diese Weise werde den Interessen der Vertragsparteien, vor allem jenen des Schuldners, hinreichend Rechnung getragen.[96] Weiter führt *Weller* unter Berufung auf Rechtsprechung[97] und Literatur[98] aus, die zuvor benannten Rechte könnten ohne weiteres neben den Gläubigerverzugsbestimmungen bestehen.[99] Ratio der Gläubigerverzugsbestimmungen sei der Schuldnerschutz, weshalb sich diesen keine Sperrwirkung für andere schuldnerschützenden Bestimmungen entnehmen lasse.[100] Der Ansatz von *Weller* ist auf Zustimmung gestoßen.[101]

Die Bedeutung der §§ 433 Abs. 2, 640 BGB sieht *Weller* primär darin, dass diese dem Gläubiger über die allgemeine Annahmepflicht hinaus eine *„zwingbar-schadensersatzbewehrte Pflicht zur Annahme der Leistung"*[102]

---

90 *Weller*, Vertragstreue, S. 465.
91 *Weller*, Vertragstreue, S. 466.
92 *Weller*, Vertragstreue, S. 526.
93 *Weller*, Vertragstreue, S. 527-532. Der Anspruch aus § 280 Abs. 1 schütze das Leistungserbringungsinteresse des Schuldners.
94 *Weller*, Vertragstreue, S. 532 f. Das Gegenleistungsinteresse werde demgegenüber durch den Anspruch aus §§ 280 Abs. 1 und 3, 282 BGB geschützt.
95 *Weller*, Vertragstreue, S. 533-535. Durch die Rücktrittsmöglichkeit des § 324 BGB werde das Liberationsinteresse geschützt.
96 Vgl. *Weller*, Vertragstreue, S. 551 f.
97 Siehe insbesondere BGHZ 11, 80 = NJW 1954, 229 (230 f.) und BGHZ 50, 175 = NJW 1968, 1873 (1874).
98 *Hartmann*, Unterlassene Mitwirkung, S. 45.
99 *Weller*, Vertragstreue, S. 536-539.
100 *Weller*, Vertragstreue, S. 537.
101 *Riehm*, Naturalerfüllung, S. 255-259. Dieser geht sogar noch darüber hinaus, indem er den Schadensersatzanspruch aus §§ 280 Abs. 1, 241 Abs. 2 BGB im Falle der Annahmeverweigerung auch auf andere gesetzliche, z.B. deliktische, Leistungspflichten anwenden möchte. Insoweit ablehnend *Weller*, Vertragstreue, S. 560-573.
102 *Weller*, Vertragstreue, S. 525. Dabei weist er darauf hin, dass die erzwingbaren Annahmepflichten beschnitten würden, um den Gläubiger nicht zu sehr zu belasten. So

aufbürdeten.[103] Die kauf- und werkvertragsrechtliche Annahmepflicht bildet nach diesem Verständnis also keine Ausnahme vom Grundsatz der fehlenden Annahmepflicht,[104] sondern verstärkt vielmehr die allgemein bestehende Annahmepflicht.

Folgt man diesem Ansatz, so ermöglicht das freie Kündigungsrecht auch keine Rückkehr zu einem gar nicht existierenden Grundsatz der fehlenden Annahmepflicht. Vielmehr stellt dann erst das freie Kündigungsrecht selbst eine Ausnahme vom Grundsatz der Annahmepflicht dar.[105]

4. *Stellungnahme: Freies Kündigungsrecht als gesetzgeberische Wertentscheidung*

Die Erklärungsansätze, die das freie Kündigungsrecht aus der schuldrechtlichen Dogmatik oder Systematik ableiten möchten, verdienen keine Zustimmung.

a. *Freies Kündigungsrecht keine strenge Konsequenz des Annahmeverzugs*

Der Argumentation *Kohlers* wird zu Recht entgegengehalten, dass das BGB in § 640 sowie auch in § 433 Abs. 2 – in Ausnahme vom schuldrechtlichen Grundsatz[106] – sehr wohl eine Abnahmepflicht des Gläubigers statuiere.[107] Der Gläubiger

---

werde die Abnahmepflicht beim Werkvertrag auf direkte Weise beschränkt, da sie nur hinsichtlich fertiggestellter und mangelfreier Werke gelte. Beim Kaufvertrag werde die Annahmepflicht auf indirekte Weise beschränkt, da der Verkäufer im Falle der Nichtannahme durch den Käufer gehalten sei, die Kaufsache zur Schadensminimierung zügig anderweitig zu veräußern.

103 Zustimmend *Riehm*, Naturalerfüllung, S. 259.

104 So aber *Venrooy*, JR 1991, 492 (496 f.).

105 Zurecht weist *Weller*, Vertragstreue, S. 556 f. aber darauf hin, dass nicht schon die Existenz des § 648 BGB, sondern erst die konkrete Ausübung des freien Kündigungsrechts die vertraglichen Pflichten der Parteien und damit auch die Annahmepflicht beseitigt. Nicht ganz präzise ist demgegenüber die Formulierung von *Riehm*, Naturalerfüllung, S. 260, wonach § 648 BGB die Annahmeobliegenheit bzw. Pflicht nur scheinbar durchbreche. Der Gläubiger wird durch die freie Kündigung nämlich sehr wohl von der Obliegenheit/Pflicht zur Annahme des Werkes befreit. Dass ihn gleichwohl die finanziellen Folgen des § 648 S. 2 BGB treffen, ändert daran nichts.

106 Der Grundsatz der fehlenden Annahmepflicht wird teilweise in Frage gestellt, so etwa von *Hartmann*, Unterlassene Mitwirkung, S. 43-45; *Weller*, Vertragstreue, S. 465, 502-514. Hierzu näher unter Teil 1, B.I.3.

107 *Nicklisch*, BB 1979, 533 (537); *Venrooy*, JR 1991, 492 (495 f.).

ist gerade nicht frei in seiner Entscheidung, die Werkleistung anzunehmen, sondern vielmehr dazu verpflichtet. Bei der Abnahmepflicht des § 640 BGB handelt es sich gar um eine Hauptpflicht des Bestellers.[108] Nimmt er das vollendete Werk nicht ab, gerät er folglich nicht nur in Annahmeverzug, sondern infolge einer Mahnung oder bei Entbehrlichkeit der Mahnung auch in Schuldnerverzug.[109] Die Abnahme ist auch Voraussetzung für den Werklohnanspruch des Unternehmers, § 641 BGB. Der Gläubiger schuldet – soweit dies nach der Eigenart der Werkleistung möglich ist – die körperliche Entgegennahme des Werkes.[110] Dabei handelt es sich – ebenso wie beim Kaufvertrag – um eine Grundsatzentscheidung des Gesetzgebers. Entgegen der Auffassung von *Kohler*[111] besteht eine Pflicht zur Abnahme im Sinne von körperlicher Entgegennahme also nicht nur stets dann, wenn diese konkret vereinbart wurde. Vielmehr besteht bei Kauf- und Werkverträgen generell eine Annahmepflicht. Dabei ist auch unerheblich, ob im Einzelfall überhaupt ein Interesse des Schuldners besteht, das Werk – oder auch die Kaufsache[112] – loszuwerden. Es steht den Vertragspartnern frei, von der Grundkonzeption des Gesetzes abzuweichen. Sie können die Pflicht zur physischen Annahme durch den Gläubiger übereinstimmend ausschließen oder der Schuldner kann einem Verzicht des Gläubigers auf die körperliche Entgegennahme des Werkes zustimmen. Ohne eine solche Ausnahme von dem gesetzlich vorgesehenen Normalfall verbleibt es hingegen bei der – jedenfalls im Kauf- und Werkvertragsrecht vorgesehenen – Annahmepflicht.

Schon die Prämisse von *Kohler*, den Gläubiger treffe keine Annahmepflicht, steht jedenfalls bezogen auf das Werkvertragsrecht nicht im Einklang mit der Konzeption des BGB. Daher lässt sich auch die Schlussfolgerung nicht aufrechterhalten, dass es sich bei dem freien Kündigungsrecht des § 648 BGB um eine strenge Konsequenz des Annahmeverzugs handle.

---

108 BGHZ 107, 75 = NJW 1989, 1602 (1603); BGHZ 210, 206 = NJW 2016, 2878 (2882 Rn. 45).

109 *Peters*, in: Staudinger, § 640 Rn. 33 f.; *Voit*, in: BeckOK BGB, § 640 Rn. 29 f.

110 *Peters*, in: Staudinger, § 640 Rn. 8; *Havers/Raab*, in: Dauner-Lieb/Langen, § 640 Rn. 10.

111 *Kohler*, Archiv bürg. Recht 1897, 149 (180 f.).

112 Im Kaufrecht kann es darauf ankommen, ob der Verkäufer ein spezifisches Interesse an der Besitz- und Eigentumsaufgabe hat. Ist dies für den Käufer erkennbar der Fall, handelt es sich bei der Abnahmepflicht auch im Kaufrecht regelmäßig um eine Hauptpflicht, bei deren Verletzung der Käufer in Annahmeverzug geraten kann. Siehe dazu *Westermann*, in: MüKo BGB, § 433 Rn. 72; *Büdenbender*, in: Dauner-Lieb/Langen, § 433 Rn. 54.

b. Freies Kündigungsrecht nicht aus systematischen/dogmatischen Gründen erforderlich

Auch die Ansicht, welche das freie Kündigungsrecht als Rückkehr zum Grundsatz der fehlenden Annahmepflicht für zwingend erachtet, verdient keine Zustimmung.

Folgt man *Weller* und der von ihm vertretenen allgemeinen Annahmepflicht des Gläubigers,[113] so kann einer streng dogmatischen Erklärung des freien Kündigungsrechts bereits im Ausgangspunkt nicht gefolgt werden. Nach diesem Verständnis ermöglicht erst das freie Kündigungsrecht eine Ausnahme vom Grundsatz der Annahmepflicht. Folgt man hingegen der Auffassung, die die Annahme als Obliegenheit qualifiziert, so ist der Schluss kohärent, dass § 648 S. 1 BGB den von § 640 BGB durchbrochenen schuldrechtlichen Grundsatz der fehlenden Abnahmepflicht wiederherstelle.[114] Möchte man den Besteller von der Abnahmepflicht des § 640 Abs. 1 BGB befreien, ist das freie Kündigungsrecht in jedem Fall auch erforderlich. Die rein tatsächliche Nichtannahme kann die Abnahmepflicht nämlich nicht beseitigen. Vielmehr ist dazu die konkrete Ausübung des Kündigungsrechts erforderlich.[115] Der Gläubiger kann seine Pflicht zur Abnahme des gesamten Werkes durch die freie Kündigung einseitig beenden und die Rechtslage damit unmittelbar gestalten. Folglich gerät er auch nicht in Annahmeverzug, solange er den Vertrag noch frei kündigen kann.[116] Da das freie Kündigungsrecht die Abnahmepflicht insgesamt ausschließt, besteht infolge der Kündigung auch keine Pflicht mehr, mit deren Annahme der Gläubiger sich in Verzug befinden könnte. In diesem Sinne lässt sich die Vorschrift des § 648 S. 1 BGB als werkvertragliche Ergänzung des Gläubigerverzugsrechts deuten.[117]

Gleichwohl lässt sich auch auf Basis der Obliegenheitsthese nicht der Schluss ziehen, das freie Kündigungsrecht sei *„Ausdruck schlüssiger schuldrechtlicher Dogmatik"*.[118] Sowohl bei der gesetzgeberischen Entscheidung für die Abnahmepflicht gemäß § 640 BGB als auch bei der gesetzgeberischen Entscheidung für das freie Kündigungsrecht in § 648 S. 1 BGB handelt es sich um Abwägungsentscheidungen. Auch die vermeintlich dogmatische Begründung des freien

113 *Weller*, Vertragstreue. Siehe unter B.I.3.
114 *Venrooy*, JR 1991, 492 (496).
115 So zutreffend *Venrooy*, JR 1991, 492 (497).
116 *Venrooy*, JR 1991, 492 (496).
117 *Venrooy*, JR 1991, 492 (496 Fn. 45) unter Verweis auf Nicklisch, BB 1979, 533, der dies jedoch nur bezüglich der §§ 643 sowie 645 Abs. 1 S. 2 BGB äußert.
118 So aber *Venrooy*, JR 1991, 492 (497).

Kündigungsrechts entpuppt sich als Ergebnis einer Interessenabwägung. Dies zeigt sich bereits in der Begründung dieses Ansatzes. Als entscheidendes Argument für die Existenz des freien Kündigungsrechts wird vorgebracht, die aufgrund der Regelung des § 640 BGB bestehende Rechtslage wäre anderenfalls *„materiell nicht gerechtfertigt"*.[119] Ob eine Regelung materiell gerechtfertigt ist oder nicht, ist eine Wertungsfrage, die sich an den Interessen der Beteiligten orientiert. Ein dogmatisch zwingender Schluss lässt sich allein auf dieser Basis hingegen nicht ziehen. Weitere, streng dogmatische Argumente für die Existenz des freien Kündigungsrechts werden hingegen nicht vorgebracht.

Unabhängig davon ist es dem BGB auch keineswegs fremd, dass einzelne Normen primär auf Wertungsentscheidungen des Gesetzgebers beruhen. Das BGB trifft an mehreren Stellen Ausnahmen von dogmatischen Grundsätzen, teilweise auch als reine Abwägungsentscheidung. Nicht immer erfolgt sodann eine Rückkehr zum dogmatischen Grundsatz. So geschieht es etwa beim Kaufvertrag, bei dem zwar eine Abnahmepflicht – jedoch kein freies „Kündigungsrecht"– besteht.[120] Ein weiteres Beispiel ist die Regelung des § 550 BGB im Mietrecht. Nach dieser Norm gilt ein Mietvertrag, der für längere Zeit als ein Jahr nicht in schriftlicher Form geschlossen wird, für unbestimmte Zeit. In Abweichung vom Grundsatz des § 125 S. 1 BGB führt der Formmangel demnach nicht zur Nichtigkeit des Rechtsgeschäftes, sondern nur zur Unbeachtlichkeit einer etwaig intendierten Befristung und damit einer Änderung des Vertragsinhalts.[121] Diese abweichende Rechtsfolge dient im Wesentlich dem Schutz eines etwaigen Grundstückserwerbers, der gemäß § 566 BGB in das Mietverhältnis eintreten würde und sich umfänglich über den Inhalt des Mietverhältnisses informieren können soll.[122] Überdies hat die Schriftform gemäß § 550 BGB auch Warn- und Beweisfunktion.[123]

Nicht nur der Argumentationsansatz von *Kohler*[124], sondern auch der von *Venrooy*[125], welche die Existenz des freien Kündigungsrechts jeweils als

---

119 Siehe das oben bereits dargestellte Zitat von *Venrooy*, JR 1991, 492 (496).

120 Hierzu unter Teil 2, B.I.3.

121 Vgl. *Dittert,* in: BeckOGK BGB, § 550 Rn. 7; *Herrmann,* in: BeckOK BGB, § 550 Rn. 17.

122 Siehe etwa BGH, NJW 2003, 1248 (1249); BGHZ 176, 301 = NJW 2008, 2178.

123 Siehe BGHZ 176, 301 = NJW 2008, 2178 m.w.N. Relativierend BGH, NJW 2003, 1248 (1249), wonach die entsprechenden Funktionen nur nachrangige Zwecke der Norm seien.

124 Hierzu bereits unter Teil 1, B.I.1.

125 Hierzu bereits unter Teil 1, B.I.2.

dogmatisch zwingend darstellen, sind nach alledem abzulehnen. Wenngleich die dogmatischen Zusammenhänge hilfreich für das Verständnis der Norm sind, beruht die Entscheidung für die Schaffung des freien Kündigungsrechts primär auf einer Interessenabwägung des Gesetzgebers. Unterstützung verdient daher vielmehr die Charakterisierung des freien Kündigungsrechts aus § 648 S. 1 BGB als „*Zweckmäßigkeitsregelung [...], die ein Gesetzgeber so treffen kann oder auch nicht*".[126]

II. Systematische und dogmatische Einordnung des Anspruchs aus § 648 S. 2 BGB

Der durch § 648 S. 2 BGB angeordnete Anspruch des Unternehmers stellt den Ausgleich für das freie Kündigungsrecht des Bestellers dar.[127] Der Unternehmer ist infolge der Kündigung berechtigt, die volle Vergütung zu verlangen – abzüglich der ersparten Aufwendungen sowie des erzielten oder böswillig unterlassenen anderweitigen Erwerbs. Trotz dieser vermeintlich klaren Formulierung gestaltet sich die dogmatische Einordnung des Anspruchs schwieriger als es zunächst den Anschein haben mag. Dabei stellt die dogmatische Einordnung kein rein akademisches Problem dar, sondern hat auch tatsächliche Auswirkungen auf die Anwendung der Norm. Von besonderer Bedeutung ist dabei auch die Frage, ob und inwieweit schadensrechtliche Grundprinzipien Anwendung auf den Anspruch des Unternehmers aus § 648 S. 2 BGB finden.

1. *Unterschiedliche Einordnung in der Literatur und Rechtsprechung*

In der Literatur findet sich ein differenziertes Meinungsbild zur dogmatischen Einordnung des Anspruchs infolge der freien Kündigung. Nahezu Einigkeit besteht dahingehend, dass dem Unternehmer hinsichtlich des von ihm erbrachten Teils der Werkleistung der ursprüngliche Vergütungsanspruch als echter Erfüllungsanspruch zusteht.[128] Kontrovers wird jedoch beurteilt, ob dem Unternehmer ein einheitlicher Vergütungsanspruch zusteht, der sich auch auf den

---

126 So zutreffend *Lenzen*, BauR 1997, 210 (214). Vgl. auch *Reus*, BauR 1995, 636 (637). Zu der Frage, ob das freie Kündigungsrecht interessengerecht ist, siehe unter Teil 2, A.

127 BGHZ 92, 244 = NJW 1985, 631 (632); BGH, NJW 1997, 259 (260).

128 Siehe beispielhaft *Kessen*, in: BeckOGK BGB, § 648 Rn. 86; *Busche*, in: MüKo BGB, § 648 Rn. 18; *Oberhauser*, in: Messerschmidt/Voit, § 648 Rn. 16, 23 f.; *Quack*, in: FS von Craushaar, 309 (312); *Weller*, Vertragstreue, S. 553; *Peters*, in: Staudinger, § 648 Rn. 30; *Lührmann/Raab*, in: Dauner-Lieb/Langen, § 648 Rn. 3.

gekündigten, nicht erbrachten Leistungsteil erstreckt,[129] oder ob hinsichtlich des gekündigten Leistungsteils ein zweiter, eigenständiger Anspruch neben den ursprünglichen Erfüllungsanspruch tritt.[130]

Auch die Bezeichnung des – einheitlichen oder auf die nicht erbrachte Leistung bezogenen – Anspruchs differiert. So wird der Anspruch teilweise unter Berufung auf den eindeutigen Wortlaut und die Entstehungsgeschichte[131] schlicht als Vergütungsanspruch[132] oder Erfüllungsanspruch[133] bezeichnet. Andere nennen ihn einen modifizierten Erfüllungsanspruch.[134] Wieder andere qualifizieren den Anspruch als Schadensersatzanspruch oder weisen ihm materiell den Charakter eines Schadensersatzanspruchs zu.[135] Auch wird der Anspruch als Entschädigungsanspruch[136] bezeichnet oder ihm zumindest Entschädigungscharakter attestiert.[137]

Der BGH klassifiziert den Anspruch in aller Regel als Vergütungsanspruch.[138] In einem steuerrechtlichen Kontext hat der BGH dem Anspruch gleichwohl Entschädigungscharakter zugesprochen.[139] Das OLG Frankfurt hat den Anspruch

---

129 So *Busche,* in: MüKo BGB, § 648 Rn. 18; *Quack,* in: FS von Craushaar, 309 (312); *Weller*, Vertragstreue, S. 553; *Lichtenberg*, BauR 2014, 615.

130 So *Kessen,* in: BeckOGK BGB, § 648 Rn. 86; *Oberhauser,* in: Messerschmidt/Voit, § 648 Rn. 23 f.; *Schwenker/Rodemann,* in: Erman BGB, § 648 Rn. 1, 6d; *Peters,* in: FS Thode, 65 (66 f.).

131 Mot. II, S. 503.

132 *Quack,* in: FS von Craushaar, 309 (312); *Busche,* in: MüKo BGB, § 648 Rn. 18; *Oberhauser,* in: Messerschmidt/Voit, § 648 Rn. 23; *Weller*, Vertragstreue, S. 553.

133 *Reus*, BauR 1995, 636 (637).

134 *Peters,* in: Staudinger, § 648 Rn. 30-32; *Lührmann/Raab,* in: Dauner-Lieb/Langen, § 648 Rn. 13; *Rintelen*, BauR 1998, 603 (604).

135 *Glöckner*, BauR 1998, 669 (678 f.) spricht von einem „*technischen Vergütungsanspruch*", bei dem es sich „*der Sache nach um einen auf das Erfüllungsinteresse gerichteten Schadensersatzanspruch*" handle. *Klein*, BauR 2016, 12 (15) äußert, der Anspruch habe „*materiell den Charakter eines Schadensersatzanspruchs*". *Sprau,* in: Palandt (2020), § 648 Rn. 5 spricht von einem „*Entschädigungsanspruch*", verweist aber auf das Urteil des OLG Frankfurt, NJW-RR 2012, 719, in dem der Anspruch als Schadensersatzanspruch bezeichnet wird.

136 *Schwenker/Rodemann,* in: Erman BGB, § 648 Rn. 1, 6d.

137 *Kessen,* in: BeckOGK BGB, § 648 Rn. 86; *Schmitz,* in: ibrOK Bauvertragsrecht, § 648 Rn. 122; *Lichtenberg*, BauR 2014, 615 (616); *Rohland/Wawra*, NJW-Spezial 2021, 684.

138 BGHZ 131, 362 = NJW 1996, 1282; BGHZ 140, 263 = NJW 1999, 1253 (1254); BGH, NJW-RR 2006, 29 (30) in Bezug auf § 8 Abs. 2 Nr. 1 VOB/B.

139 BGHZ 174, 267 = NJW 2008, 1522 (1523) Rn. 18-20. Die Bezeichnung als „*Entschädigung*" erfolgte in Abgrenzung zur Zahlung als Gegenleistung für eine tatsächlich erbrachte Leistung. Nur eine als Gegenleistung in diesem Sinne geleistete Zahlung

inhaltlich als Schadensersatzanspruch charakterisiert.[140] Wenngleich der BGH in seinen Urteilen keine dogmatische Differenzierung des Anspruchs für den erbrachten oder nicht erbrachten Teil der Leistung vornimmt, verlangt er eine getrennte Abrechnung der Vergütung für die erbachten und die nicht erbrachten Leistungen.[141] Das KG Berlin spricht eingängig von „kleiner" und „großer" Kündigungsvergütung, wobei die „*kleine Kündigungsvergütung*" nur die erbrachten Leistungen, die „*große Kündigungsvergütung*" auch die nicht erbrachten Leistungen umfassen soll.[142]

2. *Konsequenzen der dogmatischen Einordnung*

Während es sich bei der konkreten Einordnung des Anspruchs teilweise schlicht um unterschiedliche Begrifflichkeiten handelt, wirkt sie sich an einigen Stellen auch konkret auf die Anwendung der Norm aus.

Die Vertreter getrennt zu betrachtender Ansprüche[143] halten eine getrennte Abrechnung schon deshalb für erforderlich, weil der nicht ausgeführte Teil der Leistung nicht umsatzsteuerpflichtig[144] sei.[145] Auch beziehe sich der Abzug der Anrechnungspositionen allein auf den noch nicht ausgeführten Teil der Leistung.[146] Schließlich sei im Hinblick auf den bereits erbrachten Teil der Leistung eine konkrete Abrechnung möglich, bei dem noch nicht erbrachten Teil jedoch eine Prognoseentscheidung erforderlich.[147] Die Gegenauffassung möchte

---

ist nämlich Bemessungsgrundlage für die Umsatzsteuer. Siehe auch OLG Düsseldorf, NZBau 2022, 30 (32 Rn. 46).

140 OLG Frankfurt, NJW-RR 2012, 719. Danach ist der Anspruch „*seinem materiellen Gehalt nach ein Schadensersatzanspruch wegen Nichterfüllung*". Die Einordnung als Schadensersatzanspruch steht jedoch in klarem Widerspruch zur Intention des Gesetzgebers, Mot II, 503.

141 Siehe beispielhaft BGH NJW 1996, 3270 (3271); BGH, NJW 1999, 2036. Hierzu näher unter Teil 3, I.1.

142 KG, NZBau 2018, 533 (537 Rn. 58).

143 *Kessen,* in: BeckOGK BGB, § 648 Rn. 86; *Voit,* in: BeckOK BGB, § 648 Rn. 10; *Lührmann/Raab,* in: Dauner-Lieb/Langen, § 648 Rn. 14; *Kniffka*, Jahrbuch Baurecht 2000, 1 (5, 13).

144 BGHZ 174, 267 = NJW 2008, 1522. Ebenso EuGH, IBRRS 2008, 0158 sowie kürzlich BFH, DStR 2021, 2967. Danach dürfte der vormalige Streit über die Frage der Umsatzsteuerpflicht nun endgültig geklärt sein.

145 *Kessen,* in: BeckOGK BGB, § 648 Rn. 136, 138.1; *Schmitz,* in: ibrOK Bauvertragsrecht, § 648 Rn. 122.

146 BGH NJW 1996, 3270 (3271) m.w.N. So auch *Kapellmann/Schiffers/Markus*, Rn. 1354.

147 *Voit,* in: BeckOK BGB, § 648 Rn. 10.

zunächst errechnen, welche Vergütung dem Unternehmer ohne Kündigung des Vertrages zugestanden hätte, um anschließend die ersparten Aufwendungen abzuziehen („einheitliche Abrechnung“).[148] Es wird vorgebracht, dass auf diese Weise – anders als bei einer getrennten Betrachtung der Ansprüche – auch die ursprünglich für den Werklohnanspruch bestellten Sicherheiten im Falle der Kündigung auf den Anspruch aus § 648 S. 2 BGB übergingen.[149] Gleichwohl sind auch Stimmen, die von einer getrennten Betrachtung der Ansprüche ausgehen, der Auffassung, dass die Sicherheiten infolge der Kündigung bestehen bleiben und auch den Anspruch aus § 648 S. 2 BGB absichern.[150] Teilweise wird dies dahingehend eingeschränkt, dass der Übergang der Sicherheiten durch Auslegung im Einzelfall ermittelt werden solle.[151] Die teilweise vertretene Ansicht, zur Berechnung des Unternehmeranspruchs seien die kalkulierten Kosten anstelle der tatsächlichen Kosten maßgeblich, wird damit begründet, dass es sich bei dem Anspruch um einen Vergütungsanspruch handle.[152]

Einigkeit besteht unabhängig von der dogmatischen Einordnung des Anspruchs dahingehend, dass die Geltendmachung von Anrechnungspositionen durch den Besteller kein Gegenrecht ist. Vielmehr besteht der Vergütungsanspruch von vornherein nur abzüglich der Ersparnis.[153]

3. *Stellungnahme*

Die Vergütung des Unternehmers infolge der Kündigung setzt sich zusammen aus einem Anspruch auf Vergütung für den bereits erbrachten Teil der Leistung aus § 631 Abs. 1 BGB und einem Anspruch auf Vergütung für den noch nicht erbrachten Teil der Leistung aus § 648 S. 2 BGB, welcher Entschädigungscharakter

---

148 *Glöckner*, BauR 1998, 669 (673 f., 679 f.); *Busche*, in: MüKo BGB, § 648 Rn. 21; *Lichtenberg*, BauR 2014, 615 (619 f.); *Kapellmann/Schiffers/Markus*, Rn. 1353.

149 Hierzu ausführlich *Kenter*, Vergütungsanspruch, S. 15-19. Siehe auch *Weller*, Vertragstreue, S. 553.

150 *Kessen*, in: BeckOGK BGB, § 648 Rn. 87; *Oberhauser*, in: Messerschmidt/Voit, § 648 Rn. 22; *Siebert*, in: Kleine-Möller/Merl/Glöckner, § 18 Rn. 64.

151 *Peters*, in: Staudinger, § 648 Rn. 33.

152 *Lederer*, in: Kapellmann/Messerschmidt, § 8 VOB/B Rn. 36 f. hinsichtlich des gleich lautenden § 8 Abs. 1 VOB/B. Ganz überwiegend wird jedoch davon ausgegangen, dass es nicht auf die kalkulierten, sondern auf die tatsächlichen Kosten ankomme. So etwa *Drittler*, BauR 2006, 1215; *Lichtenberg*, BauR 2014, 615 (615 f.); BGH, NJW-RR 2006, 29.; BGH, ZfBR 2015, 254 (256).

153 BGH, BauR 1981, 198; *Kessen*, in: BeckOGK BGB, § 648 Rn. 85; *Werner*, in: Werner/Pastor, Rn. 1675.

aufweist. Erforderlich ist demnach eine getrennte Betrachtung und Abrechnung der Vergütungsteile.

a. *Vergütungsanspruch aus § 631 Abs. 1 BGB für erbrachten Teil der Leistung*

Der Anspruch auf Vergütung für den bereits erbrachten Teil der Leistung folgt unmittelbar aus § 631 Abs. 1 BGB.[154] Der Werkvertrag bleibt trotz der freien Kündigung als Rechtsgrund für die bereits erbrachten Leistungen bestehen.[155] Bei dem Anspruch des Unternehmers auf Vergütung für den bereits erbrachten Teil der Leistung handelt es sich insoweit um den ursprünglichen Erfüllungsanspruch. Dieser Anspruch ist gänzlich unabhängig vom freien Kündigungsrecht aus § 648 S. 1 BGB und bestünde demnach auch ohne dessen Existenz.[156] Der Anspruch aus § 631 Abs. 1 BGB auf Zahlung der Vergütung für den erbrachten Teil der Leistung ist auch unabhängig davon, ob die Kündigung als freie Kündigung oder als Kündigung aus wichtigem Grund erfolgt ist.[157] Da es sich um den ursprünglichen Erfüllungsanspruch handelt, gelten für den Anspruch auch die weiteren werkvertraglichen Regelungen, weshalb der Anspruch erst nach Abnahme der erbrachten Leistungen fällig ist.[158]

Dem § 648 S. 2 BGB kommt folglich kein eigenständiger Regelungsgehalt hinsichtlich der Vergütung für den erbrachten Teil der Leistung zu. Gleichwohl umfasst § 648 S. 2 BGB begrifflich auch die Vergütung für den bereits erbrachten

154 *Kessen*, in: BeckOGK BGB, § 648 Rn. 53, 86; *Schmitz*, in: ibrOK Bauvertragsrecht, § 648 Rn. 31, 34. Vgl. auch *Kniffka*, Jahrbuch Baurecht 2000, 1 (1, 3).

155 BGH, NJW 1982, 2553; *Oberhauser*, in: Messerschmidt/Voit, § 648 Rn. 16, 23; *Retzlaff*, in: Grüneberg, § 648 Rn. 4; *Weller*, Vertragstreue, S. 553. A.A. *Peters*, in: Staudinger, § 648 Rn. 10b, wonach der Vertrag infolge der Kündigung aufgehoben sei.

156 *Rintelen*, BauR 1998, 603 (604). Zu den weiteren Rechtsfolgen im hypothetischen Fall der Nichtexistenz des § 648 BGB siehe unter Teil 1, B.IV.

157 *Kniffka*, Jahrbuch Baurecht 2000, 1 (3); *Schmitz*, in: ibrOK Bauvertragsrecht, § 648 Rn. 34; BGH, NJW 1999, 2036.

158 BGHZ 153, 244 = NJW 2003, 1450; BGHZ 167, 345 = NJW 2006, 2475 (2476); *Fuchs*, JR 2007, 331 (332); *Lührmann/Raab*, in: Dauner-Lieb/Langen, § 648 Rn. 18; *Acker/Roskosny*, BauR 2003, 1279 (1281); *Thode*, ZfBR 1999, 116 (123); *Kniffka*, ZfBR 1998, 113; a.A. *Peters*, in: Staudinger, § 648 Rn. 32; *Peters*, JZ 1996, 73 (74); *Peters*, BauR 2012, 11 (15). Krit. auch *Messerschmidt*, in: FS Kapellmann, 309 (315 f., 319 f.) sowie *Langen*, in: FS Kapellmann, 237 (243 f.), der auch die konkreten Probleme im Zusammenhang mit der Abnahme nicht fertiggestellter Leistungen beschreibt.

Teil der Leistung. Insoweit bestätigt die Norm die Rechtsfolgen des § 631 Abs. 1 BGB und ist rein deklaratorisch.[159]

b. Vergütungsanspruch aus § 648 S. 2 BGB für nicht erbrachten Teil der Leistung

Die Regelung des § 648 S. 2 BGB stellt eine eigenständige Anspruchsgrundlage dar. Inhaltlich handelt es sich um einen Vergütungsanspruch mit Entschädigungscharakter.

aa. Eigene Anspruchsgrundlage

Seine eigentliche, konstitutive Bedeutung erlangt § 648 S. 2 BGB als Anspruchsgrundlage für die Vergütung für den infolge der Kündigung nicht erbrachten Teil der Leistung.[160] An dem Charakter des § 648 S. 2 BGB als Anspruchsgrundlage ließe sich beim Blick auf § 326 Abs. 2 BGB zweifeln. Bei der Schaffung des § 648 BGB dienten die parallelen Rechtsfolgen des heutigen § 326 Abs. 2 BGB dem historischen Gesetzgeber als Vorbild.[161] Bei § 326 Abs. 2 BGB handelt es sich anerkanntermaßen nicht um eine eigene Anspruchsgrundlage; vielmehr ordnet die Norm in Ausnahme von § 326 Abs. 1 BGB den Fortbestand des Gegenleistungsanspruchs an.[162] So handelt es sich bei dem dortigen Gegenleistungsanspruch um den ursprünglichen Erfüllungsanspruch.[163]

Wenngleich die angeordneten Rechtsfolgen des § 326 Abs. 1 BGB und des § 648 S. 2 BGB weitgehend identisch sind, unterscheidet sich der Wortlaut im Hinblick auf den jeweiligen Anspruchscharakter deutlich. Nach § 326 Abs. 2 S. 1 BGB „*behält der Schuldner den Anspruch auf die Gegenleistung.*“ Dies verdeutlicht bereits sprachlich, dass kein eigener Anspruch statuiert, sondern vielmehr der Fortbestand des Gegenleistungsanspruchs angeordnet wird. Anders hingegen lautet die Formulierung des § 648 S. 2 BGB. Danach „*ist der Unternehmer [im Fall der Kündigung gemäß § 648 S. 1 BGB] berechtigt, die vereinbarte Vergütung zu verlangen.*“ Diese Formulierung legt nahe, dass der Anspruch nach der Intention des Gesetzgebers unmittelbar aus § 648 S. 2 BGB folgt. Auch der BGH wendet § 648 S. 2 BGB ohne nähere Begründung als Anspruchsgrundlage an.[164]

---

159 *Kessen*, in: BeckOGK BGB, § 648 Rn. 53, 86.

160 *Kessen*, in: BeckOGK BGB, § 648 Rn. 86; vgl. auch *Oberhauser*, in: Messerschmidt/Voit, § 648 Rn. 14, 23.

161 *Kenter*, Vergütungsanspruch, S. 5 f. unter Verweis auf *Mugdan*, Bd. II, S. XCII.

162 *Herresthal*, in: BeckOGK BGB, § 326 Rn. 280.

163 *Schmidt*, in: BeckOK BGB, § 326 Rn. 19.

164 So etwa BGHZ 131, 362 = NJW 1996, 1282; BGHZ 140, 263 = NJW 1999, 1253 (1254).

Der originäre Anspruch aus § 648 S. 2 BGB auf Vergütung für den nicht erbrachten Teil der Leistung tritt als separater Anspruch neben den Anspruch aus § 631 Abs. 1 BGB auf Vergütung für den erbrachten Teil der Leistung. Es zeigen sich substanzielle Unterschiede, die gegen die Einordnung als einheitlicher Vergütungsanspruch sprechen. Während die Fälligkeit des Anspruchs aus § 631 Abs. 1 BGB eine Abnahme des Teilwerks voraussetzt, scheidet für den Anspruch aus § 648 S. 2 BGB eine Abnahme schon denknotwendig aus, weil sich der Anspruch nur auf nicht erbrachte Leistungen bezieht. Auch lässt sich der Anspruch aus § 631 Abs. 1 BGB auf Vergütung für die erbrachten Leistungen konkret berechnen, während hinsichtlich des entfallenen Leistungsteils stets eine Prognose des hypothetischen Verlaufs erforderlich ist.[165] Außerdem ist nur die Vergütung für die erbrachte Leistung umsatzsteuerpflichtig.[166]

Für die Charakterisierung als einheitlicher Anspruch wird hingegen der Wortlaut des § 648 S. 2 BGB angeführt.[167] Danach stehe dem Unternehmer gemäß § 648 S. 2 BGB *„die vereinbarte Vergütung"* zu, während § 648 S. 3 BGB von der *„auf den noch nicht erbrachten Teil der Werkleistung entfallenden vereinbarten Vergütung"* spreche.[168] Dies zeige, dass das Gesetz auch sprachlich zwischen der vereinbarten Vergütung (§ 648 S. 2 BGB) und dem auf den gekündigten Leistungsteil entfallenden Vergütungsteil (§ 648 S. 3 BGB) unterscheide. Diese Einschränkung in § 648 S. 3 BGB sei jedoch überflüssig, wenn § 648 S. 2 BGB sich ebenfalls nur auf die Vergütung für den gekündigten Teil der Leistung beziehe.[169] Diesem Argument ist jedoch entgegenzuhalten, dass der Satz 3 der Norm erst nachträglich ergänzt wurde. Tatsächlich wurde dessen Formulierung bewusst gewählt, um herauszustellen, dass die Vermutung sich nur auf die Vergütung für den nicht erbrachten Teil der Leistung, nicht jedoch auch auf die Vergütung für den erbrachten Teil der Leistung bezieht.[170] Dass der bereits zuvor existierende § 648 S. 2 BGB anders lautet, lässt hingegen keinerlei Rückschluss darauf zu, dass es sich um einen einheitlichen Anspruch handeln muss. Für eine entsprechende Intention des historischen Gesetzgebers gibt es keine Anhaltspunkte.

---

165 *Voit*, in: BeckOK BGB, § 648 Rn. 10.

166 BGHZ 174, 267 = NJW 2008, 1522; EuGH, IBRRS 2008, 0158; BFH, DStR 2021, 2967.

167 *Busche*, in: MüKo BGB, § 648 Rn. 21; so auch *Kniffka*, Jahrbuch Baurecht 2000, 1 (13), der aus den o.g. Gründen jedoch vom Erfordernis einer getrennten Abrechnung ausgeht.

168 *Lichtenberg*, BauR 2014, 615 (619 f.).

169 *Lichtenberg*, BauR 2014, 615 (619 f.).

170 Vgl. BT-Drs. 16/511, S. 29. Hierzu näher unter Teil 3, B.II.1.

Die hier aufgezeigte dogmatische Differenzierung ändert nichts daran, dass § 648 S. 2 BGB in der Praxis als Anspruchsgrundlage für die gesamte Vergütung des Unternehmers verstanden wird. Da § 648 S. 2 BGB deklaratorisch auch den Vergütungsanspruch für den bereits erbrachten Teil der Leistung aus § 631 Abs. 1 BGB beinhaltet,[171] begegnet diese Terminologie keinen Bedenken. Die Arbeit folgt dieser Terminologie und spricht daher – soweit es nicht explizit auf die Differenzierung ankommt – insgesamt von der Vergütung des Unternehmers gemäß § 648 S. 2 BGB.

bb. Vergütungsanspruch mit Entschädigungscharakter

Der originäre Anspruch aus § 648 S. 2 BGB auf Vergütung für den nicht erbrachten Teil der Leistung ist ein Vergütungsanspruch mit Entschädigungscharakter.[172] Für die Einordnung als Vergütungsanspruch spricht zunächst der klare Wortlaut des § 648 S. 2 BGB.[173] Eine Einordnung als Schadensersatzanspruch widerspräche hingegen der Intention des historischen Gesetzgebers, welcher die Schaffung eines Schadensersatzanspruchs explizit als zu weitgehend abgelehnt hat.[174] Gegen die Einordnung als Schadensersatzanspruch spricht ferner, dass das Kündigungsrecht aus § 648 S. 1 BGB die für einen Schadensersatzanspruch erforderliche Pflichtverletzung gerade ausschließt.[175]

Gleichwohl hat der Anspruch inhaltlich den Charakter eines Entschädigungsanspruchs. Dieser ergibt sich daraus, dass der Unternehmer seine Vergütung gemäß § 648 S. 2 BGB erhält, ohne selbst die entsprechende Gegenleistung erbringen zu müssen. Er erhält eine finanzielle Kompensation dafür, dass er das Werk nicht fertigstellen und auf diese Weise seinen Vergütungsanspruch verdienen kann. Durch die Qualifizierung des Anspruchs aus § 648 S. 2 BGB als Vergütungsanspruch bleiben insbesondere die für den ursprünglichen Erfüllungsanspruch bestellten Sicherheiten bestehen.[176] Einzig dieses Ergebnis ist

171 *Kessen,* in: BeckOGK BGB, § 648 Rn. 53, 86.

172 So auch *Kessen,* in: BeckOGK BGB, § 648 Rn. 86.

173 Mot II, 503.

174 Mot II, 503.

175 *Peters,* in: Staudinger, § 648 Rn. 7; *Kenter,* Vergütungsanspruch, S. 6. Insoweit auch *Glöckner,* BauR 1998, 669 (670). Der inhaltlich nahezu mit § 648 BGB identische Art. 377 des schweizerischen Obligationenrechts spricht demgegenüber explizit von einer „*Schadloshaltung*" des Unternehmers. *Gauch,* in: FS Locher, 35 (38) qualifiziert dies als eine „*Schadensersatzpflicht für erlaubte Schädigung*". Eine solche Klassifizierung ist dem deutschen Recht indes fremd.

176 Hierzu ausführlich *Kenter,* Vergütungsanspruch, S. 15-19.

sach- und interessengerecht und steht im Einklang mit dem Zweck des § 648 S. 2 BGB, dass der Unternehmer durch die Kündigung keine Nachteile erleiden soll.[177]

Darüber hinaus handelt es sich um eine rein terminologische Frage, ob man den Anspruch als Entschädigungsanspruch oder als Vergütungsanspruch mit Entschädigungscharakter bezeichnen möchte. Für letzteres spricht neben dem klaren Wortlaut des § 648 S. 2 BGB noch ein Vergleich mit der Regelung des § 651h Abs. 1 BGB im Reisevertragsrecht. In § 651h Abs. 1 S. 1 BGB ist das Recht des Reisenden geregelt, vor Reisebeginn jederzeit vom Vertrag zurücktreten zu können. Dabei handelt es sich um eine besondere Ausprägung des freien Kündigungsrechts aus § 648 BGB.[178] Gemäß § 651h Abs. 1 S. 2 BGB erlischt im Fall des Rücktritts der Anspruch des Reiseveranstalters auf den vereinbarten Reisepreis. Stattdessen kann der Reiseveranstalter gemäß § 651h Abs. 1 S. 3 BGB eine angemessene Entschädigung verlangen. In Abweichung von der Regelungstechnik des § 648 S. 2 BGB tritt also explizit ein Entschädigungsanspruch an die Stelle des Erfüllungsanspruchs auf den Reisepreis. Zwar verbietet sich ein systematischer Schluss für die Auslegung des § 648 S. 2 BGB, da § 651h Abs. 1 BGB erst nachträglich in das BGB eingefügt wurde. Gleichwohl zeigt sich aber anhand des § 651h Abs. 1 BGB, dass auch eine andere Regelungstechnik möglich ist, die der Gesetzgeber bei § 648 BGB nicht gewählt hat.

c. *Schadensersatzrechtlicher Charakter des Anspruchs*

Trotz der dogmatischen Einordnung als Vergütungsanspruch weist der Anspruch aus § 648 S. 2 BGB teilweise schadensersatzrechtliche Elemente auf.[179] Dafür spricht auch bereits die Gesetzesbegründung, den Unternehmer „*schadlos*“[180] halten zu wollen.[181]

aa. *Vorteilsausgleichung*

Der BGH führt aus, dass dem Anspruch aus § 648 S. 2 BGB der Rechtsgedanke der Vorteilsausgleichung zugrunde liege.[182] Der Rechtsgedanke ziele darauf ab,

177 Zum Prinzip der Vor- und Nachteilswahrung siehe ausführlich unter Teil 1, C.

178 *Harke*, in: BeckOGK BGB, § 651h Rn. 3.

179 So etwa *Peters*, in: Staudinger, § 648 Rn. 7, 34; *Kenter*, Vergütungsanspruch, S. 11 f.; *Klein*, BauR 2016, 12 (15).

180 Mot. II, S. 503.

181 So zutreffend *Kenter*, Vergütungsanspruch, S. 11.

182 BGHZ 60, 353 = NJW 1973, 1190 (1191); bestätigt u.a. in BGH, NJW 1985, 633 sowie jüngst in BGH, NJW 2018, 2039 (2040).

im Schadensfall einen gerechten Ausgleich zwischen den Interessen des Schädigers und des Geschädigten herbeizuführen.[183] Gleichwohl komme der Gedanke der Vorteilsausgleichung auch in zahlreichen anderen Vorschriften des BGB zum Ausdruck, u.a. in § 326 Abs. 2 S. 2, § 615 S. 2, § 616 S. 2, § 642 Abs. 2 und eben auch in § 648 S. 2.[184] Weiter heißt es, all diese Regelungen beruhten letztlich auf dem Grundsatz von Treu und Glauben gemäß § 242 BGB.[185]

In der Literatur findet dies überwiegend Zustimmung.[186] Teilweise hingegen wird die Anwendung des Prinzips der Vorteilsausgleichung auf den Anspruch aus § 648 S. 2 BGB abgelehnt.[187] So heißt es, die ersparten Aufwendungen blieben von vornherein unbeachtlich, weshalb der Anspruch von vornherein nur in der verminderten Höhe bestehe.[188] Auch die Stimmen, die die Anwendung der Vorteilsausgleichung aus dogmatischen Gründen ablehnen, erkennen jedoch an, dass dem § 648 S. 2 BGB zumindest ein vergleichbarer Gedanke zugrunde liege.[189]

Ein im Rahmen der Vorteilsausgleichung zu berücksichtigender Vorteil setzt eine tatsächliche Vermögensmehrung voraus, wobei die Vermögensmehrung auch in der Vermeidung eines ansonsten eingetretenen Verlustes bestehen kann.[190] Demgegenüber ist die unterlassene Ziehung eines Vorteils nicht im Rahmen des Vorteilsausgleichs, sondern als etwaiger Verstoß gegen die Schadensminderungsobliegenheit zu berücksichtigen.[191] Dementsprechend fallen allein die in § 648 S. 2 BGB statuierten Anrechnungspositionen der ersparten Aufwendungen sowie der tatsächlich realisierte anderweitige Erwerb unter das Prinzip der Vorteilsausgleichung. Der böswillig unterlassene anderweitige Erwerb stellt

---

183 BGHZ 60, 353 = NJW 1973, 1190 (1191).

184 BGHZ 60, 353 = NJW 1973, 1190 (1191) unter teils abweichender Bezeichnung der noch immer gleich lautenden Normen in der damaligen Fassung.

185 BGHZ 60, 353 = NJW 1973, 1190 (1191).

186 *Kessen*, in: BeckOGK BGB, § 648 Rn. 84; *Glöckner*, BauR 1998, 669 (681 f.); *Lederer*, in: Kapellmann/Messerschmidt, § 8 VOB/B Rn. 12; *Schwenker/Rodemann*, in: Erman BGB, § 648 Rn. 6b.

187 *Quack*, in: FS von Craushaar, 309 (312); ebenso *Peters*, in: Staudinger, § 648 Rn. 51.

188 *Peters*, in: Staudinger, § 648 Rn. 51; *Pamperien*, Auskunftspflicht des Werkunternehmers, S. 7.

189 *Peters*, in: Staudinger, § 648 Rn. 51; *Pamperien*, Auskunftspflicht des Werkunternehmers, S. 7 leitet diesen Gedanken aus § 242 BGB her.

190 *Oetker*, in: MüKo BGB, § 249 Rn. 229.

191 *Oetker*, in: MüKo BGB, § 249 Rn. 229; OLG Stuttgart, BeckRS 2013, 9967.

hingegen keinen Vorteil des Unternehmers dar, weshalb der Gedanke des Vorteilsausgleichs insoweit nicht einschlägig ist.[192]

bb. Schadensminderungsobliegenheit

Es wird ferner davon ausgegangen, § 648 S. 2 BGB enthalte auch eine dem § 254 BGB entsprechende Schadensminderungsobliegenheit des Unternehmers.[193] Dies zeige sich durch die Anrechnungsposition des böswillig unterlassenen anderweitigen Erwerbs[194] sowie dadurch, dass der Unternehmer die bereits erbrachte Werkleistung – soweit möglich – anderweitig verwerten müsse.[195] Dabei wird zu Recht darauf hingewiesen, dass die Konzeption des § 648 S. 2 BGB und der automatischen Anrechnung der Abzugspositionen zugunsten des Bestellers einen erheblichen Gewinn an Rechtssicherheit gegenüber dem bloßen Gedanken der Schadensminderung bewirke.[196] Gegen die Anwendung der Schadensminderungsobliegenheit aus § 254 Abs. 2 BGB auf den Anspruch aus § 648 S. 2 BGB wird jedoch zum Teil eingewandt, dass diese auf Erfüllungsansprüche generell nicht anwendbar sei.[197] Eine Aufwandsminderungspflicht könne sich aber aus § 242 BGB ergeben.[198]

Dass § 648 S. 2 BGB eine Schadensminderungsobliegenheit des Unternehmers statuiert, zeigt sich primär bei der Anrechnungsposition des böswillig unterlassenen anderweitigen Erwerbs. Gleichwohl besteht auch darüber hinaus eine Schadensminderungsobliegenheit des Unternehmers. So ist der Unternehmer

---

192 Der böswillig unterlassene anderweitige Erwerb ist jedoch als Verletzung einer Schadensminderungsobliegenheit zu qualifizieren. Dazu sogleich unter Teil 1, B II.3.c.bb.

193 *Glöckner*, BauR 1998, 669 (679); *Peters*, in: Staudinger, § 648 Rn. 7, 41; *Peters*, JZ 1995, 754 (755).

194 *Peters*, in: Staudinger, § 648 Rn. 41; *Peters*, in: FS Thode, 65 (70).

195 *Stelzner*, in: jurisPK-BGB, § 648 Rn. 33.

196 *Glöckner*, BauR 1998, 669 (679).

197 *Quack*, in: FS von Craushaar, 309 (312); *Rintelen*, BauR 1998, 603 (604). Hiergegen jedoch *Peters*, JZ 1995, 754 (755), wonach nicht zuletzt auch die Existenz des § 648 S. 2 BGB zeige, dass der Einwand des Mitverschuldens gegenüber vertraglichen Erfüllungsansprüchen dem Gesetz nicht prinzipiell fremd sei.

198 *Rintelen*, BauR 1998, 603 (604 f.). Er weist darauf hin, dass § 648 S. 2 BGB nicht die Anrechnung jedweden unterlassenen anderweitigen Erwerbs statuiere, sondern dass der Erwerb *böswillig* unterlassen werden müsse. Indes kommt dem Tatbestandsmerkmal der „Böswilligkeit“ keine gesteigerte Bedeutung zu. Vielmehr ist ausreichend, dass der anderweitige Erwerb zumutbar gewesen wäre. Eine Schädigungsabsicht ist hingegen nicht erforderlich. Siehe dazu *Kessen*, in: BeckOGK BGB, § 648 Rn. 159; *Busche*, in: MüKo BGB, § 648 Rn. 30 m.w.N.

auch gehalten, möglichst viele Aufwendungen infolge der Kündigung zu ersparen und dadurch den „Schaden“ des Bestellers zu minimieren. Grundsätzlich kommt es zwar allein auf die tatsächlich ersparten Aufwendungen an.[199] Der Unternehmer ist daher auch nicht verpflichtet, alle denkbaren Ersparnisse zu realisieren. So muss er etwa keine Kündigung seines Bestandspersonals aussprechen, selbst wenn dies rechtlich möglich wäre.[200] Soweit es dem Unternehmer aber ohne weiteres und ohne eigene Nachteile möglich ist, Aufwendungen zu ersparen, muss er dies auch tun. Dies folgt aus einer teleologischen Extension des § 648 S. 2 BGB.[201] So kann etwa vom Unternehmer verlangt werden, dass er von etwaigen Stornierungsmöglichkeiten bei der Beschaffung von Baumaterialien Gebrauch macht oder bereits beschaffte „Standardbaustoffe“ bei anderen Projekten einsetzt.[202] Auch insoweit folgt aus § 648 S. 2 BGB eine Schadensminderungsobliegenheit des Unternehmers.

III. Vereinbarkeit des freien Kündigungsrechts mit dem Grundsatz der Vertragstreue

Von besonderem Interesse ist ferner das Verhältnis des freien Kündigungsrechts zum Grundsatz der Vertragstreue (*pacta sunt servanda*)[203]. Nach diesem Grundsatz bindet ein Vertrag die Parteien.[204] Da § 648 S. 1 BGB dem Besteller die

---

199 Siehe etwa BGHZ 143, 79 = NZBau 2000, 82 (94).

200 BGHZ 143, 79 = NZBau 2000, 82 (94); *Lederer,* in: Kapellmann/Messerschmidt, § 8 VOB/B Rn. 42; *Rintelen*, BauR 1998, 603 (604 f.). *Kapellmann/Schiffers/Markus*, Rn. 1376 gehen sogar davon aus, dass im Einzelfall Mitarbeiter gekündigt werden müssten, ggf. auch Bestandspersonal.

201 Eine solche teleologische Extension ist bei § 326 Abs. 2 S. 2 BGB anerkannt. Siehe dazu *Herresthal,* in: BeckOGK BGB, § 326 Rn. 295. Da dem § 648 S. 2 BGB dieselben Prinzipien zugrunde liegen und eine Besserstellung des Unternehmers infolge der Kündigung vermieden werden soll, ist die teleologische Extension auch bei § 648 S. 2 BGB gerechtfertigt. Zur teleologischen Extension des § 648 S. 2 BGB siehe auch unter Teil 1, C.IV.2.b.ee.

202 *Joussen,* in: Ingenstau/Korbion, § 8 Abs. 1 VOB/B Rn. 67. *Langen*, in: FS Kapellmann, 237 (248) plädiert darüber hinaus für eine Schadensminderungspflicht des Unternehmers. So solle der Besteller im Grundsatz analog § 8 Abs. 3 Nr. 3 VOB/B berechtigt sein, zur Fortführung der Bauarbeiten unter anderem Materialien, die Baustelleneinrichtung und Geräte des Unternehmers zu benutzen, was dieser wiederum regelmäßig dulden müsse.

203 Zum Begriff *„pacta sunt servanda“* siehe unter Teil 1, B.III.1.

204 Hierzu näher unter Teil 1, B.III.1.

anlasslose Kündigung des Vertrages ermöglicht, drängt sich die Frage auf, ob und inwieweit dies mit dem Grundsatz der Vertragstreue vereinbar ist. Das Verhältnis zwischen dem freien Kündigungsrecht und dem Grundsatz der Vertragstreue wurde bisher nur oberflächlich behandelt. Teilweise heißt es ohne nähere Begründung, durch die Möglichkeit der anlasslosen und einseitigen Lossagung vom Vertrag werde mit dem Grundsatz gebrochen.[205] Teilweise wird hingegen unter Berufung auf die weiterhin bestehende Vergütungspflicht des Bestellers davon ausgegangen, der Grundsatz werde lediglich modifiziert.[206] Eine tiefere Auseinandersetzung damit, was genau überhaupt der Inhalt der Vertragstreue oder des *pacta sunt servanda* sei und wie sich das freie Kündigungsrecht dazu verhalte, erfolgt hingegen nicht. Dieser Umgang mit dem Prinzip der Vertragstreue als Worthülse erscheint symptomatisch. So hat *Weller* die Beobachtung gemacht, dass *„die Vertragstreue häufig als ein passe-partout herhalten“*[207] müsse, welches in unterschiedlichen Zusammenhängen bemüht werde.

Zum besseren Verständnis und zur Einordnung erfolgt zunächst eine knappe Darstellung von Herleitung, Inhalt und Bedeutung des Grundsatzes der Vertragstreue, wobei im Wesentlichen auf die umfangreiche und grundlegende Untersuchung von *Weller*[208] zurückgegriffen werden kann. Im Anschluss daran wird untersucht, wie sich die freie Kündigung des Werkvertrages auf die Vertragstreue insgesamt sowie auf deren einzelnen Elemente auswirkt. Im Ergebnis wird untersucht, ob das freie Kündigungsrecht mit dem Grundsatz der Vertragstreue vereinbar ist oder ob und inwieweit es eine Ausnahme von dem Grundsatz statuiert. Auch auf Grundlage des dabei gefundenen Ergebnisses kann im zweiten Teil der Arbeit untersucht werden, ob das freie Kündigungsrecht zweckmäßig und interessengerecht ist und ob es auf andere Vertragstypen Anwendung findet oder finden sollte.[209]

---

205 *Drittler*, Nachträge und Nachtragsprüfung, Rn. 4 f., 89.; *Klein*, BauR 2016, 12; *Armbrüster/Bickert*, NZBau 2006, 153 sprechen von *„markante[r] Abweichung […] von der Regel Pacta sunt servanda“*. *Oetker*, Dauerschuldverhältnis, S. 254 spricht von *„partielle[r] Aufhebung des Grundsatzes pacta sunt servanda“*.

206 *Peters*, in: Staudinger, § 648 Rn. 7; *Peters*, JZ 1996, 73 (74 f.); *Glöckner*, BauR 1998, 669 (676 Fn. 61). *Gauch*, in: FS Locher, 35 (41) spricht im Hinblick auf den mit § 648 BGB nahezu identischen Art. 377 des schweizerischen Obligationenrechts davon, der Grundsatz der Vertragstreue werde durch die einseitige Loslösungsmöglichkeit *„abgeschwächt“*.

207 *Weller*, Vertragstreue, S. 2.

208 *Weller*, Vertragstreue.

209 Hierzu näher unter Teil 2.

1. Grundsatz der Vertragstreue

Der Grundsatz[210] der Vertragstreue ist nicht explizit im BGB normiert, liegt diesem jedoch unstreitig zugrunde.[211] Synonym zum Begriff der Vertragstreue wird häufig der Satz *pacta sunt servanda* verwendet,[212] obwohl dieser im römischen Recht noch eine etwas abweichende Bedeutung hatte.[213] Gemeinhin wird heute unter dem Grundsatz der Vertragstreue/*pacta sunt servanda* hauptsächlich verstanden, dass ein Vertrag eingehalten und erfüllt werden muss.[214]

a. Die drei Elemente der Vertragstreue

Bei näherer Betrachtung geht die Bedeutung des Grundsatzes der Vertragstreue indes deutlich über solche wenig aussagekräftigen Formeln hinaus. So lassen sich verschiedene Elemente und Dimensionen der Vertragstreue unterscheiden, welche im Folgenden kurz dargestellt werden sollen:

aa. Vertragsbindung

Den zentralen Kern der Vertragstreue bildet die Vertragsbindung.[215] Diese hält beide Parteien am Vertrag fest und verpflichtet sie dazu, ihre vertraglich übernommenen Verpflichtungen auch einzuhalten und diese nicht einseitig zurückzunehmen.[216] Die Bindungswirkung umfasst nicht nur Leistungspflichten, sondern auch Rücksichtspflichten und Obliegenheiten.[217] Wenngleich auch die Vertragsbindung nicht ausdrücklich im BGB normiert ist,[218] werden verschiedene Ansätze zur normativen Herleitung vertreten. So wird die Vertragsbindung teilweise den §§ 145 ff. BGB[219] und teilweise § 311 Abs. 1 BGB i.V.m.

---

210 Zur Charakterisierung der Vertragstreue als „Grundsatz" und „Prinzip" in Abgrenzung zu „Regeln" und „Instituten" siehe *Weller*, Vertragstreue, S. 26-28 m.w.N.

211 *Weller*, Vertragstreue, S. 36 weist darauf hin, dass den Verfassern des BGB der Grundsatz der Vertragstreue als so selbstverständlich erschien, dass sie ihn nicht explizit kodifiziert haben.

212 *Weller*, Vertragstreue, S. 37 m.w.N.

213 *Venrooy*, JR 1991, 492 (493 Fn. 5); *Weller*, Vertragstreue, S. 37 f. m.w.N.

214 *Weller*, Vertragstreue, S. 38 m.w.N.

215 Zur theoretischen Herleitung der Vertragsbindung siehe grundlegend *Unberath*, Die Vertragsverletzung, S. 1-179.

216 *Weller*, Vertragstreue, S. 41 m.w.N.

217 *Weller*, Vertragstreue, S. 41.

218 *Weller*, Vertragstreue, S. 274.

219 BAG, NJW 1991, 1021 (1023).

§ 241 BGB[220] entnommen. Da die unterschiedlichen Ansätze jedoch nicht zu einem unterschiedlichen Verständnis von Inhalt und Bedeutung der Vertragsbindung führen, soll den konkreten Herleitungen an dieser Stelle nicht näher nachgegangen werden.

bb. Naturalerfüllungsgrundsatz

Als zweites zentrales Element der Vertragstreue ist der Naturalerfüllungsgrundsatz[221] anerkannt.[222] Naturalerfüllung heißt, dass die Parteien die Primärleistungen jeweils exakt in der vertraglich vereinbarten Form erbringen.[223] Damit gewährleistet der Naturalerfüllungsgrundsatz, dass der eigentlich mit dem Vertrag bezweckte Erfolg eintritt.[224] Die Naturalerfüllung steht im Kontrast zur Pekuniarerfüllung, bei welcher nicht die originär vereinbarte Primärleistung erbracht, sondern vielmehr das Interesse des Gläubigers an der Leistung in Geld befriedigt wird.[225] Dementsprechend ist die Naturalerfüllungspflicht auch der primäre Verpflichtungsinhalt eines Vertrages, die Pekuniarerfüllungspflicht hingegen subsidiär (sog. Primat der Naturalerfüllung).[226] Von besonderer Bedeutung ist die Unterscheidung bei Sachleistungspflichten.[227] Nur, wenn der Vertrag in Natur erfüllt wird, erhält der Gläubiger die ihm nach dem Vertrag zustehende Sachleistung. Fälle der Pekuniarerfüllung liegen demgegenüber praktisch nur

---

220 *Weller*, Vertragstreue, S. 276. Ferner führt er zur Herleitung der Vertragsbindung die als Ausnahmetatbestände konzipierten Vertragsstornierungsgründe auf. Im Umkehrschluss dazu zeige sich, dass dem BGB das Prinzip der Vertragstreue zugrunde liege. Den Urteilen BGHZ 21, 102 (106) BGHZ 40, 326 (331); BGH, NJW 1965, 688 (690, 692); BGH, NJW-RR 1990, 270f. möchte *Weller*, Vertragstreue, S. 276 Fn. 18 entnehmen, dass der BGH die Vertragsbindung unmittelbar aus § 241 Abs. 1 BGB herleite.

221 Eine umfangreiche Untersuchung und Darstellung der Naturalerfüllung unternimmt *Riehm*, Naturalerfüllung.

222 *Weller*, Vertragstreue, S. 42-44 m.w.N.; *Riehm*, Naturalerfüllung, S. 220.

223 *Weller*, Vertragstreue, S. 29 m.w.N.

224 *Riehm*, Naturalerfüllung, S. 220.

225 *Weller*, Vertragstreue, S. 31.

226 *Weller*, Vertragstreue, S. 316 m.w.N; *Dauner-Lieb*, in: FS Canaris, 143 (146, 156-158, 160). Vgl. auch *Rohe*, in: BeckOK BGB, § 490 Rn. 19, der ebenso zutreffend vom „*Vorrang der gegenständlichen Erfüllung vor dem Schadensersatz*" spricht.

227 *Weller*, Vertragstreue, S. 33. Die Unterscheidung zwischen Natural- und Pekuniarerfüllung ist auch bei Geldleistungspflichten möglich. Die praktischen Auswirkungen dieser Unterscheidung sind indes gering. Siehe dazu *Weller*, Vertragstreue, S. 34-36 m.w.N. Laut *Stathopoulos*, AcP 194, 543 (556) fallen auf Geld gerichtete Erfüllungsklagen etwa häufig mit entsprechenden Schadensersatzklagen zusammen.

bei Leistungsstörungen vor und befriedigen lediglich das finanzielle Interesse des Gläubigers am Vertrag.[228]

cc. Leistungstreue

Das dritte Element der Vertragstreue bildet die Leistungstreue.[229] Im Kern verpflichtet die Leistungstreue die Parteien umfassend zu vertragsförderndem Verhalten und untersagt ihnen vertragswidriges oder vertragsgefährdendes Verhalten.[230] Der konkrete Inhalt und Umfang der Leistungstreuepflicht richtet sich nach den jeweiligen Umständen des Einzelfalls.[231] Hergeleitet wird die Leistungstreue aus dem Grundsatz von Treu und Glauben aus § 242 BGB.[232] Charakteristisch für die Leistungstreue ist ihr bloß leistungssichernder Zweck.[233]

dd. Zweiseitige Dimension der Vertragstreue

Alle Elemente der Vertragstreue haben eine schuldner- und eine gläubigerbegünstigende Seite.[234] So trifft etwa die Leistungstreuepflicht den Sachleistungsgläubiger nicht nur als Schuldner der Gegenleistung, sondern gerade auch in seiner Funktion als Gläubiger der Leistung.[235] Verweigert der Gläubiger also grundlos die Annahme der Leistung oder sagt sich grundlos vom Vertrag los, stellt dies im Grundsatz eine Verletzung der Leistungstreuepflicht dar.[236]

b. Praktische Bedeutung der Vertragstreue

Durch die Schuldrechtsmodernisierung 2001 wurde der Grundsatz der Vertragstreue insgesamt aufgewertet.[237] Die Vertragsbindung als ein Element der

---

228 *Weller*, Vertragstreue, S. 33 f.

229 *Weller*, Vertragstreue, S. 46.

230 BGH, NJW 1983, 998; BGH, NJW 1995, 1954 (1955).

231 *Sutschet*, in: BeckOK BGB, § 241 Rn. 46.

232 *Weller*, Vertragstreue, S. 302-304. Zur historischen Entwicklung der Leistungstreue in Literatur und Rechtsprechung siehe die umfangreichen Ausführungen bei *Weller*, Vertragstreue, S. 539-547 m.w.N.

233 *Sutschet*, in: BeckOK BGB, § 241 Rn. 46; *Weller*, Vertragstreue, S. 314.

234 *Weller*, Vertragstreue, S. 50 f.

235 *Weller*, Vertragstreue, S. 48, 312-314.

236 *Weller*, Vertragstreue, S. 48 f., 313.

237 So *Weller*, Vertragstreue, S. 1 unter Verweis auf *Däubler-Gmelin*, NJW 2001, 2281 (2286), *Dauner-Lieb*, in: FS Canaris, 143 (146, 156) u.a. Die Aufwertung zeige sich vor allem durch den Primat der Naturalerfüllung und das Recht zur zweiten Andienung. Siehe ebenso *Dörner/Staudinger*, Schuldrechtsmodernisierungsgesetz, III. Rn. 55, 74.

Vertragstreue wurde darüber hinaus durch die Aufhebung des § 306 BGB a.F. und die Neuregelung des § 311a BGB aufgewertet, wonach nun auch Verträge über anfänglich unmögliche Leistungen wirksam sind.[238]

2. Verhältnis des freien Kündigungsrechts zur Vertragstreue

Ausgehend von der vorstehenden Darstellung der verschiedenen Dimensionen der Vertragstreue ist nun zu untersuchen, wie sich die freie Kündigung des Werkvertrages auf die Vertragstreue insgesamt sowie auf deren einzelnen Elemente auswirkt.

a. Allgemeine Wirkung der freien Kündigung auf die Vertragstreue

Zunächst ist darauf hinzuweisen, dass die freie Kündigung gemäß § 648 S. 1 BGB den Werkvertrag lediglich ex nunc, d.h. mit Wirkung für die Zukunft beendet.[239] Auf bereits erbrachte Leistungen des Unternehmers wirkt sich die Kündigung demnach nicht aus.[240] Der Vertrag bleibt unangetastet, soweit er sich auf das bereits erstellte Teilwerk bezieht.[241] Folglich muss der Besteller die erbrachten Leistungen uneingeschränkt vergüten; ihm steht im Gegenzug das bereits erbrachte Teilwerk zu. Beides ergibt sich bereits unmittelbar aus dem insoweit voll wirksamen Werkvertrag selbst.[242] Probleme bei der konkreten Bemessung des Vergütungsanspruchs für den bereits erbrachten Teil der Leistung bestehen demnach weniger auf rechtlicher, sondern vielmehr auf tatsächlicher Ebene.[243]

Die freie Kündigung wirkt sich also nur auf den noch nicht vollzogenen, gekündigten Teil des Werkvertrages aus. Durch die freie Kündigung kann sich der Besteller von seiner Pflicht zur Annahme des (noch nicht fertiggestellten Teils des) Werkes befreien. Seine Verpflichtung zur Zahlung des Werklohns bleibt jedoch gemäß § 648 S. 2 BGB bestehen, wobei der Unternehmer sich

238 *Weller*, Vertragstreue, S. 277; *Canaris*, JZ 2001, 499 (521).

239 *Oberhauser*, in: Messerschmidt/Voit, § 648 Rn. 16; *Venrooy*, JR 1991, 492 (497); BGH, NJW 1988, 140 (141); BGH, NJW 1995, 2712 (2713). Krit. *Lührmann/Raab*, in: Dauner-Lieb/Langen, § 648 Rn. 12, die gegen die Annahme einer vertragsaufhebenden Wirkung ex nunc einwenden, dass der Vertrag weiterhin Wirkungen zeitige.

240 *Kessen*, in: BeckOGK BGB, § 648 Rn. 53.

241 *Busche*, in: MüKo BGB, § 648 Rn. 14; *Voit*, in: BeckOK BGB, § 648 Rn. 8; BGHZ 153, 244 = NJW 2003, 1450 (1452).

242 *Kessen*, in: BeckOGK BGB, § 648 Rn. 53.

243 Hierzu näher unter Teil 3, B.

seine ersparten Aufwendungen sowie den erzielten oder böswillig unterlassenen anderweitigen Erwerb anrechnen lassen muss.

b. Spezifische Wirkung der freien Kündigung auf die Vertragstreue

Aus der Regelung des § 648 S. 2 BGB folgt bereits unmittelbar, dass das freie Kündigungsrecht keine schlichte Ausnahme vom Grundsatz der Vertragstreue darstellt. Anders als entsprechende Widerrufsrechte (vor allem bei Verbraucherverträgen) räumt § 648 S. 1 BGB dem Besteller keine nachträgliche Bedenkzeit ein. Es handelt sich also nicht um ein *„ius poenitendi“*[244] oder *„Reuerecht“*[245]. Die Kündigung ist vielmehr mit erheblichen finanziellen Konsequenzen für den Besteller verbunden und damit im Gegensatz zu den vorbenannten Loslösungsrechten nicht „sanktionslos“. Außerdem erfolgt im Unterschied zu Reuerechten keine Rückabwicklung der bereits erbrachten Leistungen.[246]

Aufgrund der fortbestehenden Pflicht zur Zahlung der (gekürzten) Vergütung bringt die freie Kündigung den Werkvertrag auch hinsichtlich der noch nicht erbrachten Leistungen nicht insgesamt zu Fall. Der Besteller wird nur in seiner Stellung als Gläubiger der Leistung befreit, nicht jedoch in seiner Stellung als Schuldner der Gegenleistung. Mit der freien Kündigung beendet der Besteller jedoch das werkvertragliche Synallagma, da er ohne weiteren Anspruch auf das Werk zur Zahlung der (durch die Abzugspositionen beschränkten) Vergütung verpflichtet bleibt.[247] Die Erbringung der Gegenleistung dient dann nicht mehr dazu, die Leistung zu erlangen, sondern nur noch dazu, den Besteller von seiner Gegenleistungspflicht zu befreien.[248] Anders als die Widerrufsrechte statuiert § 648 S. 1 BGB also nicht schon eine schlichte Ausnahme vom Grundsatz der Vertragstreue als solchem. Der im Zusammenhang mit Widerrufsrechten bei

---

244 Mit dem Begriff *„ius poenitendi“* wurden ganz allgemein Ausnahmen vom Prinzip pacta sunt servanda bezeichnet, vgl. *Zimmermann*, Law of Obligations, S. 578.

245 Ein Reuerecht/Reurecht lässt sich dadurch charakterisieren, dass einer oder beiden Vertragsparteien ein Recht eingeräumt wird, sich innerhalb einer bestimmten Überlegungsfrist einseitig und sanktionslos vom Vertrag zu lösen. Infolge der Ausübung des Reuerechts wird dem Vertrag die Grundlage entzogen. Rechtskonstruktiv handelt es sich bei dem Reuerecht je nach Ausgestaltung um eine aufschiebende oder auflösende Bedingung. Siehe hierzu *Mankowski*, Beseitigungsrechte, S. 78-81, 1001, 1006 f.

246 *Mankowski*, Beseitigungsrechte, S. 84.

247 *Venrooy*, JR 1991, 492 (497); *Kiedrowski*, in: BeckOK Bauvertragsrecht, § 648 Rn. 25.

248 Dementsprechend entfällt die *„do ut des“*-Verknüpfung, weil die Gegenleistung nicht mehr um den Erhalt der Leistung willen geschieht. Zur *„do ut des“*-Verknüpfung siehe RGZ 147, 340 (342); BGHZ 15, 102 (105).

Verbraucherverträgen von *Schurr* bemühte Satz *„pacta „non" sunt servanda"*[249] gilt also nicht.

Auf die einzelnen Elemente der Vertragstreue wirkt sich die freie Kündigung des Werkvertrages wie folgt aus:

aa. Vertragsbindung

Die grundsätzliche Bindung des Bestellers an den Werkvertrag bleibt durch die freie Kündigung nach § 648 S. 1 BGB unberührt. Wie bereits dargestellt kann der Besteller den Vertrag nicht als solchen stornieren oder insgesamt zu Fall bringen. Vielmehr bleibt der Vertrag als Rechtsgrund für den Vergütungsanspruch aus § 648 S. 2 BGB weiterhin bestehen und bindet auch den Besteller. Die Vertragsbindung bleibt allerdings nur hinsichtlich der (modifizierten) Pflicht des Bestellers zur Erbringung seiner Gegenleistung aufrechterhalten. Befreit wird der Besteller hingegen von der Pflicht zur Abnahme des Werkes sowie von etwaigen Mitwirkungspflichten oder Mitwirkungsobliegenheiten. Da die Bindungswirkung neben Leistungspflichten auch Rücksichtspflichten und Obliegenheiten umfasst,[250] befreit die freie Kündigung den Besteller auch insoweit von seiner Bindung an den Vertrag. Es lässt sich also festhalten, dass die Vertragsbindung des Bestellers infolge der freien Kündigung nur teilweise aufrechterhalten bleibt und ihm teilweise die Loslösung von seinen vertraglich übernommenen Pflichten und Obliegenheiten ermöglicht.

Der Unternehmer hingegen wird hinsichtlich des gekündigten Teils des Vertrags von seinen Pflichten, insbesondere seiner Pflicht zur Herstellung des Werkes, befreit.[251] Ihm obliegt es lediglich, keine unnötigen Aufwendungen mehr zu tätigen und seine etwaig frei gewordene Arbeitskraft anderweitig einzusetzen.[252]

bb. Naturalerfüllungsgrundsatz

Der Naturalerfüllungsanspruch des Bestellers erlischt hinsichtlich des noch nicht erbrachten Teils der Leistung.[253] Da die freie Kündigung jedoch vom Besteller selbst ausgeht, ist dies im Hinblick auf die Vertragstreue unbedenklich, weil der

---

249 *Schurr*, Geschäftsimmanente Abstandnahme, S. 179, 213.

250 *Weller*, Vertragstreue, S. 41.

251 *Busche*, in: MüKo BGB, § 648 Rn. 14; *Kessen*, in: BeckOGK BGB, § 648 Rn. 53; *Lührmann/Raab*, in: Dauner-Lieb/Langen, § 648 Rn. 13.

252 Hierzu näher unter Teil 1, B.II.3.c.bb.

253 *Weller*, Vertragstreue, S. 553.

Besteller seinen eigenen aus dem Vertrag resultierenden Erfüllungsanspruch zu Fall bringt.

Durch die Kündigung nimmt der Besteller dem Unternehmer im Gegenzug aber auch sein Naturalerfüllungsrecht. Bei der Betrachtung der daraus resultierenden Folgen muss differenziert werden zwischen dem Gegenleistungsinteresse und weiteren nicht unmittelbar finanziellen Leistungserbringungsinteressen des Unternehmers.

(1) Gegenleistungsinteresse des Bestellers wird gewahrt

Dem Verlust des Naturalerfüllungsrechtes wird allein dadurch Rechnung getragen, dass dem Unternehmer gemäß § 648 S. 2 BGB weiterhin der Vergütungsanspruch zusteht. Dadurch soll das Gegenleistungsinteresse des Unternehmers gewahrt werden. Das Gegenleistungsinteresse wird jedoch nur dann vollständig gewahrt, wenn der Unternehmer infolge der freien Kündigung keinerlei wirtschaftliche Nachteile erleidet. Bei der konkreten Anwendung des § 648 S. 2 BGB muss also sichergestellt werden, dass der Unternehmer wirtschaftlich nicht schlechter gestellt wird als er im Fall der vollständigen Vertragsdurchführung gestanden hätte.[254] Anderenfalls wären das vertragliche Äquivalenzverhältnis und damit auch der Grundsatz der Vertragstreue insgesamt berührt. Wenn der Unternehmer infolge der Kündigung seine finanziellen Vorteile aus dem Vertrag (teilweise) verlieren würde, könnte der Besteller sich auf Kosten des Unternehmers vom Vertrag lösen. Dies wäre mit dem Grundsatz der Vertragstreue unvereinbar.

(2) Weitere Leistungserbringungsinteressen im Kündigungsfall nicht geschützt

Etwaigen weiteren, nicht unmittelbar finanziellen Leistungserbringungsinteressen kann der Besteller durch die Kündigung des Unternehmers hingegen die Grundlage entziehen.[255] Einen Anspruch, das Werk fertigzustellen, hat der Unternehmer im Falle der Kündigung nämlich nicht.[256] Zu pauschal ist allerdings die Äußerung, es bestehe generell kein Recht des Unternehmers auf Durchführung des Vertrages.[257] Die Rechtsprechung erkennt ein solches

254 Hierzu näher unter Teil 1, C.

255 *Weller*, Vertragstreue, S. 556.

256 *Stelzner*, in: jurisPK-BGB, § 648 Rn. 2.

257 So aber *Lachmann*, BauR 1990, 409; *Bitter/Rauhut*, JZ 2007, 964. *Kapellmann*, NZBau 2011, 193 (197) weist darauf hin, dass die Ablehnung einer Vertragsdurchführungspflicht wohl auf *Kohler*, IhJb 1879, 261 (267 f.) zurückgehe, der im 19. Jahrhundert

Vertragsdurchführungsrecht im Grundsatz an.[258] In der Literatur findet dies Zustimmung.[259] Das Recht des Unternehmers zur Durchführung des Vertrages und die damit korrespondierende Vertragsdurchführungspflicht des Bestellers erlöschen nämlich nur und erst dann, wenn der Besteller den Werkvertrag auch tatsächlich kündigt. Die reine Möglichkeit der Kündigung reicht dazu nicht aus.[260] Gleichwohl schwächt der Gesetzgeber das Naturalerfüllungsrecht des Werkunternehmers ab, indem er dem Besteller die Loslösung vom Vertrag durch die freie Kündigung ermöglicht. Das Kündigungsrecht des Bestellers entsteht schon mit dem Vertragsschluss selbst, ohne dass es dafür weiterer Voraussetzungen bedarf; es kann daher als geschäftsimmanent bezeichnet werden.[261] Schon das Instrument des freien Kündigungsrechts schwächt strukturell die Position und die Interessen des Unternehmers. Es lässt sich also nicht von der Hand weisen, dass etwaige nicht rein finanzielle Interessen des Unternehmers vom Gesetzgeber geringer gewichtet werden als das Vergütungsinteresse.[262]

(3) Naturalerfüllungspflicht des Bestellers bleibt bestehen

Der Vergütungsanspruch des Unternehmers gegen den Besteller ist hingegen auch im Fall der freien Kündigung auf Naturalerfüllung gerichtet. Bei dem Anspruch aus § 648 S. 2 BGB handelt es sich nämlich wie bereits dargestellt um den auf Geldleistung gerichteten Primäranspruch, nicht etwa um einen Sekundäranspruch.[263]

---

von einem Vertragsverständnis ausgegangen sei, welches deutlich vom heutigen Verständnis abweiche.

258 RGZ 57, 105 (106); BGHZ 23, 293 = NJW 1957, 672.

259 *Weller*, Vertragstreue, S. 548; *Kapellmann*, NZBau 2011, 193 (197).

260 So zutreffend *Hartmann*, Unterlassene Mitwirkung, S. 52; *Weller*, Vertragstreue, S. 556. Vgl. auch *Fuchs*, Kooperationspflichten, S. 359 f.; *Kapellmann*, NZBau 2011, 193 (197); *Armbrüster/Bickert*, NZBau 2006, 153 (154).

261 Vgl. *Schurr*, Geschäftsimmanente Abstandnahme, S. 1.

262 Diesen Aspekt vernachlässigt *Weller*, Vertragstreue, S. 555 f. bei seiner Unterscheidung, wonach die Leistungserbringungsinteressen des Unternehmers entweder vollständig geschützt (reine Kündigungs*möglichkeit*) oder nicht geschützt (nach *tatsächlicher* Kündigung) seien. Aufgrund der jederzeitigen Kündigungsmöglichkeiten sind die Leistungserbringungsinteressen des Unternehmers jedoch von Anfang an mit dem Risiko der tatsächlichen Kündigung durch den Besteller behaftet.

263 Hierzu näher unter Teil 1, B.II.3.

cc. *Leistungstreue*

Die schuldnerbegünstigende Seite der Leistungstreue verschafft dem Schuldner im Grundsatz das bereits dargestellte Naturalerfüllungsrecht. Daraus folgt, dass der Gläubiger sich weder grundlos vom Vertrag lossagen noch die Annahme der Leistung verweigern darf.[264] Das freie Kündigungsrecht erlaubt es dem Besteller nun einseitig, sich anlasslos von seiner Annahmepflicht loszusagen und dem Unternehmer dadurch sein Naturalerfüllungsrecht zu nehmen. Damit wird ein Verhalten legalisiert, welches ohne Existenz des § 648 S. 1 BGB eine Leistungstreuepflichtverletzung darstellen würde.[265] Dementsprechend befreit die freie Kündigung den Besteller insoweit von seinen Leistungstreuepflichten. Dies gilt selbstredend nur hinsichtlich des gekündigten Vertragsteils. Die Leistungstreuepflichten des Bestellers im Hinblick auf den bereits erbrachten oder nicht gekündigten Teil der Leistung bleiben unberührt.

3. *Zusammenfassung*

Das Verhältnis zwischen dem freien Kündigungsrecht und dem Grundsatz der Vertragstreue lässt sich demnach nicht pauschal dahingehend beantworten, dass das freie Kündigungsrecht eine Ausnahme von der Vertragstreue darstelle oder den Grundsatz modifiziere. Vielmehr ist wie folgt zu differenzieren:

1. Die reine Existenz des freien Kündigungsrechts stellt den Grundsatz der Vertragstreue nicht in Frage. Soweit und solange der Werkvertrag nicht durch den Besteller gekündigt worden ist, treffen beide Parteien die aus dem Werkvertrag resultierenden Rechte und Pflichten. Damit sind sie auch zur gegenseitigen Vertragstreue verpflichtet.
2. Das freie Kündigungsrecht stellt kein Reuerecht dar, welches dem Besteller eine Überlegungsfrist einräumen würde, ob er am Vertrag festhalten möchte. Dass der Besteller sich nicht sanktionslos vom Vertrag loslösen kann, folgt schon aus der gemäß § 648 S. 2 BGB fortbestehenden Pflicht zur Zahlung der Vergütung.
3. Die Ausübung der Kündigung wirkt sich nicht auf den bereits erbrachten Teil der Leistung aus; insoweit bleibt der Vertrag voll wirksam und unberührt. Hinsichtlich des noch nicht erbrachten Teils der Leistung wird der Unternehmer durch die Kündigung von seiner Leistungspflicht entbunden, der

---

264 *Weller*, Vertragstreue, S. 313 m.w.N.

265 So auch *Kenter*, Vergütungsanspruch, S. 6, die den „*Vertrags(ab)bruch*“ durch § 648 BGB legalisiert sieht.

Besteller jedoch im Grundsatz an seiner Verpflichtung zur Zahlung der Vergütung festgehalten. Damit beendet die freie Kündigung insoweit das vertragliche Synallagma, weil der Besteller die Vergütung nur noch entrichtet, um sich zu befreien, nicht jedoch, um das Werk zu erhalten.

4. Die grundsätzliche Vertragsbindung des Bestellers bleibt daher auch im Fall der Kündigung aufrechterhalten. Der Besteller befreit sich aber von seiner Pflicht zur Abnahme des Werkes sowie von etwaigen Mitwirkungspflichten und -obliegenheiten.
5. Auch beim Werkvertrag besteht im Grundsatz ein Naturalerfüllungsrecht des Unternehmers. Im Fall der Kündigung durch den Besteller verliert der Unternehmer sein Naturalerfüllungsrecht jedoch. Geschützt wird dann allein das Gegenleistungsinteresse des Unternehmers. Sämtliche nicht finanzielle Leistungserbringungsinteressen des Unternehmers werden hingegen nicht weiter geschützt. Die Position des Unternehmers wird schon durch die Konzeption des § 648 BGB geschwächt, da das Loslösungsrecht im Vertrag selbst angelegt ist und keine weiteren Voraussetzungen für die Ausübung der Kündigung durch den Besteller bestehen.
6. Die Vorschrift des § 648 S. 1 BGB legalisiert die einseitige Lossagung vom Vertrag, welche ohne dessen Existenz eine Leistungstreuepflichtverletzung darstellen würde. Die Ausübung des freien Kündigungsrechts befreit den Besteller von seinen Leistungstreuepflichten, soweit sie sich auf den noch nicht durchgeführten Teil des Vertrages beziehen.

IV. Eigenständiger Regelungsgehalt des § 648 BGB

Im Folgenden soll untersucht werden, ob die Möglichkeit der freien Kündigung auch auf den zweiten Blick einen Sonderfall innerhalb des BGB darstellt und ob es der Regelung überhaupt bedarf. Zunächst wird aufgezeigt, dass das BGB kein generelles Loslösungsrecht vorsieht. Teilweise wird jedoch vertreten, die Wirkungen des § 648 BGB ließen sich auch über die Regelungen des Unmöglichkeitsrechts (§§ 275 Abs. 1, 326 Abs. 2 BGB)[266] respektive über einen Schadensersatzanspruch wegen Erfüllungsverweigerung[267] erreichen. Beide Begründungsansätze sprechen der Vorschrift des § 648 BGB im Ergebnis ihren eigenständigen Regelungsgehalt ab. Wenn einem der Begründungsansätze zu folgen wäre, so hätte dies zunächst Auswirkungen auf die Regelung des § 648 BGB selbst. Die Regelung wäre obsolet

266 Hierzu näher unter Teil 1, B.IV.2.
267 Hierzu näher unter Teil 1, B.IV.3.

beziehungsweise hätte einen rein deklaratorischen Charakter. Die Konsequenzen wären jedoch noch deutlich weitreichender. Wenn die Rechtsfolgen des § 648 S. 2 BGB sich bei jeder Lossagung vom Vertrag auch aus allgemeinen Regelungen ergäben, bestünde faktisch bei jeglichen Verträgen, d.h. nicht nur bei Werkvertragen, ein freies Loslösungsrecht. Dann könnte sich jede Vertragspartei einseitig und grundlos von einem Vertrag lösen, wenn sie der anderen Vertragspartei nur ihr Erfüllungsinteresse ersetzt.

1. Generelles Recht, sich von vertraglichen Pflichten „freizukaufen"?

Im Ausgangspunkt ist festzustellen, dass das BGB zumindest explizit kein generelles Loslösungsrecht vorsieht. Dem Schuldner wird kein Recht eingeräumt, sich seiner jeweiligen vertraglichen Leistungspflicht dadurch zu entledigen, dass er dem Gläubiger allein das finanzielle Interesse an der Erfüllung des Vertrages ersetzt.

Gegen die Möglichkeit, sich von seiner vertraglichen Verpflichtung durch schlichte Geldleistung zu befreien, wurden bereits in der Vergangenheit moralische und ethische Bedenken eingewandt.[268] So brachte etwa *Kohler* im 19. Jahrhundert vor, durch die Möglichkeit einer einseitigen Loslösung gegen Geldentschädigung würden reiche Schuldner privilegiert, die sich einen Vertragsbruch leisten könnten, sowie arme Schuldner, bei denen nichts zu holen sei und die sich damit faktisch ebenfalls sanktionslos vom Vertrag lösen könnten.[269] Der historische Gesetzgeber hat sich letztlich auch bewusst gegen ein Recht des Schuldners entschieden, sich durch Zahlung von Schadensersatz von der Verpflichtung zur Naturalerfüllung loskaufen zu können.[270] Dies zeigt sich besonders deutlich anhand der Vorschrift des § 145 BGB. Nach dieser Norm besteht grundsätzlich bereits eine Bindung an das bloße Angebot, d.h. schon bevor überhaupt ein Vertrag zustande gekommen ist. Die für die Schaffung des § 145 BGB vorgebrachten ökonomischen Gründe gegen die Widerruflichkeit von Vertragsangeboten[271] gelten umso mehr, wenn der Vertrag bereits geschlossen ist.

Auch in der jüngeren Literatur gibt es Einwände gegen die Möglichkeit einer einseitigen Vertragsloslösung.[272] So werden vor allem Interessenserwägungen, aber auch ökonomische Erwägungen für eine umfassende Vertragsbindung und damit

---

268 Eine ausführliche Übersicht der in der Vergangenheit vertretenen Einwände findet sich bei *Weller*, Vertragstreue, S. 318-322.

269 *Kohler*, AcP 80, 141 (232), ebenfalls zitiert von *Weller*, Vertragstreue, S. 321.

270 *Weller*, Vertragstreue, S. 365.

271 *Oestmann*, in: HKK, §§ 145-156 Rn. 10 f.

272 *Weller*, Vertragstreue, S. 369 f.; vgl. auch *Riehm*, Naturalerfüllung, S. 222 f.

gegen ein allgemeines Recht auf Vertragsloslösung genannt.[273] Im Gegensatz dazu steht die Lehre vom effektiven Vertragsbruch (*efficient breach of contract*),[274] welche vor allem im anglo-amerikanischen Rechtsraum, teilweise jedoch auch in Deutschland vertreten wird.[275] Diese Lehre möchte dem Schuldner im Kern eine Loslösung vom Vertrag ermöglichen, wenn die Loslösung effizient ist, d.h. grob vereinfacht, wenn die Vertragsloslösung volkswirtschaftlich einen größeren Nutzen hat als das Festhalten am Vertrag.[276] Dazu wird dem Schuldner praktisch ein Wahlrecht eingeräumt, ob er seine Vertragspflicht in Natur erfüllt oder dem Gläubiger lediglich das positive Erfüllungsinteresse ersetzt.[277] Es wird davon ausgegangen, dass ein Schuldner sich nur dann vom Vertrag löst, wenn die Nichtführung des Vertrages für ihn trotz voller Entschädigung des Gläubigers vorteilhaft ist.[278] Dadurch soll eine Balance erreicht werden, die den Schuldner lediglich zu effizienten Vertragsbrüchen animiert, rein opportunistische Vertragsbrüche hingegen verhindert.[279] Das Für und Wider der Lehre vom effektiven Vertragsbruch soll an dieser Stelle nicht vertieft werden. Vielmehr genügt für die weitere Untersuchung die Feststellung, dass das BGB zumindest explizit keine generelle Möglichkeit der einseitigen Vertragsloslösung durch den Schuldner vorsieht.[280] Das freie Kündigungsrecht des § 648 S. 1 BGB stellt dementsprechend eine Ausnahme dar,[281] wenn auch nicht die einzige im BGB.[282]

2. *Verhältnis des freien Kündigungsrechts zur Unmöglichkeit*

Weiterhin soll das Verhältnis des freien Kündigungsrechts zum Unmöglichkeitsrecht des BGB untersucht werden. Neben der Frage nach einem eigenständigen Regelungsgehalt des § 648 BGB trägt die Klärung dieses Verhältnisses auch allgemein zum Verständnis der Norm bei.

---

273 Hierzu ausführlich *Weller*, Vertragstreue, S. 323-369 m.w.N.

274 Siehe hierzu *Weller*, Vertragstreue, S. 355-360 m.w.N.

275 *Weller*, Vertragstreue, S. 354 m.w.N.; *Röder*, in: Jahrbuch Junger Zivilrechtswissenschaftler 2014, 359 (374 Fn. 92).

276 Vgl. *Weller*, Vertragstreue, S. 357 m.w.N.

277 *Weller*, Vertragstreue, S. 360 m.w.N.

278 Vgl. *Huber*, ZEuP 2008, 708 (724).

279 Vgl. *Weller*, Vertragstreue, S. 359 f. m.w.N.

280 Vgl. auch *Röder*, in: Jahrbuch Junger Zivilrechtswissenschaftler 2014, 359 (374 Fn. 92), der die Lehre vom effektiven Vertragsbruch als Fremdkörper in der deutschen Rechtsordnung bezeichnet.

281 Vgl. auch *Huber*, AcP 210, 319 (350).

282 Zu weiteren Loslösungsrechten bei anderen Vertragstypen siehe unter Teil 2, B.I.

a. Literaturansicht: Auch ohne freies Kündigungsrecht deckungsgleicher Anspruch aus § 326 Abs. 2 BGB

Auffällig ist zunächst die Parallelität der Rechtsfolgen des § 648 S. 2 BGB und des § 326 Abs. 2 BGB. Die Rechtsfolgen der freien Kündigung sowie der vom Gläubiger zu vertretenden oder während seines Annahmeverzugs eintretenden zufälligen Unmöglichkeit sind identisch. Der Besteller wird infolge der freien Kündigung also genauso gestellt, wie wenn er die Unmöglichkeit der Herstellung des Werkes zu vertreten hätte.[283]

Ausgehend von dieser Beobachtung wird vertreten, durch die freie Kündigung mache der Besteller dem Unternehmer die Erfüllung des Werkvertrages im Grunde auch unmöglich.[284] Daraus wird geschlossen, das freie Kündigungsrecht aus § 648 S. 1 BGB habe allein einen psychologischen Effekt, da der ansonsten gegebene Vertragsbruch legalisiert werde.[285] Im Ergebnis handele es sich bei der freien Kündigung daher um eine Option des Bestellers, die Rechtsfolgen des § 326 Abs. 2 BGB herbeizuführen.[286] Damit wird der Vorschrift des § 648 BGB im Grunde ein eigenständiger Regelungsgehalt abgesprochen.

Zum Verständnis der Ansicht lohnt sich zunächst wiederum ein Blick auf die Entstehungsgeschichte der Norm. Die identischen Rechtsfolgen des freien Kündigungsrechts und der vom Gläubiger zu vertretenden Unmöglichkeit sind kein Zufall. Vielmehr orientierte der historische Gesetzgeber sich wie bereits erwähnt bei der Schaffung des § 648 BGB an den parallelen Rechtsfolgen des heutigen § 326 Abs. 2 BGB.[287]

b. Unmöglichkeit lässt sich nicht stets vom Besteller herbeiführen

Gleichwohl greift die Argumentation zu kurz, § 648 BGB enthalte keinen eigenständigen Regelungsgehalt, weil sich dieselben Rechtsfolgen auch aus § 326 Abs. 2 BGB ergäben. Denkt man die Existenz des § 648 S. 1 BGB hinweg, würden sich dieselben Rechtsfolgen durch Anwendung des § 326 Abs. 2 S. 2 BGB tatsächlich nämlich nur dann ergeben, wenn der Besteller dem Unternehmer die weitere Ausführung des Werkes jederzeit unmöglich machen könnte. Indes liegen die Voraussetzungen der Unmöglichkeit bei der bloßen Verweigerung der Mitwirkung oder Annahme nicht immer vor. Hierzu wie folgt:

---

283 *Peters,* in: Staudinger, § 648 Rn. 5; *Kenter*, Vergütungsanspruch, S. 5 f.

284 *Kenter*, Vergütungsanspruch, S. 6.

285 *Peters,* in: Staudinger, § 648 Rn. 7; *Kenter*, Vergütungsanspruch, S. 6.

286 *Peters,* in: Staudinger, § 648 Rn. 5.

287 *Kenter*, Vergütungsanspruch, S. 5 f. unter Verweis auf Mugdan, Bd. II, S. XCII.

aa. Unmöglichkeit der Leistung

Das Institut der Unmöglichkeit ist Teil des Leistungsstörungsrechts.[288] Dabei stellt die Unmöglichkeit der Leistung eine der möglichen Ursachen für die Nicht- oder Schlechterfüllung einer Leistungspflicht dar.[289] Unmöglichkeit gemäß § 275 Abs. 1 BGB liegt vor, wenn die Leistung von jedermann oder zumindest vom Schuldner dauerhaft nicht erbracht werden kann.[290] Der Leistungserbringung kann ein tatsächliches (naturgesetzliches) oder rechtliches Hindernis entgegenstehen.[291] Anders formuliert ist eine Leistung unmöglich, wenn sie nicht einmal gegen den Willen des Schuldners vollstreckt werden kann.[292] Ob die geschuldete Leistung unmöglich ist, bestimmt sich im Grundsatz aus der Perspektive des Schuldners. Es kommt darauf an, ob dieser (noch) zur Erbringung der Leistung imstande ist.[293]

bb. Unmöglichkeit der Leistung durch unterlassene Mitwirkung des Gläubigers?

In vielen Fällen ist zur Durchführung der Leistung eine über die reine Annahme der Leistung hinausgehende Mitwirkungshandlung des Gläubigers erforderlich. Dann kann eine unterlassene Mitwirkung des Gläubigers zur Unmöglichkeit der Leistung führen.[294] Bei Werkverträgen sind besonders häufig Mitwirkungshandlungen des Bestellers erforderlich. So können etwa ein Friseur oder eine Visagistin den Werkerfolg nicht erreichen, wenn der Kunde sich dem Haarschnitt oder der kosmetischen Behandlung dauerhaft entzieht. Auch der Bauunternehmer kann

---

288 *Riehm,* in: BeckOGK BGB, § 275 Rn. 2; vgl. auch *Dauner-Lieb,* in: Dauner-Lieb/Langen, § 275 Rn. 4.

289 *Lorenz,* in: BeckOK BGB, § 275 Rn. 2. Demgegenüber umfassen § 275 Abs. 2 und 3 BGB Fälle der Unverhältnismäßigkeit oder Unzumutbarkeit der Leistungserbringung durch den Schuldner. Dieser muss sich auf sein daraus folgendes Leistungsverweigerungsrecht berufen. Für die hier behandelte Konstellation der fehlenden Annahmebereitschaft des Gläubigers bei gleichzeitiger Leistungsbereitschaft des Schuldners sind § 275 Abs. 2 und 3 BGB daher nicht von Belang.

290 *Ekkenga/Kuntz,* in: Soergel, § 275 Rn. 30; *Riehm,* in: BeckOGK BGB, § 275 Rn. 88; *Ernst,* in: MüKo BGB, § 275 Rn. 33, 36; *Dauner-Lieb,* in: Dauner-Lieb/Langen, § 275 Rn. 26-28.

291 *Caspers,* in: Staudinger, § 275 Rn. 12, 38; *Riehm,* in: BeckOGK BGB, § 275 Rn. 90, 119; *Dauner-Lieb,* in: Dauner-Lieb/Langen, § 275 Rn. 31.

292 *Ernst,* in: MüKo BGB, § 275 Rn. 33.

293 *Huber,* Leistungsstörungen Bd. I, S. 104.

294 *Ernst,* in: MüKo BGB, § 326 Rn. 71.

das von ihm geschuldete Bauwerk nicht errichten, wenn der Bauherr ihm und seinen Mitarbeitern den Zutritt auf das Baugrundstück untersagt.[295] Betrachtet man allein diese Fälle, könnte man das freie Kündigungsrecht für überflüssig halten. Der Besteller könnte durch seine unterlassene Mitwirkung die Leistung unmöglich machen. Aufgrund seiner Alleinverantwortung für die Unmöglichkeit oder aufgrund seines Annahmeverzuges würde er dann die Rechtsfolgen des § 326 Abs. 2 BGB herbeiführen, die mit denen aus § 648 S. 2 BGB identisch sind. Allerdings führt nicht jede Verletzung einer Mitwirkungspflicht oder Mitwirkungsobliegenheit durch den Besteller sogleich zur Unmöglichkeit der Leistung.[296] Unterlässt es der Bauherr etwa entgegen der vertraglichen Vereinbarung, bestimmte Baustoffe zu stellen, kann der Bauunternehmer sich diese möglicherweise anderweitig beschaffen und das Gebäude gleichwohl fertigstellen. Dasselbe gilt, wenn der Besteller dem Unternehmer vereinbarungswidrig nicht die zur Herstellung des Werkes erforderlichen Informationen übermittelt, der Unternehmer diese gleichwohl einholen und das Werk fertigstellen kann.

Die §§ 642, 643 BGB regeln ebenfalls Folgen unterlassener Mitwirkungshandlungen des Bestellers. Bei dem Anspruch aus § 642 BGB handelt es sich wohl um einen vergütungsähnlichen Anspruch sui generis.[297] Der Anspruch soll nur einen Teil der Nachteile ausgleichen, die dem Unternehmer durch den Annahmeverzug des Bestellers, insbesondere die längere Vorhaltung von Produktionsmitteln, entstehen.[298] Der Schutzzweck des § 642 BGB unterscheidet sich damit auch vom Schutzzweck des § 648 S. 2 BGB.[299] Da der Anspruch aus § 642 BGB nur eine zusätzliche Entschädigung begründet und es prinzipiell weiterhin zur Vertragserfüllung kommt, steht der Anspruch auch neben dem späteren Vergütungsanspruch nach Vertragserfüllung oder einer freien Kündigung des Vertrages.[300]

---

295 So auch OLG Stuttgart, BeckRS 2018, 5699 (Leitsatz 5, Rn. 210) für den Fall, dass der Bauherr das Werk durch einen anderen Bauunternehmer errichten lässt.

296 Zu pauschal hingegen *Armbrüster/Bickert*, NZBau 2006, 153 (156), wonach durch eine unterlassene Mitwirkungshandlung keine Unmöglichkeit im Sinne des § 275 Abs. 1 BGB eintrete. Dass derartige Fälle sehr wohl existieren, wurde oben bereits aufgezeigt.

297 *Fuchs,* in: Fuchs/Berger/Seifert, § 650q Rn. 516 m.w.N.

298 *Sienz*, BauR 2014, 390 (391).

299 *Sienz*, BauR 2014, 390 (394).

300 Vgl. *Sienz*, BauR 2014, 390 (392).

cc. Unmöglichkeit der Leistung durch schlichte Nichtannahme?

Des Weiteren sind die Fälle zu beachten, in denen keinerlei Mitwirkungspflichten des Bestellers in der Phase vor oder während der Leistungserbringung bestehen. In vielen Fällen erschöpft sich die Mitwirkung des Bestellers in der schlichten Annahme der fertiggestellten Werkleistung. Die bloße (angekündigte) Nichtannahme der Leistung lässt deren Erbringung nicht unmöglich werden. Vielmehr befindet der Besteller sich dann regelmäßig in Annahmeverzug[301] sowie hinsichtlich seiner Abnahmepflicht in Schuldnerverzug.[302] Beauftragt etwa ein Besteller einen Maler mit der Anfertigung eines Landschaftsgemäldes, wird die Herstellung des Gemäldes nicht bloß deshalb unmöglich, weil der Besteller während des Herstellungsprozesses sein Interesse an dem Bild verliert und dieses nicht mehr annehmen möchte. Der Maler könnte das Gemälde vertragsgemäß fertigstellen, ohne dafür in irgendeiner Weise auf die Mitwirkung des Bestellers angewiesen zu sein. Die bloße Lossagung des Bestellers vom Vertrag stünde der Leistungserreichung nicht entgegen.[303] Die reine Nichtannahme der fertiggestellten Leistung beseitigt auch nicht die Pflicht des Bestellers zur Zahlung des vollen Werklohns. Erst das freie Kündigungsrecht aus § 648 S. 1 BGB ermöglicht es dem Besteller, seine Abnahmepflicht auszuschließen und – wenn er sich früh genug vom Vertrag löst – seine Pflicht zur Zahlung des Werklohns nach Maßgabe des § 648 S. 2 BGB zu beschränken. Ohne die Existenz des § 648 S. 1 BGB hätte der Besteller hingegen kein rechtliches Instrument zur Hand, um sich seiner Abnahmepflicht und Pflicht zur Entrichtung des vollen Werklohns zu entziehen.[304] Vor allem könnte er – im oben genannten Beispiel – dem Maler die

---

301 Vgl. *Huber*, Leistungsstörungen Bd. I, S. 256 f. In Kollisionsfällen zwischen Annahmeverzug und Unmöglichkeit können Annahmehindernisse des Gläubigers jedoch sehr wohl zur Unmöglichkeit der dem Schuldner – isoliert betrachtet – möglichen Leistung führen. *Riehm*, in: BeckOGK BGB, § 275 Rn. 123-125 nennt dafür unter anderem folgende Beispiele: Unmöglichkeit liegt demnach vor, wenn der Patient vor Durchführung einer Behandlung verstorben ist oder ein Veranstalter den Auftritt eines Künstlers nicht in Anspruch nehmen kann, weil Konzertveranstaltungen staatlich untersagt wurden. Ferner kann Unmöglichkeit bei fehlender Annahme durch den Gläubiger eintreten, wenn ein absolutes Fixgeschäft vorliegt.

302 *Peters*, in: Staudinger, § 640 Rn. 33 f.; *Voit*, in: BeckOK BGB, § 640 Rn. 29 f.

303 Vgl. insoweit auch *Peters*, BauR 2012, 11 (13).

304 Siehe auch die Ausführungen unter Teil 1, B.IV.3.

Herstellung des Gemäldes nicht mit legalen Mitteln unmöglich machen, um auf diesem Wege die Rechtsfolgen des § 326 Abs. 2 BGB herbeizuführen.[305]

Die Nichtannahme des Werkes, welche gemäß § 326 Abs. 2 S. 1 Var. 3 BGB ebenfalls die Aufrechterhaltung des Gegenleistungsanspruchs bewirken würde, wäre aus Sicht des Bestellers auch kein adäquater Ersatz für das freie Kündigungsrecht. Die freie Kündigung kann jederzeit, also auch unmittelbar nach Vertragsschluss erfolgen. Je früher der Besteller die Kündigung erklärt, desto mehr Aufwendungen hat der Unternehmer üblicherweise erspart und desto geringer fällt sein Anspruch aus § 648 S. 2 BGB aus. Wenn der Besteller die Fertigstellung des Werkes hingegen mangels Existenz eines Kündigungsrechts nicht verhindern könnte, hätte der Unternehmer regelmäßig keinerlei Aufwendungen erspart. Der sich aufgrund der verweigerten Annahme der Leistung ergebende Anspruch aus § 326 Abs. 2 S. 1 Var. 3 BGB bestünde dann regelmäßig in der vollen Höhe des vertraglich vereinbarten Werklohns.[306] Demnach eröffnet § 648 BGB dem Besteller in einzelnen Konstellationen eine Option, die er anderenfalls nicht hätte. Ohne die Existenz des freien Kündigungsrechts käme es auf der Grundlage des § 326 Abs. 2 BGB auch teilweise zu anderen rechtlichen und wirtschaftlichen Folgen.

c. Ergebnis: Unmöglichkeitsrecht macht § 648 BGB nicht entbehrlich

Wie die vorstehenden Ausführungen gezeigt haben, hat der Besteller es nicht stets in der Hand, dem Unternehmer die weitere Herstellung des Werkes unmöglich zu machen. Das freie Kündigungsrecht aus § 648 S. 1 BGB erweitert also den Handlungsspielraum des Bestellers, weil die bloße Lossagung vom Vertrag dieselben Rechtsfolgen herbeiführt wie die von ihm zu vertretende Unmöglichkeit – jedoch unabhängig davon, ob die Leistung im Einzelfall unmöglich geworden ist oder nicht. Die Unmöglichkeitsregelungen der §§ 275 Abs. 1, 326 Abs. 2 BGB nehmen dem freien Kündigungsrecht aus § 648 BGB nicht seinen Regelungsgehalt. Wenngleich die Rechtsfolgen des § 648 S. 2 BGB und § 326

---

305 *Peters*, in: Staudinger, § 648 Rn. 5 erkennt selbst, dass der Besteller die Leistung des Unternehmers nicht stets unmöglich machen kann („*Aber auch dort, wo der Besteller die Leistung des Unternehmers nicht solcherart blockieren kann, [...]*"). Gleichwohl vertritt er – wenig konsequent – die Auffassung, der Unternehmer könne auch bei Streichung des § 648 BGB noch auf § 326 Abs. 2 BGB rekurrieren und jene Vorschrift habe einen rein psychologischen Effekt.

306 Etwas anderes folgt auch nicht aus den §§ 280, 282, 254 BGB. Siehe hierzu unter Teil 1, B.IV.3.

Abs. 2 BGB weitgehend identisch sind,[307] bestehen Unterschiede auf der Ebene der Tatbestandsvoraussetzungen.

Darüber hinaus trägt die Regelung des § 648 S. 1 BGB auch zur Rechtssicherheit bei. Zwar mag es auch bei der Frage, ob eine Kündigung erfolgt ist, zu Streitigkeiten kommen.[308] Der Besteller hat es jedoch in der Hand, durch eine eindeutige Kündigungserklärung sofort die Rechtsfolgen der freien Kündigung herbeizuführen. Demgegenüber besteht im Einzelfall ein ungleich höheres Diskussionspotential, ob und wann ein Fall der vom Besteller zu vertretenden Unmöglichkeit der Werkherstellung vorliegt. Dieser Unsicherheit begegnet § 648 S. 1 BGB, indem er dem Besteller die Möglichkeit der eindeutigen Vertragsbeendigung eröffnet.[309]

Gleichwohl sind die identischen Rechtsfolgen von § 648 S. 2 BGB und § 326 Abs. 2 BGB beachtenswert. So kann etwa die zu § 326 Abs. 2 BGB ergangene Rechtsprechung und Literatur auch bei der Anwendung und Auslegung des § 648 S. 2 BGB berücksichtigt werden.

3. *Freies Kündigungsrecht und Schadensersatz wegen Erfüllungsverweigerung*

Im Folgenden soll das Verhältnis des freien Kündigungsrechts zum Schadensersatzanspruch wegen Erfüllungsverweigerung untersucht werden. Wie oben bereits dargestellt, legalisiert § 648 S. 1 BGB die einseitige Vertragsaufsage und damit eine Handlung, die anderenfalls als Treuepflichtverletzung zu qualifizieren wäre.[310] Denkt man die Vorschrift des § 648 BGB hinweg, so stünde dem Unternehmer infolge der Treuepflichtverletzung möglicherweise ein Schadensersatzanspruch zu, der dem Anspruch aus § 648 S. 2 BGB entsprechen könnte. Dann würde sich die Regelung des § 648 BGB als überflüssig erweisen.

---

307 Es ist jedoch zu berücksichtigen, dass mit der Pauschalierungsregelung in § 648 S. 3 BGB mittlerweile eine werkvertragsrechtliche Spezialregelung existiert, welche in ihrem Anwendungsbereich auch von § 326 Abs. 2 abweichende Rechtsfolgen herbeiführt. Damit relativiert sich auch die vormals gültige Aussage der stets identischen Rechtsfolgen von § 648 S. 2 BGB und § 326 Abs. 2 BGB.

308 Diese Frage stellt sich praktisch vor allem dann, wenn die Kündigung durch den Besteller aus vermeintlich wichtigem Grund erfolgt ist, ein solcher tatsächlich aber nicht vorliegt. Dann ist zu fragen, ob die Kündigung als freie Kündigung zu verstehen ist. Siehe beispielhaft BGH, NJW 1969, 419 sowie *Schmitz*, in: ibrOK Bauvertragsrecht, § 648 Rn. 9 f.

309 So auch *Peters*, BauR 2012, 11 (13).

310 Siehe unter Teil 1, B.III.1.a.cc.

a. Literaturansicht: Auch ohne Kündigungsrecht deckungsgleicher Schadensersatzanspruch

Glöckner, der dem freien Kündigungsrecht einen eigenständigen Regelungsgehalt abspricht, begründet dies mit einem hypothetischen Schadensersatzanspruch des Unternehmers im Falle der Erfüllungsverweigerung durch den Besteller.[311] Zur Begründung seines Ansatzes führt er aus, auch ohne Existenz des freien Kündigungsrechts könne der Besteller eigenmächtig die Erfüllung verweigern und vertragsbrüchig werden. Diese Erfüllungsverweigerung vor Abnahmereife begründe dann einen Anspruch auf Schadensersatz, gerichtet auf Ersatz des Erfüllungsinteresses.[312] Auf Tatbestandsebene wird demnach die Erfüllungsverweigerung vor Abnahmereife mit der freien Kündigung des Werkvertrages gleichgestellt.

Weiter führt *Glöckner* aus, der Unternehmer müsse seine Arbeit infolge der Erfüllungsverweigerung des Bestellers einstellen.[313] Tue er dies nicht, verstoße er gegen seine Schadensminderungspflicht aus § 254 Abs. 2 BGB. Es bestehe ein allgemeiner Rechtssatz, der es dem Leistungsschuldner verbiete, zulasten des erkennbar leistungsunfähigen oder leistungsunwilligen Gläubigers anspruchsbegründe Leistungen zu erbringen.[314] Folgt man dieser Argumentation, so lassen sich bei der Berechnung des Schadensersatzanspruchs auch dieselben Rechtsfolgen erreichen wie bei Anwendung des § 648 S. 2 BGB.

Der Ansatz von *Glöckner* wäre zutreffend, wenn zwei Voraussetzungen erfüllt sind: Zunächst müsste jede freie Kündigung auf Basis des § 648 S. 1 BGB ohne die Existenz eines solchen Kündigungsrechts eine Pflichtverletzung des Bestellers darstellen. Außerdem müsste der aus der Pflichtverletzung resultierende Schadensersatzanspruch identisch mit dem Anspruch aus § 648 S. 2 BGB sein. Nur wenn beide Voraussetzungen erfüllt sind, ist der Schluss haltbar, die Vorschrift des § 648 BGB habe keinen eigenständigen Regelungsgehalt.

---

311 *Glöckner*, BauR 1998, 669 (676).

312 *Glöckner*, BauR 1998, 669 (675-678). Als Anspruchsgrundlage stützt *Glöckner* sich auf die Rechtsfigur der positiven Vertragsverletzung. Seit dem Gesetz zur Modernisierung des Schuldrechts aus dem Jahr 2001 ist die vormals positive Vertragsverletzung in §§ 280, 281 BGB kodifiziert. Siehe dazu *Ernst*, in: MüKo BGB, § 280 Rn. 139; *Sutschet*, in: BeckOK BGB, § 241 Rn. 51.

313 *Glöckner*, BauR 1998, 669 (677).

314 *Glöckner*, BauR 1998, 669 (677).

b. *Rechtsprechung erkennt Anspruch des Unternehmers auch ohne freie Kündigung des Bestellers an*

Der Ansatz von *Glöckner* steht möglicherweise im Einklang mit der Rechtsprechung des Bundesgerichtshofs. In einer Reihe von Urteilen hat der Bundesgerichtshof entschieden, dass dem Unternehmer auch dann ein Anspruch auf die volle Vergütung bzw. Schadensersatz zustehen kann, wenn der Besteller die Abnahme des Werkes oder eine zur Erstellung des Werkes erforderliche Mitwirkung grundlos verweigert. Die Rechtsprechung des Bundesgerichtshofs und die von ihm entwickelten Kriterien sollen im Folgenden nachgezeichnet und untersucht werden.

aa. *BGHZ 50, 175 = NJW 1968, 1873*

Ausgangspunkt ist ein Urteil des Bundesgerichtshofs aus dem Jahr 1968.[315] Der Unternehmer schuldete dem Besteller die Herstellung von Rechenanlagen und hatte diese auch bereits weitgehend hergestellt. Er konnte die Maschinen jedoch nicht endgültig fertigstellen, da der Besteller ihm die für die Fertigstellung notwendigen und von ihm zu stellenden Daten nicht übermittelte und damit eine erforderliche Mitwirkung zur Herstellung des Werkes unterließ. Das Verhalten des Bestellers ließ sich nach den Feststellungen nicht als freie Kündigung des Vertrages deuten. Der BGH sprach dem Unternehmer den vollen Werklohn zu. Die Vergütung sei fällig, obwohl noch keine Abnahme erfolgt sei. Die Frage, ob sich der Besteller wegen Verletzung seiner Mitwirkungspflicht entsprechend den aus §§ 162, 242 BGB folgenden Rechtsgrundsätzen so behandeln lassen müsse, als sei die Abnahme erfolgt, ließ der BGH explizit offen.[316]

Mit seinem Urteil kehrt der BGH letztlich nur die Leistungsreihenfolge um. Der Vergütungsanspruch wird vorzeitig fällig; der Unternehmer bleibt aber zur Erbringung seiner Leistung verpflichtet.[317]

---

315 Zuvor hatte auch schon das Reichsgericht entschieden, dass dem Verkäufer im Falle des unberechtigten und vertragswidrigen Sichlossagens durch den Käufer ein Anspruch wegen positiver Vertragsverletzung zustehe. Siehe hierzu RGZ 57, 105 (113 f.).

316 BGHZ 50, 175 = NJW 1968, 1873 (1874).

317 *Rintelen*, in: Messerschmidt/Voit, H. Rn. 151; *Weller*, Vertragstreue, S. 486.

bb. BGH, NJW 1990, 3008

Mit einem Urteil aus dem Jahr 1990 bestätigte der BGH,[318] dass der Unternehmer die Bezahlung des Werklohns schon dann vor Fertigstellung und Abnahme des Werks verlangen könne, wenn der Besteller die Erfüllung des Vertrages grundlos ablehne.[319]

In dem zugrundeliegenden Fall schuldete der Unternehmer u.a. die Erstellung mehrerer Software-Programme. Zwischen den Parteien entstand Streit über den Umfang des Vertrages sowie über einzelne Mängel der Leistung. Obwohl der Unternehmer sich mit der Durchführung von Mangelbeseitigungs- und Ergänzungsarbeiten einverstanden erklärte, lehnte der Besteller die Annahme der Leistung ab. Der BGH wertete dies als grundlose Ablehnung des Vertrages durch den Besteller. Im Anschluss an seine Rechenanlage-Entscheidung folgerte der BGH, dass der Besteller die Bezahlung des Werklohns im Grundsatz schon vor Fertigstellung und Abnahme schulde. Dies ergebe sich aus § 242 BGB, da sich keine Vertragspartei durch eine willkürliche Lossagung vom Vertrag ihrer Leistungspflicht entziehen dürfe. Ferner könne es dem Unternehmer nicht zugemutet werden, weitere Leistungen zu erbringen, welche ohnehin zurückgewiesen würden und damit sinnlos seien.[320]

Konkret zu § 648 BGB führte der BGH aus: „*Ein Zwang zur Fertigstellung der Werkleistung würde letztlich auch den objektiven Interessen des Bestellers zuwiderlaufen, weil damit die Möglichkeit einer Verminderung des Werklohnanspruchs wegen ersparter Aufwendungen entsprechend § 649 S. 2 BGB [§ 648 S. 2 BGB n.F., Anmerkung des Verfassers] versperrt wäre.*“[321] Ergänzend verwies der BGH auf § 162 BGB.

cc. BGH, NJW 2005, 1650

Beide zuvor dargestellten Urteile bestätigte der BGH explizit mit einem Urteil aus dem Jahr 2005 und entwickelte dabei seine bisherige Rechtsprechung fort.[322] In dem zugrundeliegenden Fall verweigerte der Besteller die Vertragserfüllung, weil seiner Ansicht nach kein Vertrag zustande gekommen sei. Der BGH ging

---

318 Bereits zuvor bestätigte der BGH seine Auffassung aus dem Rechenmaschinen-Urteil. Siehe hierzu etwa BGH, NJW-RR 1986, 211 (212) sowie BGH, NJW 1988, 1396 (1397).

319 BGH, NJW 1990, 3008 (3009). Auf dieses Urteil bezieht sich auch *Glöckner*, BauR 1998, 669 (676 Fn. 65) zur Unterstützung seiner These.

320 BGH, NJW 1990, 3008 (3009).

321 BGH, NJW 1990, 3008 (3009).

322 BGH, NJW 2005, 1650.

von einem wirksamen Vertragsschluss aus und sprach dem Unternehmer die vertraglich vereinbarte Vergütung abzüglich seiner ersparten Aufwendungen sowie des erzielten oder böswillig unterlassenen anderweitigen Erwerbs zu. Dabei ließ der BGH dahinstehen, ob sich der Anspruch aufgrund einer unterlassenen Mitwirkungshandlung des Bestellers aus § 326 Abs. 2 BGB ergibt oder ob es sich um einen Schadensersatzanspruch aus positiver Vertragsverletzung handelt. Jedenfalls sei das Verhalten des Bestellers vertrags- und treuwidrig, weshalb dem Unternehmer die – um die Abzugspositionen gekürzte – vereinbarte Vergütung zustehe.[323]

Die Fortentwicklung der Rechtsprechung durch dieses Urteil besteht darin, dass der BGH dem Unternehmer erstmals einen Anspruch auf Vergütung zuspricht, ohne dass der Unternehmer die eigene Werkleistung noch erbringen muss.[324] Es wird also nicht mehr bloß die Leistungsreihenfolge umgekehrt,[325] sondern vielmehr erlischt mit der Weigerung des Bestellers zur Vertragserfüllung die Leistungspflicht des Unternehmers.[326]

c. *Stellungnahme*

Das zuletzt dargestellte Urteil des Bundesgerichtshofs weist sowohl auf Tatbestands- als auch auf Rechtsfolgenebene klare Parallelen zum § 648 S. 2 BGB auf. Der Besteller bringt zum Ausdruck, kein Interesse mehr am Erreichen des Vertragsziels zu haben, sei es ausdrücklich durch Kündigung oder durch unterlassene Mitwirkung. Der Unternehmer erhält infolgedessen den (um die ersparten Aufwendungen gekürzten) Anspruch auf die volle Vergütung und wird zugleich frei von seiner Pflicht zur Erstellung des Werkes. Ob daraus jedoch gefolgert werden kann, dass ein hypothetischer Schadensersatzanspruch stets unter denselben Voraussetzungen wie § 648 S. 1 BGB dieselben Rechtsfolgen hervorbringt wie § 648 S. 2 BGB, bedarf einer näheren Prüfung.

aa. *Urteile betreffen abweichende Sachverhalte*

Zunächst einmal kann den dargestellten Urteilen nicht unmittelbar entnommen werden, dass dem Unternehmer auch ohne Existenz des freien Kündigungsrechts

---

323 BGH, NJW 2005, 1650 (1651).

324 *Weller*, Vertragstreue, S. 487.

325 So noch BGHZ 50, 175 = NJW 1968, 1873 und BGH, NJW 1990, 3008.

326 *Weller*, Vertragstreue, S. 488 f. weist zu Recht darauf hin, dass die durch den BGH bewusst offen gelassene Begründung das zugrundeliegende dogmatische Konzept als unausgereift erscheinen lasse.

stets ein Schadensersatzanspruch zustünde, dessen Rechtsfolgen denen des § 648 S. 2 BGB entsprächen. Die Urteile betreffen allesamt Konstellationen, in denen nach den Feststellungen des Bundesgerichtshofs explizit keine freie Kündigung des Bestellers gemäß § 648 S. 1 BGB vorlag. Wäre dies der Fall gewesen, so hätte der BGH dem Unternehmer schlicht den Anspruch aus § 648 S. 2 BGB zuerkennen können. Weitere Ausführungen zu einem etwaigen Schadensersatzanspruch, der sich auf denselben Sachverhalt stützt und dieselben Rechtsfolgen hervorbringt, wären nicht erforderlich. Dass es keine Rechtsprechung zu der hypothetischen Konstellation der Nicht-Existenz des § 648 BGB gibt, versteht sich von selbst. Sämtliche Urteile, in denen einem Unternehmer ein Schadensersatzanspruch zuerkannt wurde, betrafen folglich entweder einen gegenüber einer schlichten freien Kündigung anderen Sachverhalt oder einen gegenüber dem Anspruch aus § 648 S. 2 BGB weitergehenden oder davon abweichenden Schadensersatzanspruch. Unmittelbare Schlüsse darauf, ob Anwendungsfälle des § 648 S. 1 BGB immer auch einen auf das Erfüllungsinteresse gerichteten Schadensersatzanspruch begründen, lassen sich aus den dargestellten Urteilen und der Rechtsprechung insgesamt daher nicht ziehen.

bb. Urteile bezwecken Schutz des Unternehmers

Zudem haben die vom BGH entschiedenen oben dargestellten Urteile einen anderen Hintergrund. Den zu entscheidenden Fällen ist gemein, dass stets die Unternehmer aufgrund einer verweigerten Mitwirkung oder Abnahme des Bestellers auf Erhalt ihres Werklohns geklagt haben. Die jeweiligen Unternehmer hatten ihr Werk so weit hergestellt, wie es ihnen ohne die Mitwirkung des jeweiligen Bestellers möglich war. Weil das Verhalten des Bestellers in den konkreten Fällen nicht als Kündigung bewertet wurde, konnte der direkte Weg über die Anwendung des § 648 BGB nicht beschritten werden. Auch durch die Regelungen in §§ 642, 643 BGB werden die Rechte des Unternehmers in solchen Fällen nicht ausreichend geschützt.[327] Zum einen beziehen diese Regelungen sich nur auf die Unterlassung einer zur Herstellung des Werkes erforderlichen Mitwirkung; die schlichte Nichtannahme der Leistung ist davon nicht erfasst.[328] Darüber hinaus gewährt § 642 BGB dem Unternehmer nur eine Entschädigung und

---

327 Dies stellte explizit auch der BGH in seinem Urteil BGHZ 50, 175 = NJW 1968, 1873 fest und führte dabei aus, dass die §§ 642, 643 BGB die Rechte des Unternehmers nicht abschließend regeln.

328 *Voit,* in: BeckOK BGB, § 642 BGB Rn. 5; *Busche,* in: MüKo BGB, § 642 Rn. 13; *Lasch,* in: BeckOGK BGB, § 642 Rn. 18 f.; a.A. *Peters,* in: Staudinger, § 642 Rn. 22.

schützt nicht dessen Erfüllungsinteresse.[329] § 643 BGB erlaubt dem Unternehmer lediglich die Loslösung vom Vertrag und gewährt ihm keinerlei Zahlungsanspruch. Die Urteile dienten also alle dem im jeweiligen Einzelfall gebotenen Schutz des Vergütungsinteresses des Unternehmers.[330]

Es spricht einiges dafür, dass die Rechte des Unternehmers in Fällen der grundlosen Vertragsaufsage des Bestellers auch dann gewahrt werden könnten, wenn es § 648 S. 2 BGB nicht gäbe. Die von der Rechtsprechung aufgestellten Grundsätze ließen sich dann auch auf die nach aktueller Rechtslage typischen Fälle der freien Kündigung übertragen. Dies wäre auch interessengerecht. Der Unternehmer, der sich vertragsgemäß verhält und seiner vertraglichen Leistungspflicht nachkommen möchte, muss auch im Falle der Vertragsaufsage in den Genuss zumindest der unmittelbaren wirtschaftlichen Vorteile des Vertrages kommen.

cc. Schadensersatzanspruch bietet keine rechtssichere Lösung

Indes verbliebe gegenüber der aktuellen Rechtslage eine gewisse Rechtsunsicherheit. Verortet man den Schadensersatzanspruch statt der (Gegen)Leistung in den §§ 280 Abs. 1, 3, 282 BGB,[331] so setzt der Anspruch die Unzumutbarkeit der weiteren Vertragsdurchführung voraus. Ob und wann die weitere Vertragsdurchführung unzumutbar ist, ist eine Abwägungsentscheidung im Einzelfall unter Berücksichtigung der beiderseitigen Interessen.[332] Eine solche Abwägungsentscheidung ist regelmäßig mit mehr Unwägbarkeiten behaftet als die – häufig, wenn auch nicht immer eindeutige – Erklärung der freien Kündigung gemäß § 648 S. 1 BGB.

Nicht unterschlagen werden soll ferner die Kritik an der Rechtsprechung des Bundesgerichtshofs. Soweit der BGH einen Schadensersatzanspruch bei unterlassenen Mitwirkungshandlungen des Bestellers anerkennt, wird dies von denjenigen Stimmen kritisiert, die Mitwirkungshandlungen als reine Obliegenheiten des Bestellers betrachten.[333] Vielmehr solle die beharrliche Verweigerung

---

329 *Voit*, in: BeckOK BGB, § 642 Rn. 14.

330 So auch *Hartmann*, BB 1997, 326 (327).

331 *Weller*, Vertragstreue, S. 532. *Grüneberg*, in: Grüneberg, § 282 Rn. 2 lässt offen, ob der Anspruch aus § 281 oder § 282 BGB resultiere.

332 *Weller*, Vertragstreue, S. 533.

333 *Stickler*, in: Messerschmidt/Voit, § 643 BGB Rn. 22 f.; *Voit*, in: BeckOK BGB, § 642 Rn. 8. *Kapellmann*, NZBau 2011, 193 bringt vor, dass der BGH teilweise keine saubere dogmatische Einordnung von Mitwirkungshandlungen als Obliegenheiten oder Pflichten vornehme, sondern die Entscheidungen insoweit teils widersprüchlich und inkonsistent seien. Auch dies trägt nicht zur Rechtssicherheit bei.

des Bestellers zur Vornahme seiner Mitwirkungsobliegenheiten als konkludente freie Kündigung gemäß § 648 S. 1 BGB gewertet und dem Unternehmer der Vergütungsanspruch aus § 648 S. 2 BGB zugestanden werden.[334] Alternativ solle der Unternehmer den Vertrag im Fall der Erfüllungsverweigerung aus wichtigem Grund kündigen können und eine Vergütung nach Maßgabe des § 648 S. 2 BGB erhalten.[335] Auch diese Kritik zeigt, dass der Schutz des Unternehmers im Falle der Nichtexistenz des § 648 BGB möglicherweise nicht vollumfänglich gewährleistet wäre. Dies gilt umso mehr, als die Kritiker des Bundesgerichtshofs aufgrund von dogmatischen Bedenken gegen dessen Lösung auf den § 648 BGB rekurrieren.[336]

dd. Freies Kündigungsrecht erweitert die Möglichkeiten des Bestellers

Die für die Existenzberechtigung des § 648 BGB entscheidende Frage dürfte nicht primär darin zu erblicken sein, ob der Unternehmer im Falle der Erfüllungsverweigerung des Bestellers *berechtigt* wäre, seine Vergütung oder Schadensersatz zu verlangen. Vielmehr gilt es zu erörtern, ob der Unternehmer – denkt man den § 648 BGB hinweg – auch dazu *verpflichtet* wäre, seine Tätigkeit einzustellen und das Werk nicht zu vollenden. Eine solche Pflicht sieht *Glöckner* unter Berufung auf einen allgemeinen Rechtssatz, der die Erbringung von anspruchsbegründenden Leistungen zulasten eines erkennbar leistungsunfähigen oder leistungsunwilligen Gläubigers verbiete.[337] Nur, wenn der Unternehmer verpflichtet wäre, seine Tätigkeit einzustellen, könnte der Besteller die Rechtslage durch die Erfüllungsverweigerung in gleichem Maße gestalten wie er es aktuell durch Ausübung seines Kündigungsrechts tun kann.

(1) Grundsatz: Vertragsdurchführungsrecht aus dem Vertrag selbst

Im Ausgangspunkt ist der Unternehmer durch den Vertragsschluss nicht nur verpflichtet, sondern auch berechtigt, seine Werkleistung vollständig zu erbringen.

334 *Stickler*, in: Messerschmidt/Voit, § 643 BGB Rn. 23; *Voit*, in: BeckOK BGB, § 642 Rn. 8.

335 *Voit*, in: BeckOK BGB, § 641 Rn. 10.

336 *Rintelen*, in: Messerschmidt/Voit, H. Rn. 152; vgl. auch *Armbrüster/Bickert*, NZBau 2006, 153 (160). Denkt man mit *Glöckner* die Existenz des § 648 BGB hinweg, so kommt dessen (direkte oder analoge) Anwendung selbstredend nicht in Betracht. Die vorgebrachte Kritik an der dogmatischen Lösung der Rechtsprechung zeigt indes, dass sich auch bei hypothetischem Hinwegdenken des § 648 BGB dogmatische Schwierigkeiten ergeben können.

337 *Glöckner*, BauR 1998, 669 (677).

Dies folgt schon aus dem Grundsatz der Vertragstreue. Beide Vertragsparteien dürfen sich auf die Einhaltung und Durchführung eines Vertrages verlassen; es besteht ein Vertragsdurchführungsrecht.[338] Dabei ist zu berücksichtigen, dass der Unternehmer auch nicht unmittelbar finanzielle Interessen an der Durchführung des Vertrages haben kann.[339] Nach geltender Rechtslage erlaubt das freie Kündigungsrecht aus § 648 S. 1 BGB dem Besteller die Loslösung vom Vertrag, wobei erst die tatsächlich ausgeübte Kündigung dem Unternehmer sein ansonsten bestehendes Vertragsdurchführungsrecht nimmt und die gegenseitigen Verpflichtungen und Obliegenheiten teilweise beseitigt.[340]

Denkt man § 648 BGB nun hinweg, ist nicht ersichtlich, warum das Vertragsdurchführungsrecht des Unternehmers durch eine Erfüllungsverweigerung oder unterlassene Mitwirkung des Bestellers erlöschen sollte. Wenn die Erfüllungsverweigerung oder unterlassene Mitwirkung eine Pflichtverletzung des Bestellers darstellt, steht dem Unternehmer ein Schadensersatzanspruch zu. Der Erfüllungsanspruch und der Schadensersatzanspruch stehen zunächst nebeneinander; der Unternehmer hat ein Wahlrecht.[341] Der Erfüllungsanspruch erlischt erst, wenn der Schadensersatzanspruch tatsächlich geltend gemacht wird.[342] Der Besteller kann den Erfüllungsanspruch des Unternehmers also nicht bereits durch eine Erfüllungsverweigerung vereiteln.[343] Der Unternehmer darf grundsätzlich weitere Leistungen erbringen.[344] Auf diesen Umstand weist auch *Glöckner* selbst hin.[345] Dies steht auch im Einklang mit der oben dargestellten Rechtsprechung des Bundesgerichtshofs. Nach Auffassung des Bundesgerichtshofs bestehe im Fall der grundlosen Ablehnung des Vertrages durch

---

338 Siehe hierzu bereits die Ausführungen unter Teil 1, B.III.1.

339 Näher hierzu unter Teil 1, A.II.

340 *Venrooy*, JR 1991, 492 (497). Siehe hierzu auch die Ausführungen unter Teil 1, B.III.2.b.

341 *Weidt*, Antizipierter Vertragsbruch, S. 151; *Grüneberg*, in: Grüneberg, § 281 Rn. 49; *Ludgen*, in: Kleine-Möller/Merl/Glöckner, § 16 Rn. 60. Dabei handelt es sich nicht um einen Fall der Wahlschuld gemäß § 262 BGB, sondern vielmehr um eine sogenannte *„elektive Konkurrenz"*, siehe etwa *Bittner/Kolbe*, in: Staudinger, § 262 Rn. 9 f.; *Grüneberg*, in: Grüneberg, § 281 Rn. 49, § 262 Rn. 5.

342 *Wertenbruch*, AcP 193, 191 (192); *Ernst*, in: MüKo BGB, § 281 Rn. 73; *Grüneberg*, in: Grüneberg, § 281 Rn. 50; *Ludgen*, in: Kleine-Möller/Merl/Glöckner, § 16 Rn. 60; *Huber*, ZEuP 2008, 708 (721). Ebenso *Glöckner*, BauR 1998, 669 (677).

343 *Venrooy*, JR 1991, 492 (192).

344 So auch *Armbrüster/Bickert*, NZBau 2006, 153 (157), für den Fall, dass der Besteller eine gebotene Mitwirkungshandlung unterlässt.

345 *Glöckner*, BauR 1998, 669 (677).

den Besteller für den Unternehmer kein Zwang zur Fertigstellung der Werkleistung.[346] Aus keinem der Urteile geht jedoch hervor, dass der Unternehmer seine Berechtigung zur Herstellung des Werkes verliere.[347] Vielmehr äußert der BGH sogar ausdrücklich, es sei nicht mit Treu und Glauben vereinbar, wenn der Besteller durch willkürliche Nichterfüllung seiner Gläubigerobliegenheiten den Unternehmer zur Kündigung des Vertrages zwingen könne.[348] Auch bei Hinwegdenken des § 648 BGB lässt sich der Rechtsprechung des Bundesgerichtshofs folglich nicht entnehmen, dass der Unternehmer im Fall der Erfüllungsverweigerung des Bestellers gehindert wäre, das Werk fertigzustellen.

(2) Kein allgemeines Rechtsprinzip, das weitere Leistungserbringung verbietet

Glöckner stützt seine Position auf einen vermeintlich allgemeinen Rechtssatz, welcher es dem Leistungsschuldner verbiete, weitere anspruchsbegründende Leistungen zugunsten eines leistungsunfähigen oder -unwilligen Gläubigers zu erbringen.[349] Ersichtlich sei dieser Rechtssatz etwa im Mietrecht, wo der Vermieter im Falle des Vertragsbruchs durch den Mieter unter dem Gesichtspunkt der Schadensminderung unter Umständen einen Ersatzmieter akzeptieren müsse.[350] Aus der von Glöckner in Bezug genommenen Rechtsprechungsauswertung[351] ergibt sich jedoch vielmehr das Gegenteil des zu belegenden Rechtssatzes. So bleibt der Mieter nach der Rechtsprechung im Grundsatz an den Mietvertrag gebunden. Nur im Ausnahmefall hat er einen Anspruch gegen den Vermieter, sich bei Stellung eines Ersatzmieters vorzeitig vom Mietvertrag lösen zu können. Dies setzt jedoch voraus, dass das Interesse des Mieters an der vorzeitigen Vertragsauflösung das Interesse des Vermieters am weiteren Bestand des Vertrages erheblich überwiegt.[352] Dies gilt sowohl für Mietverträge über

---

346 BGH NJW 1990, 3008 (3009).

347 Es mag in der Praxis selten im Interesse des Unternehmers liegen, Leistungen zugunsten eines vertragsbrüchigen Bestellers zu erbringen. Gleichwohl können auch gute Gründe für die Fertigstellung des Werkes sprechen, vor allem, wenn keine durchgreifenden Bedenken gegen die Solvenz des Bestellers bestehen. Insoweit sei noch einmal auf die vielfältigen nicht unmittelbar finanziellen Interessen des Unternehmers an der Werkleistung hingewiesen, welche unter Teil 1, A.II. dargestellt wurden.

348 BGHZ 50, 175 = NJW 1968, 1873 (1874).

349 *Glöckner*, BauR 1998, 669 (677).

350 *Glöckner*, BauR 1998, 669 (677).

351 *Heile*, ZMR 1990, 249.

352 *Heile*, ZMR 1990, 249 (250).

Wohnräume[353] als auch für solche über Geschäftsräume.[354] Ein Vermieter muss also nicht schlechthin, sondern nur unter bestimmten Voraussetzungen die Stellung eines Ersatzmieters akzeptieren. Es kommt gerade auf die konkreten Motive des Mieters für die Loslösung vom Vertrag an. Darin besteht auch ein gewichtiger Unterschied zu § 648 S. 1 BGB, der nicht nach den Motiven des Bestellers fragt, sondern ihm ohne weitere Voraussetzung die sofortige Loslösung vom Vertrag gestattet.

Weder aus diesen Ausführungen zum Mietrecht noch aus sonstigen Gründen ist ersichtlich, dass der von *Glöckner* behauptete allgemeine Rechtssatz existiert. Vielmehr bleibt der Verweis auf einen solchen Grundsatz kryptisch.

(3) Mitwirkendes Verschulden des Unternehmers durch weitere Vertragsausführung?

Bedenkenswert ist lediglich die auch von *Glöckner* vertretene Anknüpfung an § 254 Abs. 2 S. 1 BGB. So könnte die Berechtigung des Unternehmers zur Herstellung des Werkes im Falle der Erfüllungs- oder Mitwirkungsverweigerung des Bestellers durch die Regelung des § 254 Abs. 2 S. 1 BGB beeinträchtigt sein. Zwar findet die Regelung im Grundsatz keine Anwendung auf Erfüllungsansprüche[355] und damit auch nicht auf den fortbestehenden Erfüllungsanspruch des Unternehmers. Es erscheint aber denkbar, dass der die Vertragserfüllung verweigernde Besteller gegen die Höhe des Schadensersatzanspruchs des Unternehmers einwendet, dieser hätte die weitere Herstellung des Werkes ab dem Moment der erklärten Erfüllungsverweigerung zur Schadensminderung einstellen müssen. Erlaubt man dem Besteller diesen Einwand,[356] so wäre die Berechtigung des Unternehmers zur Fertigstellung des Werkes aufgrund der nachteiligen Folgen des § 254 Abs. 2 S. 1 BGB zwar nicht rechtlich, aber doch faktisch ausgehebelt.

---

353 OLG Hamm, NJW-RR 1995, 1478; OLG Zweibrücken, IBRRS 2007, 2019. Vgl auch BGHZ 155, 178 =NJW 2003, 2739 (2742).

354 *Heile*, ZMR 1990, 249 (252-254); OLG Düsseldorf, OLGR Düsseldorf, 1992, 100; OLG Naumburg, WuM 2002, 537.

355 *Höpfner*, in: Staudinger, § 254 Rn. 22; *Weller*, Vertragstreue, S. 416; *Weidt*, Antizipierter Vertragsbruch, S. 151 f.; RGZ 141, 287 (290); BGH, NJW 1986, 2104, 2106; einschränkend *Peters*, JZ 1995, 754, der für eine (direkte oder analoge) Anwendung des § 254 BGB oder jedenfalls der zugrundeliegenden Prinzipien in einzelnen Fällen plädiert.

356 So *Glöckner*, BauR 1998, 669 (677).

Dadurch könnten sich dieselben Rechtsfolgen ergeben wie bei der Anwendung des § 648 BGB.[357]

Wie zuvor bereits dargestellt tritt ein etwaiger Schadensersatzanspruch des Unternehmers wegen Erfüllungsverweigerung neben seinen Erfüllungsanspruch.[358] Bei dem Schadensersatzanspruch handelt es sich daher um einen sogenannten „*verhaltenen Anspruch*".[359] Da § 254 Abs. 2 S. 1 BGB im Grundsatz auf sämtliche Schadensersatzansprüche Anwendung findet, ist auch die Anwendung auf den verhaltenen Anspruch des Unternehmers auf Schadensersatz ohne dogmatischen Bruch möglich.[360] Gleichwohl bestehen durchgreifende Bedenken gegen eine generelle Anwendung des § 254 Abs. 2 S. 1 BGB auf Schadensersatzansprüche wegen Erfüllungsverweigerung, wie die nachfolgenden Ausführungen zeigen werden.

(a) Entscheidungen des RG sowie des BGH zu Deckungsgeschäften

In der Rechtsprechung wurde die Anwendung des § 254 Abs. 2 S. 1 BGB auf den verhaltenen Anspruch bisher allein im Zusammenhang mit Deckungsgeschäften beim Kaufvertrag diskutiert. Das Reichsgericht führte aus, ein Mitverschulden des Verkäufers an der Schadensentstehung könne erst dann angenommen werden, wenn er den Erfüllungsanspruch aufgegeben habe und stattdessen nur noch Schadensersatz verlange.[361] Dabei bemerkte das Reichsgericht unter anderem, „*[...], dass die Rechtslage des vertragstreuen Teiles durch das unberechtigte Sichlossagen des Gegners vom Vertrage nicht verschlechtert werden darf.*"[362] Später wendete das Reichsgericht dieselben Grundsätze auch zugunsten eines vertragstreuen Käufers an, welcher zunächst weiterhin Erfüllung verlangte und erst

---

357 Durch die Pauschalierungsregelung in § 648 S. 3 BGB ist die Darlegung und Durchsetzung des Anspruchs gegenüber den allgemeinen Vorschriften allerdings vereinfacht. Schon allein deshalb könnte die Anwendung der allgemeinen Vorschriften bei Streichung des § 648 BGB im Einzelfall zu abweichenden Ergebnissen führen.

358 Siehe hierzu unter Teil 1, B.II.3.

359 Der Begriff geht zurück auf *Langheineken*, Anspruch und Einrede, S. 94, 101. Ein „*verhaltener Anspruch*" wird demnach dadurch charakterisiert, dass er zwar noch nicht fällig ist, aber jederzeit unbeschränkt geltend gemacht werden kann, da er durch nichts gehemmt ist.

360 *Weller*, Vertragstreue, S. 418. Siehe dort auch eine knappe Darstellung der Rechtsprechungsentwicklung, die hier ebenfalls nachgezeichnet wird.

361 RGZ 83, 176 (178).

362 RGZ 83, 176 (178).

später Schadensersatz in Höhe des Mehrbetrags eines Deckungskaufs geltend machte.[363]

Davon abweichend hat der BGH in einem Fall entschieden, dass der Schadensersatzanspruch eines Verkäufers wegen Mitverschuldens gemäß § 254 Abs. 2 S. 1 BGB zu kürzen sei.[364] Im zugrundeliegenden Fall hatte der Käufer eines Grundstücks die Erfüllung verweigert, weil die Finanzierung gescheitert war. Der Verkäufer hielt über einen längeren Zeitraum am Erfüllungsanspruch fest. Aufgrund von sinkenden Grundstückspreisen erzielte er beim späteren Deckungsverkauf einen geringeren Erlös als er zu einem früheren Zeitpunkt hätte erzielen können. Der BGH hielt den § 254 Abs. 2 S. 1 BGB für grundsätzlich anwendbar. Er führte aus, dass es dem Verkäufer nicht in jedem Fall freigestellt bleibe, wie lange er an dem Vertrag festhalte. Warte er trotz fallender Preise zu lange mit dem Deckungsverkauf, so könne ihm ein Mitverschuldensvorwurf gemacht werden.[365] Mit der Entscheidung bürdete der BGH dem Verkäufer das Risiko von Preissenkungen auf. Der BGH führte jedoch selbst aus, die Frage des Mitverschuldens hänge von den Umständen des Einzelfalls ab. Dabei sei maßgebend, ob der Käufer ein berechtigtes Interesse daran habe, sich von dem Vertrag zu lösen, sowie ob und gegebenenfalls welches Interesse des Verkäufers, den Käufer an dem Vertrag festzuhalten, dagegenstehe.[366]

(b) Kritik an Rechtsprechung des BGH und Stellungnahme

In der Literatur wird die Entscheidung des Bundesgerichtshofs teilweise kritisiert und die Anwendung des § 254 Abs. 2 S. 1 BGB auf verhaltene Ansprüche generell abgelehnt. Vielmehr komme die Anwendung des § 254 Abs. 2 S. 1 BGB erst dann in Betracht, wenn der Verkäufer den Erfüllungsanspruch fallen gelassen und sich zur Geltendmachung des Schadensersatzanspruchs entschlossen habe.[367] Teilweise erfährt die Entscheidung des Bundesgerichtshofs Zustimmung.[368]

Unabhängig davon ist die Entscheidung des Bundesgerichtshofs zur Berücksichtigung des Mitverschuldens beim Deckungsverkauf jedoch schon nach dessen eigener Auffassung nicht verallgemeinerungsfähig, sondern abhängig von

---

363 RGZ 91, 99 (100 f.).

364 BGH, NJW 1997, 1231.

365 BGH, NJW 1997, 1231 (1232).

366 BGH, NJW 1997, 1231 (1232).

367 *Weidt*, Antizipierter Vertragsbruch, S. 152 f. m.w.N.; *Huber*, AcP 210, 319 (348-350).

368 *Weller*, Vertragstreue, S. 418.

den Umständen des Einzelfalls.[369] Die hier diskutierte Konstellation der Erfüllungsverweigerung des Bestellers beim Werkvertrag ist unter Beachtung der vom BGH aufgestellten Kriterien nicht vergleichbar mit dem Fall eines Deckungsverkaufs. So ist es einem Verkäufer regelmäßig gleichgültig, wer den Kaufgegenstand erwirbt. In dem zugrundeliegenden Fall war der Kaufgegenstand – ein Grundstück – schon vorhanden und musste nicht mehr beschafft werden. Dies ist auch typisch für Kaufverträge; regelmäßig ist der Kaufgegenstand im Zeitpunkt des Vertragsschlusses bereits vorhanden.[370] Aus Sicht des Verkäufers änderte sich im konkreten Fall durch den Deckungsverkauf folglich allein die Person des Käufers. Überträgt man die Wertung des Urteils hingegen generell auf Werkverträge, bei denen der Besteller die Erfüllung verweigert, so wären auch die Fälle umfasst, in denen das Werk noch nicht fertiggestellt ist.[371] Der Unternehmer hat regelmäßig diverse Interessen an der Fertigstellung des Werkes, die über das reine Vergütungsinteresse hinausgehen.[372] Schon allein deshalb kann nicht der pauschale Schluss gezogen werden, dass die Fertigstellung des Werkes einen Mitverschuldensvorwurf gegen den Unternehmer begründet, wenn der Besteller die Vertragserfüllung verweigert. Soweit der BGH ferner ein *„berechtigtes Interesse"* des Käufers an der Vertragsloslösung in die Abwägung einbeziehen möchte,[373] scheidet dies im hier diskutierten Fall ersichtlich aus. Der hier diskutierte Schadensersatzanspruch setzt vielmehr eine *unberechtigte* Erfüllungsverweigerung des Bestellers voraus. Ein allgemeines Recht des Gläubigers zur Loslösung vom Vertrag ohne besonderen Grund besteht gerade nicht, sondern nur im Ausnahmefall des § 648 BGB.[374]

Zudem ist ein weiterer Aspekt zu berücksichtigen. § 254 BGB ist eine besondere Ausprägung des allgemeinen Grundsatzes von Treu und Glauben, § 242 BGB.[375] Die wohl überwiegende Auffassung bewertet es als Fall des *venire contra factum proprium*, wenn der Geschädigte den Ersatz des (vollen) Schadens

369 BGH, NJW 1997, 1231 (1232).

370 Dies zeigt sich schon durch die Regelung des § 650 BGB. Muss eine bewegliche Sache als Kaufgegenstand erst noch hergestellt werden, so handelt es sich um einen Werklieferungsvertrag.

371 Anders liegen die Fälle, in denen das Werk bereits vollständig hergestellt ist. Die Interessenlage ist in diesen Fällen sehr wohl vergleichbar mit der beim Kaufvertrag.

372 Siehe hierzu unter Teil 1, A.II.

373 BGH, NJW 1997, 1231 (1232).

374 So auch schon *Huber*, AcP 210, 319 (350).

375 BGHZ 34, 355 = NJW 1961, 655 (657); BGHZ 135, 235 = NJW 1997, 2234 (2235); *Ebert*, in: Erman BGB, § 254 Rn. 4.

verlangt, zu dessen Entstehung er gemäß § 254 Abs. 2 S. 1 BGB selbst beigetragen hat.[376] Der Geschädigte erhält nicht den gesamten Schaden ersetzt, weil er seine eigenen Belange vernachlässigt habe.[377] Der Vorwurf wird also darin erblickt, dass der Geschädigte den vollen Schaden auf den Schädiger abwälzen möchte, obwohl er selbst den Schaden nicht verhindert/begrenzt habe.[378] Nimmt man dies als Maßstab, so kann die Fortsetzung der Herstellung des Werkes nicht stets zu einer Kürzung des Anspruchs nach § 254 Abs. 2 S. 1 BGB führen. Die Herstellung des Werkes ist genau das, wozu der Unternehmer aus dem Werkvertrag verpflichtet und wozu er berechtigt ist. Dem Unternehmer würde ein an sich gebotenes Verhalten also allein deshalb zum Nachteil gereichen, weil der Besteller sich vertragswidrig verhält. Dies erscheint nicht geeignet, den Vorwurf der Treuwidrigkeit gegenüber dem Unternehmer zu begründen.[379] Vielmehr stellt die unberechtigte Erfüllungsverweigerung eine Treuepflichtverletzung des Bestellers dar. Auch vor diesem Hintergrund wäre es widersinnig, dem vertragsuntreuen Besteller sofort nach der (angekündigten) Erfüllungsverweigerung die Berufung auf § 254 BGB zu ermöglichen. Würde man dem vertragsuntreuen Gläubiger den Einwand des Mitverschuldens ermöglichen, bestünde de facto ein freies Kündigungsrecht für alle Verträge. Jede Vertragspartei könnte sich von ihren Verpflichtungen „freikaufen", indem sie schlicht die Erfüllung des Vertrages verweigert und sich bei weiterer Vertragsdurchführung durch den Vertragspartner auf dessen Mitverschulden beruft. Wenngleich ein solches allgemeines Recht zur jederzeitigen Vertragsloslösung diskutabel ist,[380] erscheint § 254 Abs. 2 S. 1 BGB nicht als das für dessen Umsetzung geeignete rechtliche Instrument. Eine solche Grundsatzentscheidung sollte nicht über die dogmatische Hintertür des § 254 BGB, sondern im Falle eines entsprechenden Willens des Gesetzgebers explizit erfolgen.

---

376 *Wieling*, AcP 176, 334 (350 f.); *Ebert*, in: Erman BGB, § 254 Rn. 4; BGHZ 34, 355 = NJW 1961, 655 (657); a.A. *Höpfner*, in: Staudinger, § 254 Rn. 3.

377 *Wieling*, AcP 176, 334 (350 f.).

378 *Wieling*, AcP 176, 334 (351); *Grüneberg*, in: Grüneberg, § 254 Rn. 1; BGHZ 135 (235) = NJW 1997, 2234 (2235).

379 In Ausnahmefällen mag dies anders zu bewerten sein. So spricht etwa einiges für die Anwendung des § 254 BGB, wenn der Unternehmer weitere Leistungen ausführt, obwohl der Besteller aus von ihm nicht zu vertretenden Gründen leistungsunfähig wird und aus diesem Grund die weitere Vertragsdurchführung ablehnt.

380 Hierzu näher unter Teil 2, B.

ee. Freies Kündigungsrecht legalisiert Loslösung des Bestellers vom Vertrag

Weitere Bedeutung kommt dem freien Kündigungsrecht auch dadurch zu, dass es die Loslösung vom Vertrag durch den Besteller legalisiert.[381] Für den Besteller stellt es – ungeachtet der konkreten Rechtsfolgen – eine erhebliche Erleichterung dar, dass er sich den Vertrag anlasslos kündigen darf. Die zuvor diskutierten Möglichkeiten des Bestellers, ähnliche Rechtsfolgen herbeizuführen, wären allesamt mit dem Makel behaftet, dass der Besteller sich dafür vertragswidrig verhalten müsste. Dies könnte sich nachteilig auf seine Reputation im Geschäftsverkehr auswirken. Selbst wenn man von einem rein psychologischen Effekt dieser Legalisierung ausgeht,[382] stellt die Legalisierung für sich genommen einen Mehrwert für den Besteller dar.

Außerdem beschränkt § 648 S. 2 BGB die Rechtsfolgen der freien Kündigung auf die – ggf. zu kürzende – vereinbarte Vergütung. Schadensersatzansprüche des Unternehmers wegen etwaiger weiterer Schäden scheiden von vornherein mangels rechtswidrigen Verhaltens aus. Ohne die Möglichkeit der freien Kündigung könnte sich der Besteller noch weitergehenden Schadensersatzansprüchen des Unternehmers ausgesetzt sehen. So könnte neben den Anspruch auf Ersatz des Erfüllungsinteresse beispielsweise auch ein Schadensersatzanspruch infolge eines durch die Erfüllungsverweigerung etwaig eingetretenen Schuldnerverzugs treten.

ff. Zwischenergebnis

Denkt man die Existenz des § 648 BGB hinweg, so wäre der Unternehmer aufgrund einer unterlassenen Mitwirkung oder Erfüllungsverweigerung des Bestellers rein rechtlich betrachtet also nicht daran gehindert, seine Werkleistung fertigzustellen.[383] Entgegen der Auffassung von *Glöckner*[384] existiert kein allgemeiner Rechtsgrundsatz, der es dem Leistungsschuldner untersagen würde, zulasten eines leistungsunwilligen Gläubigers anspruchsbegründe Leistungen zu erbringen. Es ist auch nicht einzusehen, wieso die Fertigstellung des Werkes durch den Unternehmer generell ein zu seinen Lasten zu berücksichtigendes

381 Vgl. *Peters*, in: Staudinger, § 648 Rn. 7; *Kenter*, Vergütungsanspruch, S. 6.

382 So *Peters*, in: Staudinger, § 648 Rn. 7.

383 Ist zur Erreichung des Werkerfolges hingegen eine Mitwirkung des Bestellers zwingend erforderlich, so scheitert eine vollständige Fertigstellung des Werkes schon allein aus faktischen Gründen.

384 *Glöckner*, BauR 1998, 669 (677).

Mitverschulden darstellen soll. Erst das freie Kündigungsrecht gemäß § 648 BGB erlaubt es dem Besteller, die Rechtslage zu gestalten und dem Unternehmer das Recht zu nehmen, weitere anspruchsbegründende Leistungen zu erbringen.[385] Zusammenfassend lässt sich also festhalten, dass die Regelung des § 648 BGB nicht aufgrund der allgemeinen Schadensersatzregelungen entbehrlich ist.

4. *Zusammenfassung*

Der § 648 BGB hat einen eigenständigen Regelungsgehalt. Ein allgemeines Loslösungsrecht vom Vertrag sieht das BGB nicht vor. Verweigert der Besteller vertragswidrig die Erfüllung des Vertrages oder eine erforderliche Mitwirkungshandlung, so ließe sich der Schutz des Unternehmers wohl auch ohne Rückgriff auf § 648 S. 2 BGB gewährleisten. Erst das freie Kündigungsrecht gibt dem Besteller jedoch ein Instrument zur Hand, den Vertrag gesetzlich legitimiert jederzeit einseitig zu beenden, dem Unternehmer das Recht zur weiteren Vertragsdurchführung zu nehmen und dadurch den Vergütungsanspruch zu begrenzen.

C. Prinzip der Vor- und Nachteilswahrung als wesentlicher Normzweck

Das sogenannte „Prinzip der Vor- und Nachteilswahrung“[386] spielt eine zentrale Rolle für den Vergütungsanspruch aus § 648 S. 2 BGB infolge der freien Kündigung. Die Herleitung und der Inhalt des Prinzips werfen dogmatische wie wertungsmäßige Fragen auf. Auch wirkt sich das Prinzip auf die konkrete Berechnung des Unternehmeranspruchs sowie auf die Darlegung des Anspruchs im Gerichtsverfahren aus.

I. Begriffsbestimmungen

1. *Definition des Prinzips der Vor- und Nachteilswahrung*

Der aktuell praktizierten Berechnung des Vergütungsanspruchs liegt die Prämisse zugrunde, der Unternehmer dürfe durch die Kündigung des Werkvertrages weder Vor- noch Nachteile im Vergleich zur vollständigen Durchführung des Vertrages davontragen. Dieses „Prinzip der Vor- und Nachteilswahrung“[387] ist in

---

385 *Venrooy*, JR 1991, 492 (497).

386 Zur Begriffsbestimmung siehe sogleich unter Teil 1, C.I.1.

387 Siehe etwa BGH, NJW-RR 2006, 29 (30).

Rechtsprechung[388] und Literatur[389] nahezu einhellig anerkannt, wobei die konkrete Formulierung teilweise variiert. So heißt es, das ursprüngliche Äquivalenzverhältnis von Leistung und Gegenleistung solle auch nach der Kündigung des Vertrages aufrechterhalten werden,[390] oder der Unternehmer solle wirtschaftlich so gestellt werden, als sei das Werk fertiggestellt worden.[391] *Van Gelder*, der häufig zur Begründung des Prinzips zitiert wird, schreibt: „*§ 649 S. 2 BGB zielt also auf die Sicherung der Unternehmerstellung in der Weise ab, daß durch Ausschluß der Besser- und Schlechterstellung die wirtschaftliche Bedeutung des abgeschlossenen Werkvertrages, soweit es um seine aktuellen und unmittelbaren Auswirkungen geht, für den Unternehmer erhalten bleibt.*“[392] Der BGH formuliert auch, der Unternehmer müsse es sich nicht gefallen lassen, dass die Abrechnung infolge der Kündigung ihm Vorteile aus dem geschlossenen Vertrag nehme.[393] Umgekehrt dürfe er auch keinen Vorteil daraus ziehen, dass ein für ihn ungünstiger Vertrag gekündigt worden sei.[394]

2. *Definition des Vorteils*

Der Begriff des Vorteils wird regelmäßig in einem schadensrechtlichen Kontext diskutiert. So handelt es sich bei einem Vorteil schlicht um „*das einfache Kehrbild des Schadens*“.[395] Ein Vorteil kann materieller oder immaterieller Natur sein.[396]

Vorteile können danach unterschieden werden, wie eng sie mit dem erlittenen Nachteil verknüpft sind.[397] Ein Vorteil kann durch dasselbe Ereignis entstanden sein, das den Schaden hervorgerufen hat.[398] Ebenso können Schaden und

388 Ständige Rechtsprechung, siehe etwa: BGH, NJW 1969, 237; BGH, BauR 1981, 198; BGHZ 131, 362 = NJW 1996, 1282; BGH, NJW 1999, 2036; zuletzt bestätigt durch BGH, NJW 2018, 2039 (2040 Rn. 20).

389 Siehe etwa *Busche*, in: MüKo BGB, § 648 Rn. 18; *Kniffka*, Jahrbuch Baurecht 2000, 1; *Lederer*, in: Kapellmann/Messerschmidt, § 8 VOB/B Rn. 37; *Lührmann/Raab*, in: Dauner-Lieb/Langen, § 648 Rn. 3.

390 *Leupertz/Halfmeier*, in: Prütting/Wegen/Weinreich, § 648 Rn. 1.

391 *Lührmann/Raab*, in: Dauner-Lieb/Langen, § 648 Rn. 2 f.

392 *Gelder*, NJW 1975, 189 (190).

393 BGHZ 131, 362 = NJW 1996, 1282.

394 BGHZ 131, 362 = NJW 1996, 1282 unter Bezugnahme auf *Gelder*, NJW 1975, 189 (190).

395 *Oertmann*, Vorteilsausgleichung, S. 10.

396 Vgl. *Oertmann*, Vorteilsausgleichung, S. 10.

397 *Oertmann*, Vorteilsausgleichung, S. 24.

398 Hierzu ausführlich *Oertmann*, Vorteilsausgleichung, S. 25-170.

Vorteil jedoch auch die Folge unterschiedlicher Ereignisse sein.[399] Der Begriff des Vorteils ist also sehr weit und umfasst alle für den Geschädigten günstigen Veränderungen, die im Zusammenhang mit der Schädigung entstehen.[400]

Von besonderer Bedeutung ist die Frage, wann ein solcher Vorteil anspruchsmindernd zu berücksichtigen ist. Nach der Rechtsprechung des Bundesgerichtshofs ist ein Vorteil bereits dann im Wege der Vorteilsausgleichung zu berücksichtigen, wenn ein Bedingungszusammenhang zwischen dem schädigenden Ereignis und dem Vorteil besteht.[401] Es ist nicht erforderlich, dass die Schädigung unmittelbar zu einem Vorteil geführt hat.[402] Dieses Verständnis liegt auch § 648 S. 2 BGB zugrunde,[403] was sich jedenfalls anhand der Anrechnungsposition der anderweitigen Verwendung der Arbeitskraft zeigt. Dabei handelt es bloß um einen mittelbaren Vorteil infolge der Kündigung, da durch die Kündigung selbst noch kein anderweitiger Erwerb erzielt wird.

II. Prinzip der Vorteilswahrung

Unstreitig ist, dass der Unternehmer durch die freie Kündigung keine wirtschaftlichen Nachteile erleiden darf. Schon die freie Kündigungsmöglichkeit des Bestellers stellt regelmäßig eine erhebliche Zumutung für den Unternehmer dar, weil ihm sein Vertragsdurchführungsrecht genommen wird.[404] Es ist kein Grund ersichtlich, dem Unternehmer darüber hinaus wirtschaftliche Nachteile aufbürden zu können, wenn der Besteller den Vertrag ohne Anlass oder Zutun des Unternehmers kündigt.[405]

Der Besteller kann hingegen sehr wohl Nachteile infolge der freien Kündigung davontragen. So wäre es beispielsweise objektiv nachteilig für den Besteller, einen Vertrag über ein Werk zu kündigen, das einen höheren Wert aufweist als die dafür zu entrichtende Vergütung. Da jedoch der Besteller selbst die Kündigung herbeiführt und auch über den Zeitpunkt der Kündigung befindet, trägt er auch die Konsequenzen seiner Kündigung und ist insoweit nicht schutzbedürftig.[406]

---

399 Hierzu ausführlich *Oertmann*, Vorteilsausgleichung, S. 170-203.

400 *Cantzler*, AcP 156, 29 (32).

401 BGH, NJW 1959, 1078 unter Verweis auf *Cantzler*, AcP 156, 29 (42).

402 BGH, NJW 1959, 1078.

403 An die Stelle des schädigenden Ereignisses tritt die Kündigung des Vertrages.

404 *Markus*, NZBau 2005, 417 (420).

405 So zutreffend *Markus*, NZBau 2005, 417 (420).

406 *Lichtenberg*, BauR 2014, 615 (617).

III. Prinzip der Nachteilswahrung

Das Prinzip der Nachteilswahrung bleibt im Unterschied zum Prinzip der Vorteilswahrung nicht ohne Kritik und ist Gegenstand von Diskussionen.

1. Ganz überwiegende Akzeptanz des Prinzips

Ganz überwiegend wird davon ausgegangen, dass § 648 S. 2 BGB das Prinzip der Nachteilswahrung zugrunde liege und dem Prinzip vollumfänglich Rechnung getragen werden müsse. Die Anwendbarkeit des Prinzips wird unter Berufung auf die Motive zum BGB[407] ohne weitere Begründung bejaht.[408] Teilweise wird ausgeführt, es verstehe sich von selbst, dass der Unternehmer durch die Kündigung keine Vorteile davontragen dürfe, weil dieser nicht schutzbedürftig sei.[409] Teilweise wird das Prinzip der Nachteilswahrung mit einem kurzen Hinweis auf die Vorteilsausgleichung bejaht.[410]

2. Teilweise Bedenken gegen das Prinzip

Vereinzelt werden jedoch Zweifel an dem Prinzip der Nachteilswahrung geäußert.[411] So vertritt *Markus* die Ansicht, die Möglichkeit der freien Kündigung stelle eine „*besondere Vergünstigung*“[412] für den Besteller dar. Daher spreche nichts dagegen, wenn der Unternehmer im Einzelfall einen Vorteil aus der Kündigung davontrage. Gegen eine umfassende Geltung des Prinzips wird ferner ausgeführt, dass der Unternehmer faktisch auch in einigen Fällen von der Kündigung profitiere. Dadurch sei das Prinzip der Nachteilswahrung widerlegt.[413]

Ein faktischer Vorteil für den Unternehmer infolge der Kündigung ergibt sich nach der Rechtsprechung etwa daraus, dass infolge der Kündigung die ersparten Aufwendungen nur von der Vergütung für die nicht erbrachte Leistung abgezogen werden; die Vergütung für die bereits erbrachte Leistung bleibt unberührt.[414]

---

407 Mot. II, 503.

408 So *Markus*, NZBau 2005, 417 (419).

409 *Lederer*, in: Kapellmann/Messerschmidt, § 8 VOB/B Rn. 37.

410 *Kessen*, in: BeckOGK BGB, § 648 BGB Rn. 84.

411 *Markus*, NZBau 2005, 417 (419 f.).

412 *Joussen*, in: Ingenstau/Korbion, § 8 Abs. 1 VOB/B Rn. 2.

413 *Markus*, NZBau 2005, 417 (420). *Lichtenberg*, BauR 2014, 615 (616) nennt diese Begründung „*diskussionswürdig*“, lehnt sie aber ohne tiefere Auseinandersetzung mit Verweis auf die Rechtsprechung und die Motive ab.

414 BGH, NJW-RR 1988, 208 (210); BGH, NJW-RR 1988, 1295 (1296); BGH, NJW 1996, 3270 (3271); *Joussen*, in: Ingenstau/Korbion, § 8 Abs. 1 VOB/B Rn. 102; *Vygen/Joussen*, Bauvertragsrecht, Rn. 2840; *Kapellmann/Schiffers/Markus*, Rn. 1362, 1369; *Peters*,

Falls der noch nicht erbrachte Teil der Leistung isoliert betrachtet für den Unternehmer ein Verlustgeschäft dargestellt hätte, wird er durch die Kündigung bessergestellt. Er behält nämlich seinen Vergütungsanspruch für den erbrachten Leistungsteil vollständig. Lediglich für den nicht erbrachten Leistungsteil erhält er keine zusätzliche Vergütung, weil der darauf entfallende Vergütungsanspruch durch die anzurechnenden ersparten Aufwendungen aufgezehrt wird. Bei vollständiger Vertragsdurchführung hingegen hätte sich der mit Verlust kalkulierte, nunmehr infolge der Kündigung entfallene Leistungsteil aus Sicht des Unternehmers insgesamt negativ auf den Vergütungsanspruch ausgewirkt.[415]

Ferner verliert der Unternehmer infolge der Kündigung nach der Rechtsprechung allenfalls die vereinbarte Vergütung; keinesfalls steht dem Besteller darüber hinaus ein Erstattungsanspruch zu.[416] Zu diesem Vorteil heißt es, dieser sei der einzige vom Gesetz vorgesehene.[417] Die Gültigkeit des Prinzips der Nachteilswahrung bleibe dadurch unberührt.[418] Ein weiterer Vorteil für den Unternehmer besteht darin, dass sein Anspruch früher fällig wird als bei der vollständigen Vertragsdurchführung.[419] Eine Abzinsung erfolgt nach der gängigen Praxis nicht.[420] Auch hierzu heißt es unter Berufung auf die Motive,[421] der Vorteil entspreche dem Willen des Gesetzgebers.[422]

Diese faktischen Vorteile des Unternehmers infolge der Kündigung nimmt *Markus* zum Anlass, das Prinzip der Nachteilswahrung insgesamt in Frage zu stellen. Auch *Kapellmann* möchte dem Unternehmer jedenfalls insoweit Vorteile zuerkennen, als er sich zur Berechnung der ersparten Kosten stets auf seine Kalkulation berufen können soll und – entgegen der Rechtsprechung des Bundesgerichtshofs[423] – nicht stets nach den tatsächlichen Kosten abrechnen

---

in: FS Thode, 65 (66 f.). Für eine Anrechnung der ersparten Aufwendungen auf den gesamten Vergütungsanspruch hingegen *Lichtenberg*, BauR 2014, 615 (620); *Gelder*, NJW 1975, 189 (191 f.). Hierzu näher unter Teil 1, C.III.3.

415 *Markus*, NZBau 2005, 417 (420); *Kenter*, Vergütungsanspruch, S. 47 f.

416 Siehe etwa *Oberhauser*, in: Messerschmidt/Voit, § 648 BGB Rn. 44; *Markus*, NZBau 2005, 417 (421); *Drittler*, BauR 2006, 1215 (1217); *Kapellmann*, Jahrbuch Baurecht 1998, 35 (62); *Quack*, in: FS von Craushaar, 309 (313).

417 *Lichtenberg*, BauR 2014, 615 (620).

418 *Lichtenberg*, BauR 2014, 615 (620). Ebenso wohl auch *Drittler*, BauR 2006, 1215 (1217), wonach mit dem Prinzip der Nachteilswahrung an der Stelle gebrochen werde.

419 *Peters*, in: Staudinger, § 648 Rn. 32; *Peters*, JZ 1996, 73 (74).

420 *Kapellmann*, Jahrbuch Baurecht 1998, 35 (60); *Peters*, JZ 1996, 73 (74).

421 Mot. II, 208.

422 *Kapellmann*, Jahrbuch Baurecht 1998, 35 (60).

423 BGH, NJW-RR 1999, 1464 (1465); BGH, NZBau 2005, 683.

müsse.[424] Im Fall von Materialpreissteigerungen trage folglich der Besteller das negative Zufallsrisiko.[425] Dies sei interessengerecht, da der Besteller bereits durch die Möglichkeit der freien Kündigung privilegiert sei.[426]

3. *Stellungnahme*

Nach der unter C.III.1 dargestellten, überwiegend vertretenen Auffassung darf der Unternehmer durch die Kündigung keinen Vorteil erhalten, sondern muss wirtschaftlich so gestellt werden, wie er bei voller Vertragsdurchführung stünde. Rein faktisch ergeben sich aber – wie ebenfalls dargestellt – in einigen Fällen Vorteile für den Unternehmer. Diese faktischen Vorteile werden zum Anlass genommen, die umfassende Geltung des Prinzips der Nachteilswahrung auf den Anspruch auf § 648 S. 2 BGB insgesamt in Zweifel zu ziehen.[427] In jedem Fall zeigen die von *Markus* aufgezeigten faktischen Vorteile des Unternehmers infolge der Kündigung, dass das theoretische Prinzip der Nachteilswahrung sowie die praktische Anwendung der Norm durch die Rechtsprechung und überwiegende Ansicht in der Literatur nicht miteinander in Einklang zu bringen sind. Es ist daher zu untersuchen, ob das Prinzip der Nachteilswahrung dem Anspruch aus § 648 S. 2 BGB nicht oder nicht uneingeschränkt zugrunde liegt oder ob das Prinzip bei der konkreten Anwendung des Gesetzes nicht hinreichend berücksichtigt wird. Daher ist im Wege der Auslegung zu ermitteln, ob und in welchem Umfang dem § 648 S. 2 BGB das Prinzip der Nachteilswahrung zugrunde liegt.

a. *Wortlaut des § 648 S. 2 BGB gibt keinen Aufschluss*

Der Wortlaut des § 648 S. 2 BGB gibt keinen Aufschluss über das Prinzip der Nachteilswahrung. Die Norm sieht lediglich vor, dass der Unternehmer sich auf die vereinbarte Vergütung dasjenige anrechnen lassen muss, was er infolge der Aufhebung des Vertrages an Aufwendungen erspart oder durch anderweitige Verwendung seiner Arbeitskraft erwirbt oder zu erwerben böswillig unterlässt. Welche wirtschaftlichen Auswirkungen für den Unternehmer aus dieser Anrechnungsweise folgen können oder sollen, lässt sich dem Wortlaut der Norm nicht entnehmen.

---

424 *Kapellmann/Schiffers/Markus*, Rn. 1363 f.
425 *Kapellmann/Schiffers/Markus*, Rn. 1364.
426 *Kapellmann/Schiffers/Markus*, Rn. 1364.
427 *Markus*, NZBau 2005, 417 (420).

b. Entstehungsgeschichte/Motive des Gesetzgebers

Auch die Motive helfen bei der Beantwortung der Frage nicht weiter. Gegenstand der Diskussionen bei der Einführung des BGB war vielmehr die Schaffung des freien Kündigungsrechtes selbst. Dieses wurde im Ergebnis auch damit gerechtfertigt, dass der Unternehmer infolge der Kündigung schadlos gestellt werde, also keine Nachteile erleide.[428] Ob der Unternehmer infolge der Kündigung hingegen im Einzelfall auch Vorteile davontragen darf, wurde in der Gesetzesbegründung nicht thematisiert.

c. Vorteile für Unternehmer nicht als Kompensation für freies Kündigungsrecht

Da weder der Wortlaut noch die Motive des Gesetzgebers Aufschluss über das Prinzip der Nachteilswahrung geben, kommt es entscheidend auf teleologische Erwägungen an.[429] Laut *Markus* spreche nichts dagegen, dass der Unternehmer infolge der Kündigung des Bestellers auch Vorteile davontrage. Da das Gesetz dem Besteller die freie Loslösung vom Vertrag ermögliche, könne der Unternehmer durchaus auch Vorteile davontragen, soweit dies den Besteller nicht benachteilige.[430] Diesem Gedanken ist zuzustimmen, soweit sich etwaige Vorteile des Unternehmers infolge der Kündigung für den Besteller wirtschaftlich nicht auswirken.

Abzulehnen wäre hingegen der Gedanke, dem Unternehmer dürfe zu Lasten des Bestellers ein Vorteil als Kompensation für die freie Kündigungsmöglichkeit des Bestellers zustehen.[431] Als einzige Kompensation sieht das Gesetz den Anspruch nach § 648 S. 2 BGB vor. Wie sich aus der Gesetzesbegründung ergibt, soll der Unternehmer auch lediglich schadlos gehalten werden.[432] Eine weitergehende Kompensation des Unternehmers für das einseitige Kündigungsrecht des Bestellers hat der Gesetzgeber bewusst nicht vorgesehen. Dementsprechend findet eine solche Kompensation auch keinen Anklang im Gesetzeswortlaut. Vielmehr trägt die Anrechnung gemäß § 648

---

428 Mot. II, 502 f.

429 Systematische Erwägungen helfen angesichts der Singularität der Regelung ebenfalls nicht weiter.

430 *Markus*, NZBau 2005, 417 (420).

431 *Markus*, NZBau 2005, 417 (420) vertritt dies nicht explizit und spricht auch nicht von „Kompensation". Gleichwohl klingt der Gedanke an, den Unternehmer auch auf Kosten des Bestellers von der Kündigung profitieren zu lassen.

432 Mot. II, 503.

S. 2 BGB auch dem Verbot der Überkompensation Rechnung. Eine intendierte Besserstellung des Unternehmers infolge der Kündigung wäre damit nicht zu vereinbaren.[433]

d. Vorteile für den Unternehmer gleichwohl im Einklang mit dem Zweck der Norm

Gleichwohl sind auch die im Einzelfall bestehenden Vorteile für den Unternehmer infolge der Kündigung vom Zweck der Norm gedeckt. Wie die nachfolgenden Ausführungen zeigen werden, ergeben sich Unterschiede bei der Handhabung des Prinzips der Vor- und Nachteilswahrung in Fällen, in denen im Zeitpunkt der Kündigung bereits Leistungen erbracht wurden. Die Handhabung des § 648 S. 2 BGB sowie die gängige Definition der Vor- und Nachteilswahrung sind nicht vollständig miteinander kompatibel. Dieser Widerspruch muss aufgelöst werden.

aa. Äquivalenzverhältnis des gesamten Vertrages maßgeblich?

Die oben bereits dargestellten Definitionen[434] beurteilen das Vorliegen von Vor- und Nachteilen, indem sie die wirtschaftliche Bedeutung des gesamten Vertrages im Zeitpunkt des Vertragsschlusses als Vergleichsmaßstab heranziehen.[435] Die wirtschaftliche Bedeutung des Vertrages beim Vertragsschluss solle für den Unternehmer auch nach der Kündigung erhalten bleiben.[436] Dem liegt die Vorstellung zugrunde, § 648 S. 2 BGB schütze allein die wirtschaftlichen Erwartungen des Unternehmers im Zeitpunkt des Vertragsabschlusses. Wenn der Unternehmer im Zeitpunkt des Vertragsschlusses einen Verlust oder ein Nullsummenspiel erwarte, bestehe auch keinerlei schützenswerte Gewinnerwartung.[437]

bb. Äquivalenzverhältnis nur im Hinblick auf den gekündigten Vertragsteil maßgeblich?

Praktisch haben sich die Rechtsprechung und die überwiegenden Stimmen in der Literatur bei der Handhabung der Norm teilweise von diesem Verständnis gelöst, dabei jedoch begrifflich vollumfänglich an dem Prinzip der

---

433 *Klein*, BauR 2016, 12 (15).
434 Siehe hierzu Teil 1, C.I.1.
435 Vgl. *Gelder*, NJW 1975, 189 (191).
436 *Gelder*, NJW 1975, 189 (191).
437 Hierzu ausführlich *Gelder*, NJW 1975, 189; *Lichtenberg*, BauR 2014, 615.

Vor- und Nachteilswahrung sowie den etablierten Definitionen festgehalten. Tatsächlich zeigt sich aber, dass das Prinzip der Vor- und Nachteilswahrung in einem anderen Sinne verstanden wird. Vergleichsmaßstab für die Beurteilung von Vor- und Nachteilen ist danach nicht die wirtschaftliche Bedeutung des Vertrages im Zeitpunkt des Vertragsschlusses, sondern vielmehr die wirtschaftliche Bedeutung des noch ausstehenden „Restvertrages" im Zeitpunkt der Kündigung. Die Auswirkungen dieses Verständnisses zeigen sich bei der Kündigung eines bereits teilweise durchgeführten Werkvertrages. So wird überwiegend davon ausgegangen, dass eine Anrechnung der ersparten Aufwendungen nur auf die Vergütung für die nicht erbrachte Leistung erfolgt; die Vergütung für die bereits erbrachte Leistung bleibt unberührt.[438] Im Falle einer unterdeckt kalkulierten Vergütung für den gekündigten Leistungsteil würde der Unternehmer dann von der Kündigung profitieren.

cc. *Kritik: Nur Anrechnung auf die gesamte Vergütung trägt dem Prinzip der Vor- und Nachteilswahrung Rechnung*

Diese Handhabung des § 648 S. 2 BGB wird in der Literatur teilweise kritisiert. So wird dafür plädiert, die ersparten Aufwendungen auf die gesamte Vergütung, also auch die Vergütung für die bereits erbrachten Leistungen, anzurechnen.[439] Eine solche Vorgehensweise wäre die einzig konsequente Lösung, wenn man das Prinzip der Vor- und Nachteilswahrung in der Weise verstehen möchte, dass es allein die wirtschaftlichen Erwartungen des Unternehmers im Zeitpunkt des Vertragsschlusses schützt. Dann wäre der Unternehmer im Falle eines mit Verlust kalkulierten Geschäfts nicht schutzwürdig und dann wäre auch nicht einzusehen, wieso die ersparten Aufwendungen nicht auch von der Vergütung für die bereits erbrachte Leistung abgezogen werden sollen.[440]

---

438 BGH, NJW-RR 1988, 208 (210); BGH, NJW-RR 1988, 1295 (1296); BGH, NJW 1996, 3270 (3271); OLG Stuttgart, BeckRS 2018, 53017; *Joussen*, in: Ingenstau/Korbion, § 8 Abs. 1 VOB/B Rn. 102; *Vogel*, in: Nicklisch/Weick/Jansen/Seibel, VOB/B, § 8 VOB/B Rn. 65, Fn. 228; *Küpper*, in: Baumgärtel/Laumen/Prütting, § 648 Rn. 14; *Schmitz*, in: ibrOK Bauvertragsrecht, § 648 Rn. 45; *Lührmann/Raab*, in: Dauner-Lieb/Langen, § 648 Rn. 14.

439 *Lichtenberg*, BauR 2014, 615 (620); *Kiedrowski*, in: BeckOK Bauvertragsrecht, § 648 Rn. 173; *Gelder*, NJW 1975, 189.

440 Hierzu ausführlich mit konkreten Beispielen *Gelder*, NJW 1975, 189; *Lichtenberg*, BauR 2014, 615.

dd. Modifizierte Rechtsprechung im Fall von Verlustgeschäften?

Kenter schließt sich der Kritik an der Rechtsprechung an, unterstellt aber, der BGH würde seine Rechtsprechung im Falle von Verlustgeschäften wohl modifizieren und die ersparten Aufwendungen auch auf die Vergütung für die erbrachten Leistungen anrechnen.[441] Diese Vermutung dürfte jedoch unzutreffend sein, was sich bei einem näheren Blick auf die Urteile des Bundesgerichtshofs sowie der Obergerichte zeigt.

(1) BGH lässt Vortrag zu erbrachten Leistungen genügen

So hat der BGH in einem Urteil aus dem Jahr 1987 dem Unternehmer infolge einer freien Kündigung des Bestellers einen Anspruch auf Vergütung für die erbrachten Leistungen zugesprochen. Ausführungen des Unternehmers zu nicht erbrachten Leistungen hielt der BGH dabei für entbehrlich.[442] Wenn der BGH – wie *Kenter* annimmt – erwogen hätte, im Falle einer etwaig unterdeckten Kalkulation des gekündigten Vertragsteils die dadurch ersparten Aufwendungen auch von dem Anspruch für die erbrachten Leistungen abzuziehen, hätte er weitere Ausführungen zu der entsprechenden Kalkulation des Unternehmers fordern müssen. Konsequenterweise müsste der Unternehmer dann in jedem Fall – auch wenn er nur die Vergütung für die bereits erbrachten Leistungen geltend macht – zu den ersparten Aufwendungen für den gesamten Vertrag vortragen. Gerade dies fordert der BGH jedoch nicht.

(2) Gesamtbetrachtung aller Leistungspositionen, um kalkulatorische Verschiebungen zulasten des Bestellers zu verhindern

Soweit der BGH[443] sowie auch das OLG Düsseldorf[444] sich in weiteren Urteilen auf *van Gelder* beziehen, ist damit keine Abkehr von der Linie verbunden, ersparte Aufwendungen nur von der Vergütung für die erbrachten Leistungen abzuziehen. Vielmehr folgen die Gerichte *van Gelder* insoweit, als sie eine Gesamtbetrachtung aller Leistungspositionen vornehmen. Die ersparten Aufwendungen sind demnach nicht nur von den jeweils betroffenen einzelnen Leistungspositionen abzuziehen, sondern von der insgesamt ermittelten Vergütung auf Basis aller Leistungspositionen. Zur Anrechnung der ersparten Aufwendungen auf

441 *Kenter*, Vergütungsanspruch, S. 48 f.
442 BGH, NJW-RR 1988, 208 (210).
443 BGHZ 163, 362 = NJW 1996, 3270 (3272); vgl. auch BGH, NJW 2018, 2039 (2040 Rn. 20).
444 OLG Düsseldorf, BauR 2005, 719 Rn. 56.

die Vergütung für die bereits erbrachte Leistung mussten die Gerichte in den betreffenden Fällen keine Ausführungen machen, da die Verträge jeweils vor der Ausführung von Leistungen gekündigt wurden.

Auch der Rechtsprechung des OLG Hamm lässt sich keine abweichende Auslegung entnehmen, wenngleich die Ausführungen in einem Urteil aus dem Jahr 2008 durchaus missverständlich sind. In diesem Urteil führte das OLG aus, der Umfang der erbrachten und deshalb abrechnungsfähigen Leistungen könne dahinstehen, da daraus entstandene Vergütungsansprüche in jedem Fall durch die Ersparnis bei anderen Leistungspositionen des insgesamt nicht auskömmlich kalkulierten Vertrages mehr als aufgezehrt würden.[445] Diese Formulierung legt nahe, dass das OLG die ersparten Aufwendungen auch von der Vergütung für den bereits erbrachten Teil der Leistungen abziehen möchte. Die Besonderheit des Falles wird teilweise darin erblickt, dass der Unternehmer nicht nur seine Vergütung, sondern vielmehr entgangenen Gewinn geltend gemacht habe.[446] Entscheidend dürfte sein, dass der Unternehmer in dem zugrundeliegenden Fall noch keine vertraglichen Leistungen erbracht hatte. Es handelte sich bei den „erbrachten Leistungen" vielmehr um Vorleistungen für noch zu erbringende vertragliche Leistungen, die der Unternehmer unter dem Gesichtspunkt ersetzt verlangt hat, dass diese nicht erspart seien.[447] Das OLG Hamm hat im Ergebnis lediglich eine Gesamtbetrachtung aller Leistungspositionen vorgenommen. Da die ersparten Aufwendungen aufgrund einer Fehlkalkulation die Vergütung insgesamt überstiegen, wurde die Vergütung für die insgesamt nicht erbrachte vertragliche Leistung konsequenterweise auf null reduziert.[448]

(3) Verlustgeschäft schließt Anspruch aus § 648 S. 2 BGB nicht per se aus

In diesem Zusammenhang sei ferner darauf hingewiesen, dass die Klassifizierung eines Geschäftes als Verlustgeschäft einem Anspruch des Unternehmers nicht per se entgegensteht. Soweit dem Unternehmer ein Anspruch aus § 648 S. 2 BGB allein mit der Begründung versagt wird, es handle sich um ein Verlustgeschäft,[449] ist dies zumindest unpräzise, teilweise auch unzutreffend. Richtigerweise kommt es nämlich auch für das Bestehen eines Anspruchs auf Vergütung

---

445 OLG Hamm, BauR 2011, 693 (696).

446 *Kniffka*, in: Kniffka/Koeble, Teil 8, Rn. 55.

447 Vgl. auch *Thierau*, IBR 2010, 610.

448 OLG Hamm, BauR 2011, 693 (696). Vgl. auch *Jansen*, BauR 2011, 371 (377).

449 Vgl. etwa *Kenter*, Vergütungsanspruch, S. 49; *Brüninghaus*, in: BeckOK VOB/B, § 8 Abs. 1 Rn. 50.

für die nicht erbrachte Leistung gemäß § 648 S. 2 BGB allein darauf an, ob die Abzugspositionen (ersparte Aufwendungen und anderweitiger Erwerb) geringer sind als der vereinbarte Vergütungsanspruch.[450] Die Richtigkeit dieses Ergebnisses lässt sich an folgendem Beispiel[451] verdeutlichen: Ein Unternehmer hat sich zur Erbringung einer Werkleistung verpflichtet; als Vergütung wurde ein Betrag in Höhe von 1,0 Mio. € vereinbart. Tatsächlich müsste der Unternehmer aber Aufwendungen in Höhe von 1,2 Mio. € zur Erstellung des Werkes tätigen. Der Vertrag ist also aus Sicht des Unternehmers ein Verlustgeschäft, wobei er bei voller Vertragsdurchführung einen Verlust von 200.000 € realisieren würde. Nun kündigt der Besteller den Vertrag zu einem Zeitpunkt, zu dem der Unternehmer noch keine vertragliche Leistung erbracht, jedoch bereits vergebliche Aufwendungen in Höhe von 400.000 € getätigt hat. Die übrigen Aufwendungen in Höhe von 800.000 € sind hingegen erspart. Selbstverständlich steht dem Unternehmer nun ein Anspruch in Höhe von 200.000 € gemäß § 648 S. 2 BGB gegen den Besteller zu (1,0 Mio. € vereinbarte Vergütung abzüglich 800.000 € ersparte Aufwendungen). Wirtschaftlich ergibt sich auch in diesem Fall ein Verlust von 200.000 € für den Unternehmer. Dem Unternehmer einen Vergütungsanspruch allein mit der Begründung zu versagen, es handle sich um ein Verlustgeschäft, würde zu kurz greifen. Dann hätte dieser nämlich einen Verlust in Höhe von 400.000 € aufgrund der bereits getätigten Aufwendungen realisiert und stünde schlechter da als im Fall der Durchführung des Vertrages. Irreführend ist folglich auch die Formulierung, mit dem Anspruch aus § 648 S. 2 BGB könne der Unternehmer seinen entgangenen Gewinn geltend machen.[452] Die Restvergütung kann vielmehr nicht mit entgangenem Gewinn gleichgesetzt werden.[453]

(4) Zwischenergebnis: Rechtsprechung beschränkt Anrechnung auf die Vergütung für nicht erbrachte Leistungen

Es zeigt sich, dass die Rechtsprechung die ersparten Aufwendungen und den anderweitigen Erwerb nur auf die Vergütung für die nicht erbrachten Leistungen anrechnet. Die Vergütung für die bereits erbrachten Leistungen bleibt

---

450 OLG Hamm, 24 U 195/01 Rn. 45 – zitiert nach juris; OLG Hamburg, BeckRS 2019, 56921 Rn. 114.

451 Das Beispiel ist angelehnt an *Markus*, NZBau 2005, 417 (422). Siehe hierzu auch sogleich unter Teil 1, C.III.3.d.ee(2).

452 *Rohland/Wawra*, NJW-Spezial 2021, 684.

453 *Rohland/Wawra*, NJW-Spezial 2021, 684.

unberührt. Dies gilt unabhängig davon, ob das Geschäft für den Besteller ganz oder teilweise ein Verlustgeschäft darstellt.

ee. Rechtsprechungspraxis ist dogmatisch und wertungsmäßig vorzugswürdig

Die Rechtsprechungspraxis verdient im Ergebnis Zustimmung. Die besseren Gründe sprechen dafür, die ersparten Aufwendungen nur von der Vergütung für die nicht erbrachten Leistungen abzuziehen.

(1) Dogmatische Gründe sprechen gegen eine Anrechnung

Zunächst sprechen dogmatische Gründe gegen eine Anrechnung der ersparten Aufwendungen auf den Vergütungsanspruch aus § 631 BGB. Wie oben bereits ausgeführt, bestehen zwei Vergütungsansprüche des Unternehmers, wenn bereits ein Teil der geschuldeten Leistungen erbracht wurde. Der Anspruch für die erbrachten Leistungen ergibt sich aus § 631 BGB und ist ein Vergütungsanspruch als Gegenleistung für die erbrachten Leistungen; der Anspruch auf Vergütung für die nicht erbrachten Leistungen ergibt sich aus § 648 S. 2 BGB und hat Entschädigungscharakter.[454] Dementsprechend ist der Anspruch aus § 631 BGB vollständig isoliert zu betrachten, zumal der Anspruch für die erbrachten Leistungen auch ohne weiteres abgegrenzt und isoliert berechnet werden kann. Mit dieser isolierten Betrachtung wäre es nicht vereinbar, wenn der Anspruch aus § 631 BGB durch Anrechnungspositionen reduziert werden könnte, die die Norm selbst nicht, wohl aber der § 648 S. 2 BGB vorsieht.

(2) Interessenserwägungen sprechen gegen eine Anrechnung

Auch wertungsmäßig ist es vorzugswürdig, die Vergütung für die bereits erbrachten Leistungen unangetastet zu lassen. Würde man die ersparten Aufwendungen auch von der Vergütung für den bereits erbrachten Teil der Leistungen abziehen, so könnte dies zur Gleichbehandlung zweier Konstellationen führen, die materiell ungleich sind. So könnte ein Unternehmer, der bereits einen Teil der Leistung erbracht hat, ebenso ohne Vergütung dastehen wie ein Unternehmer, der aufgrund einer sofortigen freien Kündigung durch den Besteller noch überhaupt keine Leistungen erbracht hat.[455] Dieses Ergebnis ist unbillig. Indem die ersparten Aufwendungen nur von der Vergütung für die nicht erbrachten Leistungen

---

454 Hierzu unter Teil 1, B.II.

455 *Markus*, NZBau 2005, 417 (422).

abgezogen werden, erfolgt eine sachgerechte Differenzierung danach, ob der Unternehmer bereits Leistungen erbracht hat oder nicht.[456]

Auch der Vergleich mit der Abrechnung infolge einer Kündigung des Vertrags aus wichtigem Grund durch den Besteller stützt dieses Ergebnis. Kündigt eine Partei den Vertrag aus wichtigem Grund, so steht dem Unternehmer ein Anspruch für seine erbrachten Leistungen zu. Dies entsprach bereits vor der Regelung des Bauvertragsrechts im BGB der ständigen Rechtsprechung[457] und ist nunmehr auch ausdrücklich in § 648a Abs. 5 BGB normiert. Gleichwohl ist auch die Regelung in § 648a Abs. 5 BGB rein deklaratorisch,[458] da der Anspruch auf Vergütung für die bereits erbrachten Leistungen sich schon aus § 631 Abs. 1 BGB ergibt.[459] Eine Rechtsgrundlage für eine wie auch immer ausgestaltete Anrechnung von ersparten Aufwendungen auf den Vergütungsanspruch besteht im Fall der Kündigung aus wichtigem Grund nicht. Würde man im Falle der freien Kündigung die ersparten Aufwendungen auch auf den Anspruch für den bereits erbrachten Teil der Leistung anrechnen, so würde der Unternehmer, der sich vertragskonform verhalten hat, schlechter gestellt als der Unternehmer, der einen Anlass zur Kündigung des Vertrages aus wichtigem Grund gesetzt hat. Dies würde einen eklatanten Wertungswiderspruch darstellen.

Eine Anrechnung der ersparten Aufwendungen auch auf den Anspruch für den bereits erbrachten Teil der Leistung wäre ferner auch missbrauchsanfällig. Nicht selten weiß der Besteller von der Verlustkalkulation des Unternehmers oder ahnt dies zumindest.[460] Der Besteller könnte den Unternehmer dann zunächst einen Teil des Werkes ausführen lassen und den Vertrag dann kündigen. Dem Vergütungsanspruch des Unternehmers für den erbrachten Teil der Leistung könnte er dann die den Vergütungsanspruch für den nicht erbrachten

---

456 So auch *Markus*, NZBau 2005, 417 (422).

457 BGH, NJW 1975, 825 (826); BGH, NJW-RR 1990, 1109 (1110); BGH, NJW 1993, 1972; OLG Hamm, NJW-RR 1986, 1150; OLG Düsseldorf, BauR 1988, 237.

458 *Sienz,* in: BeckOK Bauvertragsrecht, § 648a BGB Rn. 42.

459 Näher hierzu bereits unter Teil 1, B.II.3.a.

460 Teilweise legen Unternehmer in der Praxis offen, dass die Durchführung des Vertrages für sie mit Verlusten verbunden ist. Dies kann etwa bei Modellprojekten/Prototypen der Fall sein. Aufgrund der erheblichen Materialpreissteigerungen in den vergangenen Monaten kommt es aktuell (in den Jahren 2020 bis 2022) auch häufiger vor, dass sich die Durchführung von größeren/langfristigen Aufträgen, die mit deutlich geringeren Einkaufspreisen kalkuliert wurden, im Nachhinein als unwirtschaftlich darstellt. Dies ist regelmäßig auch den Bestellern bekannt oder wird sogar offensiv von den Unternehmern vorgebracht, um eine Erhöhung des Vergütungsanspruchs zu erreichen.

Teil der Leistung übersteigenden ersparten Aufwendungen entgegen halten. Auf diese Weise wäre die freie Kündigung des Vertrages für den Besteller nahezu risikolos und böte ihm vielmehr die Chance, einen Teil der Leistung des Unternehmers ohne eigene Gegenleistung zu erhalten.

Darüber hinaus führt die Anwendung des § 648 BGB durch die Rechtsprechung auch im Einzelfall zu gerechten Ergebnissen. Bei einem Pauschalpreisvertrag ist die Vergütung für den erbrachten Teil der Leistungen dadurch zu ermitteln, dass der Wert der erbrachten Leistung ins Verhältnis zum Wert der gesamten vertraglich geschuldeten Leistung gesetzt wird.[461] Der Unternehmer erhält für die erbrachte Leistung genau den Anteil der Vergütung, der dem Anteil der erbrachten Leistung entspricht. Dadurch wirkt sich die Kalkulation des Unternehmers auch auf die Vergütung für die bereits erbrachten Leistungen aus. Bei der Ermittlung des Wertes der gesamten vertraglich geschuldeten Leistung sind nämlich auch solche Leistungspositionen zu berücksichtigen, die der Unternehmer in seiner Kalkulation vergessen oder unterdeckt kalkuliert hat. Da sich so der Wert des Gesamtwerkes erhöht, verringert sich die anteilige Vergütung für den erbrachten Teil der Leistung. Auf diese Weise werden auch Verlustgeschäfte des Unternehmers sachgerecht behandelt. Dies soll anhand des folgenden, von *Markus*[462] entwickelten – hier simplifizierten – Beispiels verdeutlicht werden: Ein Unternehmer hat sich zur Herstellung eines Werkes zu einem Werklohn von 1,0 Mio. € verpflichtet. Das fertiggestellte Werk hätte jedoch einen Wert von 1,2 Mio. €, der auch den erforderlichen Aufwendungen des Unternehmers entspricht. Wenn der Vertrag nun gekündigt wird, nachdem der Unternehmer 10% seiner Leistung erbracht hat, entspricht der objektive Wert der Teilleistung 120.000 €. Auch die getätigten Aufwendungen des Unternehmers betragen 120.000 €. Gleichwohl steht dem Unternehmer aber nur eine Vergütung in Höhe von 100.000 € zu. Auf diese Weise wirkt sich die Unterkalkulation des Unternehmers auch unmittelbar auf seinen Anspruch auf Vergütung für die erbrachte Leistung aus. Darüberhinausgehende Abzüge von der Vergütung aufgrund von ersparten Aufwendungen bei dem nicht erbrachten Teil der Leistung wären hingegen nicht sachgerecht. Der anteilige Verlust des Unternehmers hat sich bei der bereits erbrachten Leistung schon dadurch realisiert, dass seine Aufwendungen höher waren als die erhaltene Teilvergütung. Auf diese Weise

---

461 BGH, NJW 1995, 2712 (2713).

462 *Markus*, NZBau 2005, 417 (422). Ähnlich auch *Seewald*, in: Motzke/Bauer/Seewald, § 5 A Rn. 623.

wird die Vergütung des Unternehmers auch von den Gerichten ermittelt.[463] So verstanden wahrt das Prinzip der Vor- und Nachteilswahrung in diesen Fällen, in denen der Unternehmer mit Verlust kalkuliert hat, den relativen Verlust des Geschäftes, nicht den absoluten Verlust, der bei Durchführung des gesamten Vertrages entstanden wäre.

Bei einem Einheitspreisvertrag stellen sich diese Fragen nicht in gleicher Weise. Relevant sind sowohl für die erbrachten als auch für die nicht erbrachten Leistungen zunächst die Positionen des Leistungsverzeichnisses.[464] Für die erbrachten Leistungen erhält der Unternehmer nach einer regelmäßig erforderlichen Massenermittlung schlicht die vereinbarte Vergütung. Auch die Vergütung für die nicht erbrachten Leistungen richtet sich im Grundsatz nach den im Leistungsverzeichnis angegebenen Mengen und Massen, die mit dem Einheitspreis multipliziert werden;[465] im Anschluss werden dann die ersparten Aufwendungen abgezogen. Theoretisch denkbar sind gewisse Zufallsergebnisse, wenn etwa der nicht gekündigte Teil des Vertrages auskömmlich kalkuliert war, der gekündigte Teil des Vertrages jedoch nicht. Dann würde der Unternehmer dadurch von der Kündigung profitieren, dass die unterdeckte Kalkulation bei den gekündigten Leistungen sich nicht auf den bereits erbrachten Teil der Leistungen auswirkt. Gleichwohl kann ein solches – eher theoretisches – Ergebnis hingenommen werden. Zum einen hat der Unternehmer keinerlei Einfluss auf den Zeitpunkt und den Umfang der gekündigten Leistung. Zum anderen profitiert der Unternehmer auch dann, wenn der Besteller einen unterdeckten Vertrag noch vor der Ausführung von Arbeiten kündigt.

(3) Zwischenergebnis

Als Zwischenergebnis bleibt festzuhalten, dass die Abrechnung der gekündigten Teilleistung *„in sich geschlossen“*[466] betrachtet werden muss. Hierfür sprechen sowohl dogmatische Erwägungen als auch die Interessenlage der Vertragsparteien.

---

463 Siehe etwa BGH, NJW-RR 2002, 1532; OLG Brandenburg, 4 U 208/98, Rn. 174 – zitiert nach juris.

464 *Kessen*, in: BeckOGK BGB, § 648 Rn. 114, 140.

465 BGHZ 131, 362 = NJW 1996, 1282.

466 So formuliert von *Lichtenberg*, BauR 2014, 615 (618), der inhaltlich jedoch eine abweichende Position vertritt.

e. *Präzisierung der Definition des Prinzips der Vor- und Nachteilswahrung*

Die soeben dargestellte Beschränkung der Anrechnungspositionen auf den nicht erbrachten Teil der Leistung führt dazu, dass der Unternehmer in einigen Fällen Vorteile aus der freien Kündigung zieht und besser dasteht als bei vollständiger Durchführung des Vertrages. Wie ebenfalls dargestellt wurde, ist dies dogmatisch und wertungsmäßig zustimmungswürdig. Die gängigen Definitionen des Prinzips der Vor- und Nachteilswahrung sind mit diesem Ergebnis jedoch nicht kompatibel. Da sich keine Definition aus dem Gesetz selbst ergibt, sondern die verschiedenen Definitionen vielmehr erst in der Rechtsprechung und Literatur entwickelt wurden, können diese ohne weiteres modifiziert werden.

aa. *Bisherige Definitionen sind zu weit*

Die bisherigen Definitionen gehen allesamt davon aus, dass die wirtschaftliche Bedeutung des gesamten Vertrages, das ursprüngliche Äquivalenzverhältnis von Leistung und Gegenleistung, auch nach der Kündigung des Vertrages aufrechterhalten werden solle.[467] Damit wird die Konstellation der unterdeckt kalkulierten Verträge nicht richtig erfasst. Dies zeigt sich in zweierlei Hinsicht. Zum einen profitiert der Unternehmer eines unterdeckt kalkulierten Vertrages bei einer freien Kündigung vor Beginn der Leistungsausführung davon, dass er sich den bei Durchführung des Vertrages entstehenden Verlust vollständig erspart. Wird der unterdeckt kalkulierte Vertrag teilweise gekündigt, so kann der Unternehmer zum anderen davon profitieren, dass er sich nicht nur den Verlust bezüglich des gekündigten Teils erspart, sondern darüber hinaus der Anspruch für seine erbrachten Leistungen durch die Kündigung unberührt bleibt. In beiden Fällen steht der Unternehmer durch die Kündigung besser da als bei vollständiger Durchführung des Vertrages. Für den Regelfall, dass der Unternehmer mit der Durchführung des Werkes einen Gewinn erwirtschaften würde, sind die Definitionen hingegen zutreffend.

---

467 *Leupertz/Halfmeier*, in: Prütting/Wegen/Weinreich, § 648 Rn. 1; *Lührmann/Raab*, in: Dauner-Lieb/Langen, § 648 Rn. 2 f.; *Gelder*, NJW 1975, 189 (190).

bb. Vorschlag einer neuen Definition

Damit die Definition sämtlichen Konstellationen gerecht wird, muss sie im Hinblick auf die geschilderten Ausnahmefälle eingeschränkt werden. Zur Präzisierung wird folgende Definition vorgeschlagen:

„Der Unternehmer darf hinsichtlich des gekündigten Teils des Vertrages nicht besser oder schlechter gestellt werden, als er bei vollständiger Vertragsdurchführung stünde. Unberührt bleiben etwaige Vorteile des Unternehmers, die allein darin bestehen, dass er bei der vorzeitigen Kündigung eines unterdeckt kalkulierten Vertrages oder Vertragsteils keinen darauf bezogenen Verlust realisiert."

Dadurch wird deutlich, dass das Prinzip der Nachteilswahrung einzig für den Anspruch aus § 648 S. 2 BGB gilt, der die Vergütung für die nicht erbrachte Leistung regelt. Die Vergütung für die erbrachte Leistung gemäß § 631 Abs. 1 BGB bleibt unberührt. Ebenfalls wird deutlich, dass aus der Kündigung niemals, auch nicht bei unterdeckt kalkulierten Verträgen, ein Anspruch des Bestellers gegen den Unternehmer resultiert. Im Ergebnis wäre die Anrechnung der bei der entfallenen Leistung ersparten Aufwendungen auf die Vergütung für die erbrachte Leistung nichts anderes als ein Anspruch des Bestellers gegen den Unternehmer aus dem gekündigten Vertragsteil. Einen solchen Anspruch sieht § 648 S. 2 BGB jedoch nicht vor.

cc. Änderung des Wortlauts von § 648 S. 2 BGB?

Präziser wäre überdies auch eine Modifikation des Wortlautes von § 648 S. 2 BGB. Dadurch würde sprachlich klargestellt, dass eine Anrechnung nur auf die Vergütung für den nicht erbrachten Teil der Leistung erfolgt. Eine entsprechende Präzisierung enthält auch schon § 648 S. 3 BGB.[468] Die Regelung des § 648 S. 2 BGB würde dann wie folgt lauten: „Kündigt der Besteller, so ist der Unternehmer berechtigt, die vereinbarte Vergütung zu verlangen; auf die Vergütung, die auf den noch nicht erbrachten Teil der Werkleistung entfällt, muss er sich jedoch dasjenige anrechnen lassen, was er infolge der Aufhebung des Vertrags an Aufwendungen erspart oder durch anderweitige Verwendung seiner Arbeitskraft erwirbt oder zu erwerben böswillig unterlässt." Gleichwohl würde diese Präzisierung die ohnehin bereits sperrige Formulierung des § 648 S. 2 BGB weiter verkomplizieren. Da die wertungsmäßig

468 *Lichtenberg*, BauR 2014, 615 (619 f.). Die von ihm gezogene Schlussfolgerung für die Auslegung des § 648 S. 2 BGB verdient indes keine Zustimmung.

korrekte Handhabung der Norm auch in ihrer aktuellen Formulierung möglich ist, sollte von einer Modifizierung des Wortlauts abgesehen werden.

4. *Zusammenfassung*

Der Vorschrift des § 648 S. 2 BGB liegt das Prinzip der Vor- und Nachteilswahrung zugrunde. Im Grundsatz soll der Unternehmer keine Vorteile durch die Kündigung erhalten. Dies wäre insbesondere nicht mit dem Verbot der Überkompensation vereinbar.[469] Das Prinzip der Nachteilswahrung bezieht sich allein auf den originären Anspruch aus § 648 S. 2 BGB. Der Anspruch aus § 631 Abs. 1 BGB für die bereits erbrachten Leistungen bleibt unberührt. Wird ein mit Verlust kalkulierter Vertrag teilweise gekündigt, realisiert sich durch die Abrechnung nach § 648 S. 2 BGB daher auch nur der relative Verlust des Geschäftes, nicht der absolute Verlust, der bei Durchführung des gesamten Vertrages entstanden wäre.

Gleichwohl bleibt die Vor- und Nachteilswahrung infolge der Kündigung ein angestrebtes Ideal, dessen Realisierung in der Praxis einigen Problemen begegnet, vor allem bei Bauverträgen. Für die Berechnung des Anspruchs ist regelmäßig eine Prognose dahingehend erforderlich, welche Aufwendungen dem Unternehmer bei vollständiger Durchführung des Vertrages entstanden wären.[470] Eine solche Prognose ist naturgemäß mit diversen Unsicherheiten behaftet. So kann etwa im Zeitpunkt der Kündigung schwierig abzuschätzen sein, welche konkreten Massen zur Herstellung des Werkes erforderlich geworden wären. Auch die Ermittlung der Kosten für die ursprünglich geplante, aber infolge der Kündigung unterbliebene Beauftragung von Nachunternehmern birgt Schwierigkeiten. Werden umfangreiche und langfristig zu erbringende Leistungen gekündigt, so wird der errechnete Anspruch aus § 648 S. 2 BGB daher fast zwangsweise zu einer – regelmäßig unerkannten – Abweichung von der wirtschaftlichen Lage führen, die bei vollständiger Vertragsdurchführung bestünde. Vergegenwärtigt man sich diese „Schwäche" des Anspruchs aus § 648 S. 2 BGB, so kann dies bei der konkreten Bestimmung der Anspruchshöhe im Einzelfall berücksichtigt werden.[471]

---

469 Hierzu näher *Klein*, BauR 2016, 12 (15).

470 Vgl. *Voit*, in: BeckOK BGB, § 648 Rn. 10.

471 So kommt unter bestimmten Umständen etwa eine Schätzung des Anspruchs gemäß § 287 Abs. 2 ZPO in Betracht. Siehe hierzu unter Teil 3, B.IV.

IV. Faktische Vor- und Nachteile infolge der Kündigung

Obwohl dem § 648 S. 2 BGB wie dargestellt das Prinzip der Vor- und Nachteilswahrung zugrunde liegt, kommt es in einigen Fällen dazu, dass der Unternehmer Vor- oder Nachteile infolge der freien Kündigung erlangt oder erleidet. Diese Konstellationen sollen nachfolgend untersucht werden. Zu prüfen ist, ob diese Vor- und Nachteile im Einklang mit dem Regelungszweck des § 648 S. 2 BGB stehen. Soweit dies nicht der Fall ist, sollen Lösungsvorschläge entwickelt werden.

1. Besserstellung

a. Überblick

Wie bereits ausgeführt profitiert der Unternehmer teilweise von der freien Kündigung. Dabei werden folgende Vorteile diskutiert:

- Der Unternehmer verliert allenfalls die vereinbarte Vergütung und muss keinesfalls dem Besteller etwas erstatten, wodurch er bei mit Verlust kalkulierten Aufträgen profitiert.[472]
- Die Anrechnung der ersparten Aufwendungen erfolgt nur auf den noch nicht erbrachten Teil der Leistung, wodurch der Unternehmer bei (teilweise) mit Verlust kalkulierten Aufträgen besser steht als bei vollständiger Vertragsdurchführung.[473]
- Der Vergütungsanspruch wird sofort mit der Kündigung fällig und damit früher als bei vollständiger Vertragsdurchführung. Trotz sofortiger Fälligkeit des Vergütungsanspruchs findet keine Abzinsung statt.[474]
- Der Unternehmer verfügt regelmäßig noch über nicht eingebaute Materialien oder Bauteile, die sich noch nicht im Werk/Bauwerk verkörpert haben und damit nicht zu dem erbrachten Teil der Leistung zählen.[475]

---

472 Siehe etwa *Oberhauser,* in: Messerschmidt/Voit, § 648 BGB Rn. 44; *Markus*, NZBau 2005, 417 (421); *Drittler*, BauR 2006, 1215 (1217); *Kapellmann*, Jahrbuch Baurecht 1998, 35 (62); *Quack,* in: FS von Craushaar, 309 (313).

473 Siehe etwa BGH, NJW-RR 1988, 208 (210); BGH, NJW-RR 1988, 1295 (1296); BGH, NJW 1996, 3270 (3271); *Joussen,* in: Ingenstau/Korbion, § 8 Abs. 1 VOB/B Rn. 102; *Vygen/Joussen*, Bauvertragsrecht, Rn. 2840; *Kapellmann/Schiffers/Markus,* Rn. 1362, 1369; *Peters,* in: FS Thode, 65 (66 f.).

474 *Kapellmann*, Jahrbuch Baurecht 1998, 35 (60); *Peters*, JZ 1996, 73 (74).

475 Vgl. *Kessen,* in: BeckOGK BGB, § 648 Rn. 68.

b. *Auch bei Verlustkalkulation kein Anspruch des Bestellers gegen den Unternehmer*

In keinem Fall steht dem Besteller infolge der Kündigung ein Zahlungsanspruch gegen den Unternehmer zu.[476] Dies führt dazu, dass der Unternehmer bei der vollständigen oder teilweisen Kündigung eines unterdeckt kalkulierten Vertrages besser dasteht als bei der vollständigen Durchführung des Vertrages. Dies ist aus den genannten Gründen jedoch ohne weiteres mit dem Prinzip der Vor- und Nachteilswahrung vereinbar.

c. *Sofortige Fälligkeit und Abzinsung*

Die Kündigung des Vertrages führt auch zu einer vorzeitigen Fälligkeit des Vergütungsanspruchs. Zwar setzt die Fälligkeit des Anspruchs auch im Falle der Kündigung eine Abnahme der bereits erbrachten Leistung voraus.[477] Ist diese Abnahme erfolgt, so wird der Anspruch auf die gesamte Vergütung – auch die für den nicht erbrachten Teil der Leistung – fällig.[478] Bei vollständiger Durchführung des Vertrages würde der Vergütungsanspruch gemäß § 641 Abs. 1 S. 1 BGB erst mit der Abnahme der vollständig erbrachten Leistung fällig. Eine Abzinsung der vorzeitig fälligen Vergütung erfolgt nach der gängigen Praxis nicht.[479] Dies birgt – vor allem bei langfristig angelegten Verträgen wie Bauverträgen – gleich zwei Vorteile für den Unternehmer. Zum einen erhält er früher Liquidität als bei der Durchführung des Vertrages.[480] Zum anderen erhält er aufgrund der fehlenden Abzinsung eine effektiv höhere Vergütung. Hierzu heißt es, der sofortige Abrechnungsschluss ergebe sich aus den Motiven, weshalb daraus resultierende Vorteile dem Willen des Gesetzgebers entsprächen.[481] Auch der Wortlaut des

---

476 *Oberhauser*, in: Messerschmidt/Voit, § 648 BGB Rn. 44; *Markus*, NZBau 2005, 417 (421); *Drittler*, BauR 2006, 1215 (1217); *Kapellmann*, Jahrbuch Baurecht 1998, 35 (62); *Quack*, in: FS von Craushaar, 309 (313).

477 BGHZ 153, 244 = NJW 2003, 1450; BGHZ 167, 345 = NJW 2006, 2475 (2476); *Fuchs*, JR 2007, 331 (332); *Lührmann/Raab*, in: Dauner-Lieb/Langen, § 648 Rn. 18; a.A. *Peters*, in: Staudinger, § 648 Rn. 32; *Peters*, JZ 1996, 73 (74).

478 *Kapellmann*, Jahrbuch Baurecht 1998, 35 (60); *Peters*, BauR 2012, 11 (15).

479 *Kapellmann*, Jahrbuch Baurecht 1998, 35 (60); *Peters*, JZ 1996, 73 (74).

480 Wie groß der Vorteil für den Unternehmer ausfällt, hängt indes von unterschiedlichen Faktoren wie dem allgemeinen Zinsniveau oder der Inflationsentwicklung zusammen. Außerdem verringert sich der Vorteil bei Abschlagszahlungen, die vor allem bei umfangreichen Bauverträgen regelmäßig über einen Zahlungsplan vereinbart werden und davon unabhängig auch gemäß § 632a BGB vom Unternehmer verlangt werden können.

481 *Kapellmann*, Jahrbuch Baurecht 1998, 35 (60) unter Berufung auf Mot. II, 208.

§ 648 S. 2 BGB mache deutlich, dass die Vergütung sofort fällig werde. Andere als die in § 648 S. 2 BGB genannten Abzüge seien nicht vorzunehmen, zumal die Regelung vergütungsrechtlich abschließend sei und schadensersatzrechtliche Aspekte keine Rolle spielten.[482]

Dies verdient jedoch nur teilweise Zustimmung. Richtig ist, dass der Anspruch aus § 648 S. 2 BGB nach der Kündigung mit der Abnahme der erbrachten Leistung sofort fällig wird. Dies folgt – worauf zu Recht hingewiesen wird – sowohl aus dem Wortlaut als auch aus der Gesetzesbegründung. Nach dem Sinn und Zweck der Norm muss jedoch eine Abzinsung des Anspruchs erfolgen. Wie oben[483] bereits dargestellt, enthält § 648 S. 2 BGB sehr wohl schadensersatzrechtliche Elemente. So liegt § 648 S. 2 BGB auch das Prinzip der Vorteilsausgleichung zugrunde.[484] Wenngleich der Wortlaut des § 648 S. 2 BGB keine weiteren Anrechnungspositionen vorsieht, sprechen daher teleologische Erwägungen dafür, eine Abzinsung des Anspruchs vorzunehmen. Anderenfalls würde der Unternehmer nicht lediglich schadlos gestellt, sondern einen ungerechtfertigten Vorteil durch die Kündigung davontragen. Größere praktische Konsequenzen hat dies jedoch nur für langfristige Verträge, die in einem früheren Stadium gekündigt werden.

d. Materialien und Bauteile

Ein weiterer Vorteil des Unternehmers kann darin bestehen, dass ihm infolge der Kündigung von Werk- und vor allem Bauverträgen noch werthaltige Materialien und Bauteile verbleiben, die sein Vermögen mehren. So ist der Besteller infolge der Kündigung regelmäßig nur berechtigt und verpflichtet, das bereits erstellte Teilwerk abzunehmen und zu behalten.[485] Nicht verbaute Baustoffe und Bauteile verbleiben hingegen grundsätzlich beim Unternehmer.[486] Für die bereits beschafften oder hergestellten Baustoffe und Bauteile hat der Unternehmer in aller Regel bereits Aufwendungen getätigt. Erspart sind diese Aufwendungen nur dann, wenn der Unternehmer die Baustoffe oder Bauteile ohne weiteres

---

482 *Kapellmann*, Jahrbuch Baurecht 1998, 35 (60).

483 Teil 1, B.II.3.c.

484 BGHZ 60, 353 = NJW 1973, 1190 (1191); bestätigt u.a. in BGH, NJW 1985, 633 sowie jüngst in BGH, NJW 2018, 2039 (2040). Siehe auch unter Teil 1, B.II.3.c.aa.

485 *Kessen*, in: BeckOGK BGB, § 648 Rn. 67.

486 *Kessen*, in: BeckOGK BGB, § 648 Rn. 68.

anderweitig verwerten kann.[487] Dies mag etwa auf standardisierte Bauteile oder Rohstoffe wie Zement oder Sand zutreffen, die der Unternehmer auch bei anderen Bauvorhaben benötigt. Hat der Unternehmer Materialien oder Bauteile bereits nach der Kündigung veräußert, so erfolgt eine Anrechnung als ersparte Aufwendungen gemäß § 648 S. 2 BGB.[488]

Kann der Unternehmer bereits beschafftes Material hingegen nicht in absehbarer, zumutbarer Zeit verwenden, muss der Besteller ihm die Anschaffungskosten ersetzen, weil der Unternehmer die entsprechenden Aufwendungen nicht erspart hat. So kann der Unternehmer etwa besonders spezifizierte Bauteile meist nicht ohne weiteres zur Herstellung anderer Werke verwenden. Im Gegenzug zu der weiterhin bestehenden Zahlungspflicht des Bestellers steht ihm in diesen Fällen ein Anspruch auf Übereignung des Materials/der Bauteile zu.[489] Auf diese Weise wird sichergestellt, dass der Unternehmer infolge der Kündigung keine Vorteile zulasten des Bestellers zieht.

2. *Schlechterstellung*

a. *Überblick*

Teilweise entstehen dem Unternehmer infolge der freien Kündigung auch Nachteile, die nicht unmittelbar durch den Vergütungsanspruch aus § 648 S. 2 BGB kompensiert werden. Diskutiert werden etwa folgende Nachteile:

- Dem Unternehmer können Kosten für den Abtransport von infolge der Kündigung nicht mehr benötigten Materialien/Bauteilen entstehen.[490]
- Dem Unternehmer können besondere Lagerungskosten dadurch entstehen, dass er Materialien/Bauteile nicht mehr auf der Baustelle lagern kann und nun anderweitig lagern muss.[491]

---

487 BGHZ 131, 362 = NJW 1996, 1282 (1283); OLG Hamm, NJW-RR 1988, 1296 (1297); *Kessen,* in: BeckOGK BGB, § 648 Rn. 154; *Busche,* in: MüKo BGB, § 648 Rn. 27; *Kiedrowski,* in: BeckOK Bauvertragsrecht, § 648 Rn. 139, 182.

488 So BGH, NJW 1969, 237 in Bezug auf ein anderweitig veräußertes Teilwerk. Ebenso *Busche,* in: MüKo BGB, § 648 Rn. 29 m.w.N.

489 *Lederer,* in: Kapellmann/Messerschmidt, § 8 Abs. 1 VOB/B Rn. 49; OLG Frankfurt, NJW-RR 1987, 979 (980); OLG Hamm, NJW-RR 1988, 1296 (1297). Soweit es jeweils heißt, der Besteller könne die „*Herausgabe*" der Materialien verlangen, ist dies nicht ganz präzise.

490 *Kenter,* Vergütungsanspruch, S. 25.

491 *Kenter,* Vergütungsanspruch, S. 25.

- Die vorzeitige Rückführung von vor Ort für das Projekt angesiedelten Arbeitskräften kann besondere Kosten verursachen.[492]
- Vor allem bei einem gekündigten Pauschalpreisvertrag können dem Unternehmer Abrechnungskosten entstehen, die bei vollständiger Durchführung des Vertrages nicht entstanden wären, etwa Kosten für ein erst durch die Kündigung erforderlich gewordenes Aufmaß oder eine erstmals erforderliche nachträgliche Kalkulation.[493]
- Die Geltendmachung und Durchsetzung des Anspruchs aus § 648 S. 2 BGB wirft regelmäßig Rechtsfragen auf, die die Einschaltung eines Rechtsanwaltes erforderlich machen können.[494]
- Dem Unternehmer können Kosten für die Akquisition von Ersatzaufträgen infolge der Kündigung entstehen. Diese finden nur dann Berücksichtigung bei der Anrechnung des anderweitigen Erwerbs, wenn die Akquisition erfolgreich ist. Bleiben die Akquisitionsbemühungen hingegen ohne Erfolg, so werden die dafür entstandenen Kosten nicht ohne weiteres berücksichtigt.[495]

b. Allgemeine Lösungsmöglichkeiten

Es werden verschiedene Ansätze vertreten, ob – und wenn ja wie – zusätzliche Aufwendungen infolge der Kündigung zugunsten des Unternehmers berücksichtigt werden sollen.

aa. Keine Ersatzfähigkeit mangels materiell-rechtlicher Anspruchsgrundlage

Teilweise wird die Schlechterstellung des Unternehmers als Missstand anerkannt, die Ersatzfähigkeit jedoch abgelehnt, da mangels Pflichtverletzung des kündigenden Bestellers keine materiell-rechtliche Anspruchsgrundlage für eine Erstattung vorliege.[496]

bb. Schlichte Erhöhung des Vergütungsanspruchs

Peters schlägt vor, solche zusätzlichen Aufwendungen dem Vergütungsanspruch schlicht hinzuzusetzen, d.h. den Anspruch um die entsprechenden

---

492 *Kenter*, Vergütungsanspruch, S. 25.

493 *Peters*, in: Staudinger, § 648 Rn. 7; *Kenter*, Vergütungsanspruch, S. 25 f.; *Dölle*, in: FS Werner, 169 (170-172); OLG München, NJOZ 2014, 1857.

494 *Kenter*, Vergütungsanspruch, S. 26.

495 *Kenter*, Vergütungsanspruch, S. 26 f.

496 *Seewald*, in: Motzke/Bauer/Seewald, § 5 A Rn. 629.

Aufwendungen zu erhöhen.[497] Dieser Ansatz ist zu pauschal; er ermöglicht keine Differenzierung nach einzelnen Aufwendungen. Auch bleibt unklar, wie *Peters* den entsprechenden Anspruch des Unternehmers dogmatisch begründen möchte. *Dölle* möchte alle preisbildenden Faktoren, mithin auch zusätzliche Aufwendungen bei der Ermittlung der *„vereinbarten Vergütung"* berücksichtigen.[498] Zur Ermittlung der vereinbarten Vergütung müsse auf alle vertraglichen Grundlagen zurückgegriffen werden, die kalkulatorisch zum Vertragspreis beigetragen haben.[499] Praktisch dürften die Parteien sich über die entsprechenden Kosten jedoch kaum je Gedanken gemacht haben. Folglich kann nicht davon ausgegangen sein, dass ursprünglich nicht vorgesehene oder einkalkulierte, womöglich nicht einmal bedachte Kostenbestandteile „vereinbart" worden wären. Dies würde vielmehr eine Fiktion darstellen bzw. käme einer ergänzenden Vertragsauslegung nahe.[500] Der Ansatz verdient daher keine Zustimmung.

cc. Minderung der anzurechnenden Ersparnis

Teilweise wird die Ansicht vertreten, die zusätzlichen Aufwendungen sollten die anzurechnende Ersparnis vermindern.[501] Eine solche Lösung ist dann sinnvoll, wenn zusätzliche Aufwendungen einer konkreten Anrechnungsposition zugerechnet werden können. Nicht gangbar ist diese Methode indes, wenn der Unternehmer im Einzelfall gar keine oder nur wenige Aufwendungen erspart hat und die zusätzlichen Aufwendungen die ersparten Aufwendungen übersteigen. Dasselbe gilt, wenn der Unternehmer lediglich eine Vergütung für erbrachte Leistungen verlangt.[502] Außerdem bleibt unklar, wieso zusätzliche Aufwendungen eine gänzlich davon unabhängige Anrechnungsposition vermindern sollen. Der Wortlaut des § 648 S. 2 BGB gibt dies nicht her und auch sonst bleibt unklar, welchem methodischen Ansatz die Lösung folgt.

---

497 *Peters,* in: Staudinger, § 648 Rn. 53.

498 *Dölle,* in: FS Werner, 169 (176).

499 *Dölle,* in: FS Werner, 169 (176).

500 Hierzu sogleich. *Dölle* selbst lehnt das Instrument der ergänzenden Vertragsauslegung zur Lösung der Problematik ab, vgl. *Dölle,* in: FS Werner, 169 (175).

501 *Lederer,* in: Kapellmann/Messerschmidt, § 8 Abs. 3 VOB/B Rn. 61; *Lührmann/Raab,* in: Dauner-Lieb/Langen, § 648 Rn. 23.

502 *Dölle,* in: FS Werner, 169 (174).

dd. Ergänzende Vertragsauslegung oder Störung der Geschäftsgrundlage

Kapellmann schlägt vor, dem Unternehmer im Wege ergänzender Vertragsauslegung oder durch Vertragsanpassung wegen Störung der Geschäftsgrundlage einen Anspruch auf Ersatz zusätzlicher Aufwendungen zuzusprechen.[503] Methodisch überzeugt keiner der beiden Ansätze.

(1) Ergänzende Vertragsauslegung

Die ergänzende Vertragsauslegung – deren dogmatische Einordnung äußerst umstritten ist –[504] dient im Kern der Vervollständigung oder Entstörung unvollständiger Verträge.[505] Eine Lücke im Vertrag soll unter Berücksichtigung des hypothetischen Parteiwillens geschlossen werden.[506] Die Schlechterstellung des Unternehmers durch zusätzlich erforderliche Aufwendungen infolge der Kündigung resultiert aber regelmäßig nicht aus einem lückenhaften Vertrag, sondern strukturell aus einer unvollständigen gesetzlichen Regelung.[507] Zur Schließung gesetzlicher Regelungslücken ist die ergänzende Vertragsauslegung nicht das richtige Instrument. Zudem setzt die ergänzende Vertragsauslegung voraus, dass ohne die Schließung der Lücke der Vertragszweck gefährdet wäre.[508] Die Schlechterstellung des Unternehmers in den genannten Fällen dürfte jedoch – wenn überhaupt – nur in absoluten Ausnahmefällen den Vertragszweck gefährden. Regelmäßig handelt es sich dabei um untergeordnete Rechnungspositionen, die keinen entscheidenden Einfluss auf das Vertragsgefüge haben. Auch aus diesem Grund liegen die Voraussetzungen für eine ergänzende Vertragsauslegung nicht vor. Insgesamt erweist sich das Instrument der ergänzenden Vertragsauslegung als ungeeignet, um das identifizierte Problem der Schlechterstellung des Unternehmers generell zu lösen.

---

503 Vgl. *Kapellmann/Schiffers/Markus,* Rn. 1329.

504 Ein Überblick über den aktuellen Streitstand und die vertretenen Ansichten findet sich bei *Busche,* in: MüKo BGB, § 157 Rn. 27 f. m.w.N., eine Übersicht über die Herleitung und die Ursprünge der ergänzenden Vertragsauslegung bei *Vogenauer,* in: HKK, §§ 133, 157 Rn. 89-122 m.w.N.

505 *Busche,* in: MüKo BGB, § 157 Rn. 28 m.w.N.

506 *Busche,* in: MüKo BGB, § 157 Rn. 47-49.

507 Vgl. auch *Dölle,* in: FS Werner, 169 (174 f.).

508 So die ständige Rechtsprechung des Bundesgerichtshofs; siehe etwa BGH, NJW 2018, 2469 (2470 Rn. 23); BGH, NJW 2015, 955 (957 Rn. 27); BGH, NJW 2013, 678 (679 Rn. 15); BGHZ 9, 273 = NJW 1953, 937.

(2) Störung der Geschäftsgrundlage

Das Institut der Störung der Geschäftsgrundlage schützt die Parteien im Falle einer gemeinsamen fundamentalen Fehlvorstellung über die dem Vertrag zugrundeliegenden aktuellen oder zukünftigen Verhältnisse.[509] Eine Anpassung des Vertrages gemäß § 313 Abs. 1 BGB setzt eine schwerwiegende Veränderung der Geschäftsgrundlage nach Vertragsschluss voraus. Wollte man darauf eine Vertragsanpassung für den Fall der freien Kündigung des Werkvertrages stützen, so müsste in der freien Kündigung selbst und der daraus resultierenden nicht vollständigen Durchführung des Vertrages die schwerwiegende Veränderung der Geschäftsgrundlage erblickt werden. Die Möglichkeit der freien Kündigung ist jedoch – falls nicht vertraglich abbedungen – jedem Werkvertrag immanent.[510] Schon deshalb muss der Unternehmer prinzipiell jederzeit mit der freien Kündigung des Vertrages rechnen.[511] Die Rechtsfolgen im Falle der freien Kündigung folgen dann vor allem aus § 648 S. 2 BGB. Es wäre daher systemwidrig, allein die freie Kündigung des Werkvertrages als schwerwiegende Veränderung der Geschäftsgrundlage anzusehen.[512] Darüber hinaus setzt die Anpassung eines Vertrages wegen einer Störung der Geschäftsgrundlage voraus, dass sich die bei Vertragsschluss vorliegenden Umstände derart schwerwiegend geändert haben, dass ein weiteres Festhalten an dem ursprünglichen Vertrag zu einem unzumutbaren, mit Recht und Gerechtigkeit unvereinbaren Ergebnis führen würde.[513] Nur dann ist es gerechtfertigt, vom Grundsatz der Vertragstreue abzuweichen.[514] Diese Unzumutbarkeitsschwelle wird durch die identifizierten Fälle der Schlechterstellung des Unternehmers kaum je erreicht werden.[515] Folglich erweist sich auch das Instrument der Störung der Geschäftsgrundlage als ungeeignet zur Beseitigung der Schlechterstellung des Unternehmers.[516]

---

509 *Martens,* in: BeckOGK BGB, § 313 Rn. 3.
510 Vgl. *Dölle,* in: FS Werner, 169 (174).
511 *Dölle,* in: FS Werner, 169 (174).
512 Vgl. *Dölle,* in: FS Werner, 169 (174).
513 So die ständige Rechtsprechung des Bundesgerichtshofs, siehe etwa BGHZ 2, 176 = NJW 1951, 602 (604); BGH, NJW 1958, 1772 (1772 f.); BGH, NJW 1959, 2203 (2203 f.).
514 BGH, NJW 1959, 2203.
515 Vgl. auch *Dölle,* in: FS Werner, 169 (174).
516 So auch schon *Dölle,* in: FS Werner, 169 (174).

ee. Teleologische Extension und Erweiterung des § 648 BGB

Kenter plädiert für eine teleologische Extension des § 648 S. 2 BGB, die sich unmittelbar aus der ratio der Norm (vollständige Schadloshaltung des Unternehmers) ergebe.[517] Ferner schlägt sie eine Ergänzung des § 648 S. 2 BGB um folgenden Satz vor: „*Der Unternehmer kann auch Ersatz der Mehraufwendungen verlangen, die infolge der Kündigung erforderlich waren.*“[518]

(1) Teleologische Extension

Die Erweiterung des § 648 S. 2 BGB auf den Ersatz von Aufwendungen begründet *Kenter* mit dem schlichten Verweis auf Sinn und Zweck der Norm, deren Wortlaut zu eng sei.[519] Dem ist im Ergebnis zuzustimmen. Die teleologische Extension des § 648 S. 2 BGB bedarf indes einer etwas ausführlicheren Begründung. Als „teleologische Extension“ werden Fälle bezeichnet, in denen der zu enge Wortsinn einer Norm erweitert wird, ohne dass es sich dabei um eine Analogie handeln würde.[520] Dabei soll eine Norm aufgrund ihrer ratio zur Vermeidung von Wertungswidersprüchen auf solche Fälle erstreckt werden, die vom Wortlaut der Norm nicht erfasst sind.[521] Der hier diskutiert Fall lässt sich insoweit nicht unter diese Definition subsumieren, als nicht der Tatbestand des § 648 S. 2 BGB erweitert werden soll, sondern vielmehr dessen Rechtsfolgen.

Auch eine Erweiterung der Rechtsfolgen lässt sich indes im Wege der teleologischen Extension erreichen, wie sich anhand eines Urteils des Bundesgerichtshofs zeigt.[522] In jenem Fall wurde einer Witwe infolge der Tötung ihres Mannes nicht nur ein Anspruch gemäß § 844 Abs. 2 BGB auf Unterhaltszahlung bis zu dessen Renteneintritt, sondern darüber hinaus auch ein Anspruch auf Ersatz der ihr durch das vorzeitige Ableben ihres Mannes entgangenen Witwenrente aus der Rentenversicherung zugesprochen.[523] Wenngleich der Wortlaut des § 844 Abs. 2 BGB lediglich Schadensersatz für den entgangenen Unterhalt vorsieht, sah der BGH es für geboten, den Anspruch auch auf Folgeschäden zu erstrecken,

517 *Kenter*, Vergütungsanspruch, S. 32.
518 *Kenter*, Vergütungsanspruch, S. 32.
519 *Kenter*, Vergütungsanspruch, S. 32.
520 *Larenz/Canaris*, Methodenlehre, S. 216; *Canaris*, Feststellung von Lücken im Gesetz, S. 89-91.
521 *Larenz/Canaris*, Methodenlehre, S. 218.
522 BGHZ 32, 246 = NJW 1960, 1200. Dies Urteil bemühen auch *Larenz/Canaris*, Methodenlehre, S. 216-218 als Beispiel für eine teleologische Extension.
523 BGHZ 32, 246 = NJW 1960, 1200.

die der Witwe durch die entgangenen Beitragszahlungen ihres Mannes entstanden sind. Nur durch eine solche Auslegung über den Wortlaut hinaus werde die durch § 844 BGB bezweckte Absicherung der Witwe erreicht.[524]

Eine solche Erweiterung der Rechtsfolgen durch teleologische Extension ist auch bei § 648 S. 2 BGB sachgerecht. Wie zuvor bereits dargestellt, zielt § 648 S. 2 BGB darauf ab, eine Schlechterstellung des Unternehmers infolge der Kündigung zu verhindern. Die schlichte Aufrechterhaltung des Vergütungsanspruchs gemäß § 648 S. 2 BGB reicht hierzu indes nicht aus, weil dadurch nicht alle dem Unternehmer durch die Kündigung entstehenden Nachteile kompensiert werden.

(2) Erweiterung des § 648 S. 2 BGB

Zu weitgehend ist hingegen die von *Kenter* vorgeschlagene Erweiterung des § 648 BGB um einen weiteren Satz.[525] Nicht sämtliche Mehraufwendungen, die der Unternehmer infolge der Kündigung tätigt, sind auch ersatzfähig. Soweit sich im Hinblick auf einzelne Mehraufwendungen lediglich das allgemeine Lebensrisiko realisiert und die Nachteile nicht spezifisch auf die Kündigung zurückzuführen sind, sind die Mehraufwendungen nicht ersatzfähig.[526]

c. Differenzierung nach einzelnen Nachteilen

Ausgehend von dem soeben dargestellten Lösungsvorschlag bietet sich gleichwohl eine Differenzierung nach einzelnen diskutierten Nachteilen des Unternehmers infolge der Kündigung an.

aa. Transport-, Lagerungs- und Rückführungskosten

Kosten für den Abtransport von nicht mehr benötigten Bauteilen und Materialien sind zu erstatten, soweit sie allein infolge der Kündigung entstanden sind. Bei vollständiger Vertragsdurchführung hätte der Unternehmer die für die Erstellung des Werkes erforderlichen Bauteile und Materialien verwendet oder eingebaut. Ein Rücktransport wäre nicht erforderlich gewesen und hierzu musste der Unternehmer auch keinerlei Kosten einkalkulieren. Etwas anderes gilt lediglich hinsichtlich solcher Materialien und Bauteile, die der Unternehmer

---

524 Vgl. BGHZ 32, 246 = NJW 1960, 1200.

525 Vgl. *Kenter*, Vergütungsanspruch, S. 32.

526 Zur Unterscheidung zwischen den einzelnen Aufwendungen und deren Erstattungsfähigkeit siehe sogleich unter Teil 1, C.IV.2.c.

als Reserve vorgehalten hat und die er auch bei vollständiger Vertragsdurchführung von der Baustelle hätte forttransportieren müssen.

Ebenfalls zu erstatten sind Lagerungskosten, die allein dadurch entstehen, dass ursprünglich vereinbarungsgemäß auf der Baustelle gelagerte Materialien nachträglich eingelagert werden müssen. Voraussetzung ist jedoch, dass durch die Lagerung besondere zusätzliche Kosten entstehen, was nur selten der Fall sein dürfte.

Auch besondere Rückführungskosten für Arbeitskräfte infolge der Kündigung sind zu erstatten, wenn diese allein aufgrund der Kündigung angefallen sind. Erstattungsfähig sind allerdings nur die zusätzlichen, durch die Kündigung entstandenen Kosten, etwa aufgrund kurzfristiger und damit regelmäßig teurerer Zug- oder Flugbuchungen. Rückführungskosten, die auch bei vollständiger Vertragsdurchführung entstanden wären, etwa Kosten für eine ohnehin erforderliche Autofahrt, stellen selbstverständlich keinen kündigungsbedingten Nachteil dar und sind daher nicht erstattungsfähig.

bb. Abrechnungskosten/Mehrkosten für Aufmaß

Infolge der Kündigung können dem Unternehmer auch besondere Abrechnungskosten entstehen, die bei vollständiger Vertragsdurchführung nicht entstanden wären. Dies gilt vor allem bei Pauschalpreisverträgen, da diese anders als Einheitspreisverträge bei vollständiger Vertragsdurchführung in aller Regel kein Aufmaß erfordern.[527] Dem Unternehmer steht bei vollständiger Vertragsdurchführung die vereinbarte Pauschalvergütung zu, ohne dass es auf die konkret erbrachten Massen ankäme. Wird der Pauschalpreisvertrag jedoch gekündigt, so ist regelmäßig ein Aufmaß oder zumindest eine Abgrenzung der erbrachten von den nicht erbrachten Leistungen erforderlich, was Mehraufwand verursacht. Der Unternehmer hat bei seiner Preiskalkulation in aller Regel keine Kosten für ein Aufmaß oder eine Detailabrechnung einkalkuliert.[528] Womöglich ist durch den Verzicht auf eine detaillierte Abrechnung auch eine deutliche Reduzierung des Angebotspreises erfolgt.[529] Der durch ein zu erstellendes Aufmaß oder eine Detailabrechnung entstehende Mehraufwand ist mit (erheblichen) zusätzlichen Kosten für den Unternehmer verbunden.[530] Folglich heißt es zutreffend,

---

527 *Dornbusch/Plum*, Jahrbuch Baurecht 2000, 160 (168); *Werner*, in: Werner/Pastor, Rn. 1514.

528 *Dölle*, in: FS Werner, 169 (172).

529 *Dölle*, in: FS Werner, 169 (172).

530 *Dornbusch/Plum*, Jahrbuch Baurecht 2000, 160 (168); *Werner*, in: Werner/Pastor, Rn. 1514; *Dölle*, in: FS Werner, 169 (170 f.).

die Regelung weise einen immanenten Wertungswiderspruch auf, da gerade die Abrechnung, die sicherstellen solle, dass der Unternehmer keine Vor- und keine Nachteile davontrage, zu einem ungedeckten Mehraufwand des Unternehmers führe.[531]

Ein vereinzelt in der Literatur vertretener Lösungsansatz sieht vor, einen Pauschalierungsnachlass infolge der Kündigung unberücksichtigt zu lassen. Regelmäßig gewähre der Unternehmer dem Besteller aufgrund des Verzichts auf eine Kalkulation sowie ein konkretes Aufmaß einen Pauschalierungsnachlass. Da infolge der Kündigung eine Kalkulation und ein Aufmaß erforderlich würden, müsse im Gegenzug auch der Pauschalierungsnachlass entfallen.[532] Dieser Ansatz kommt von vornherein nur bei Pauschalpreisverträgen in Betracht, denen ein Einheitspreisangebot zugrunde liegt, welches anschließend mit einem Abschlag versehen wurde.[533] Gänzlich ungeeignet ist der Ansatz daher für Verträge, bei welchen ein Pauschalpreisangebot ohne Aufgliederung in Einheitspreise erfolgt ist. Auch bei Pauschalpreisverträgen, denen ein Einheitspreisangebot zugrunde liegt, kann der Pauschalierungsnachlass infolge der Kündigung jedoch nicht einfach dem Vergütungsanspruch aus § 648 S. 2 BGB hinzugerechnet werden. Diesbezüglich hat das OLG München richtigerweise darauf hingewiesen, dass ein Pauschalierungsnachlass vielfältige Ursachen haben könne und nicht stets auf ersparte Abrechnungskosten zurückgehe.[534] Gleichwohl geht das OLG München davon aus, erst infolge der Kündigung entstandene Abrechnungskosten könnten die Vergütung gemäß § 648 S. 2 BGB erhöhen. Dies solle dadurch geschehen, dass die abzuziehenden Ersparnisse in Höhe der Abrechnungskosten zu mindern seien.[535]

Das OLG Frankfurt vertritt hingegen die Auffassung, Abrechnungskosten seien auch dann nicht ersatzfähig, wenn diese erst durch die Kündigung erforderlich würden.[536] Dabei diskutiert es die Erstattungsfähigkeit unter dem Aspekt des Schadensersatzes. Da die Kündigung keine Pflichtverletzung darstelle, bestehe kein entsprechender Schadensersatzanspruch des Unternehmers. Vielmehr handle es sich bei der Rechnungsstellung um eine nichtvergütungspflichtige

531 Vgl. *Dölle,* in: FS Werner, 169 (172).

532 Vgl. *Joussen,* in: Ingenstau/Korbion, § 8 Abs. 1 VOB/B Rn. 44.

533 Vgl. *Dölle,* in: FS Werner, 169 (173).

534 OLG München, NJOZ 2014, 1857 (1858). Zustimmend *Kessen,* in: BeckOGK BGB, § 648 Rn. 127.1. Ebenso bereits *Dölle,* in: FS Werner, 169 (173).

535 OLG München, NJOZ 2014, 1857 (1858).

536 OLG Frankfurt, 10 U 115/06 Rn. 39 – zitiert nach juris.

Nebenleistung aus dem Bauvertrag. Da eine freie Kündigung jederzeit möglich sei, trage der Unternehmer auch das Risiko einer gegenüber der vollständigen Vertragsdurchführung aufwendigeren Abrechnung.[537]

Richtigerweise müssen Abrechnungskosten, die erst infolge der Kündigung entstehen, zugunsten des Unternehmers berücksichtigt und erstattet werden. Anderenfalls würde der Unternehmer durch die Kündigung schlechter stehen. Vor diesem Hintergrund überzeugt das Argument des OLG Frankfurt nicht, die im Vergleich zur vollständigen Vertragsdurchführung aufwendigere Abrechnung falle in die Risikosphäre des Unternehmers und sei daher nicht ersatzfähig. Es wäre auch gesamtwirtschaftlich nachteilig, wenn Abrechnungskosten im Kündigungsfall stets vom Unternehmer zu tragen wären. Dieser müsste potenzielle Abrechnungskosten nämlich dann prinzipiell als allgemeines Wagnis in seine Preiskalkulation aufnehmen, was zu einem insgesamt höheren Preisniveau führen würde. Dies widerspräche auch den Interessen der Besteller.

Auch die Kosten einer nachträglichen zweiten Kalkulation müssen dem Unternehmer erstattet werden. Teilweise heißt es, diese Kosten seien nur dann erstattungsfähig, wenn der Unternehmer solche Kosten in seiner ersten Kalkulation als Wagnis erfasst und damit einkalkuliert hätte.[538] Dies hätte zur Folge, dass nur der besonders umsichtige Unternehmer einen Anspruch auf Ersatz der Kosten für eine zweite Kalkulation hätte. Eine solche Einschränkung überzeugt jedoch nicht. Würde man dem Unternehmer aufbürden, derartige Kosten stets als Wagnis einzukalkulieren, so würde wiederum das Preisniveau insgesamt steigen. Es ist daher interessengerecht, dem Unternehmer stets einen Ersatz für eine nachträgliche zweite Kalkulation zuzusprechen.

cc. Rechtsverfolgungskosten

Etwaige Rechtsverfolgungskosten durch die Einschaltung eines Rechtsanwaltes zur Geltendmachung oder Durchsetzung des Anspruchs aus § 648 S. 2 BGB sind demgegenüber nicht zu berücksichtigen. Zwar können solche Kosten durchaus entstehen, weil aus der Kündigung schwierige Rechtsfragen resultieren können. Gleichwohl stellt die Konfrontation mit schwierigen Rechtsfragen ein allgemeines Lebensrisiko dar, weshalb Rechtsverfolgungskosten nicht ohne weiteres erstattungsfähig sind. Eine Erstattung außergerichtlicher Rechtsanwaltskosten kommt – von hier nicht einschlägigen Sonderfällen abgesehen – allein als Schadensersatzanspruch in Betracht.[539] Da § 648 S. 1 BGB die Kündigung des

537 OLG Frankfurt, 10 U 115/06 Rn. 39 – zitiert nach juris.
538 *Leineweber*, ZfBR 2005, 110 (113).
539 *Arz*, NJW 2019, 1858.

Werkvertrages erlaubt, fehlt es an einer für den Schadenersatzanspruch erforderlichen Pflichtverletzung.[540]

dd. Akquisitionskosten

Auch solche Akquisitionskosten, welche dem Unternehmer bei dem Versuch entstehen, seine durch die Kündigung freigewordenen Kapazitäten wieder am Markt anzubieten, können erstattungsfähig sein. Ist die Akquise erfolgreich, so werden die Kosten schlicht von der – möglicherweise anrechnungspflichtigen – Vergütung des neuen Auftrags abgedeckt. Bleibt die Akquise hingegen erfolglos, so ist dem Unternehmer ein finanzieller Nachteil durch die Kündigung entstanden, der ihm nach dem Zweck des § 648 S. 2 BGB zu ersetzen ist. Dies gilt umso mehr, als der Unternehmer aufgrund seiner Schadensminderungsobliegenheit gehalten ist, neue Aufträge zu akquirieren, um einen möglicherweise anrechnungspflichtigen anderweitigen Erwerb zu erzielen.[541] Praktisch ist der Ersatz von Akquisitionskosten jedoch von sehr geringer Relevanz. Zum einen würden sich vergebliche Akquisitionskosten stets erst im Nachhinein als solche erweisen, weshalb sie bei der unmittelbaren Abrechnung infolge der Kündigung nicht berücksichtigt werden könnten. Zum anderen wird sich der Unternehmer regelmäßig entgegenhalten lassen müssen, dass die Akquisitionsmaßnahmen ihm zumindest mittel- und langfristig einen Vorteil eingebracht haben können, weshalb eine trennscharfe Berechnung vergeblicher Akquisitionskosten von nützlichen Akquisitionskosten nur schwer möglich ist.

V. Zusammenfassung

Dem Anspruch aus § 648 S. 2 BGB liegt das Prinzip der Vor- und Nachteilswahrung zugrunde. Die gängigen Definitionen müssen jedoch eingeschränkt und präzisiert werden, damit deutlich wird, dass das Prinzip nur für den originär aus § 648 S. 2 BGB resultierenden Anspruch gilt, welcher sich auf den gekündigten Teil der Leistung bezieht. Infolge der Kündigung wird der Unternehmer in einigen Fällen besser, in anderen Fällen schlechter gestellt als bei vollständiger Durchführung des Vertrages. Soweit die Besser- oder Schlechterstellung mit dem Prinzip der Vor- und Nachteilswahrung unvereinbar ist, muss Abhilfe geschaffen werden. So muss etwa entgegen der aktuell praktizierten Handhabung

540 *Peters*, in: Staudinger, § 648 Rn. 7; *Kenter*, Vergütungsanspruch, S. 6; *Glöckner*, BauR 1998, 669 (670).
541 Siehe hierzu bereits unter Teil 1, B.II.3.c.bb.

eine Abzinsung des Anspruchs aus § 648 S. 2 BGB erfolgen. Ferner sind dem Unternehmer im Wege der teleologischen Extension des § 648 S. 2 BGB auch solche Aufwendungen zu erstatten, die er einzig und allein als Folge der Kündigung getätigt hat und bei denen sich nicht bloß das allgemeine Lebensrisiko realisiert hat.

Zweiter Teil: Rechtspolitische Bewertung des freien Kündigungsrechts

Die Ausführungen im ersten Teil dieser Arbeit haben gezeigt, dass das freie Kündigungsrecht des Bestellers primär auf einer Abwägungsentscheidung des Gesetzgebers beruht und § 648 BGB einen eigenständigen Regelungsgehalt aufweist. Daran anknüpfend soll eine Bewertung der vom Gesetzgeber vorgenommenen Interessenabwägung erfolgen. Die rechtspolitische Bewertung des freien Kündigungsrechts soll dabei in zwei Richtungen erfolgen. So wurden bereits sowohl die ersatzlose Streichung des freien Kündigungsrechts beim Werkvertrag[542] als auch die Ausdehnung auf weitere Vertragstypen[543] diskutiert. Ist es also sinnvoll und interessengerecht, dem Besteller ein freies Kündigungsrecht einzuräumen? Besteht ein solches Loslösungsrecht auch bei anderen Verträgen oder sollte es auf sämtliche oder zumindest einige weitere Vertragstypen ausgedehnt werden? Diesen Fragen soll nachgegangen werden.

A. Freies Kündigungsrecht bei Werkverträgen zweckmäßig?

Zunächst soll diskutiert werden, ob das freie Kündigungsrecht beim Werkvertrag zweckmäßig ist. Dabei werden sowohl die Interessen der Vertragsparteien des einzelnen Vertragsverhältnisses als auch die gesamtwirtschaftlichen Auswirkungen betrachtet.

I. Motive für Schaffung des freien Kündigungsrechts

Den Ausgangspunkt für die inhaltliche Würdigung des freien Kündigungsrechts bilden wiederum die Motive des Gesetzgebers für die Schaffung des § 648 BGB. Wie oben[544] bereits ausführlich dargestellt, wollte der Gesetzgeber dem Besteller die Flexibilität erhalten, auch nach Vertragsschluss auf veränderte Umstände reagieren zu können. Die Interessen des Unternehmers hielt er durch die finanzielle Kompensation für hinreichend gewahrt.[545]

---

542 Hierzu unter Teil 2, A.

543 Hierzu unter Teil 2, B.

544 Siehe unter Teil 1, A.II.

545 Mot II, 503.

II. Diskussion über Streichung des freien Kündigungsrechts

Das Kündigungsrecht wurde bei der Diskussion zum Schuldrechtsmodernisierungsgesetz in Frage gestellt. So sah der Diskussionsentwurf zunächst eine Streichung des freien Kündigungsrechts vor. Zur Begründung hieß es darin, es sei nicht einzusehen, weshalb ein Werkunternehmer schlechter gestellt werden solle als ein Verkäufer, obwohl jener sich regelmäßig intensiver auf die Durchführung des Vertrages einrichte als dieser. Außerdem stelle der fortbestehende Vergütungsanspruch aus § 648 S. 2 BGB keine hinreichende Kompensation für den Unternehmer dar. Die Anforderungen der Rechtsprechung an die Darlegung des Anspruchs seien nämlich so hoch, dass die Vorschrift weitgehend leerlaufe.[546]

Letztlich konnte sich der Vorschlag zur Streichung des freien Kündigungsrechts aber nicht durchsetzen, was in der Literatur breite Zustimmung fand.[547] Teilweise wird die Beibehaltung des § 648 BGB mit dem Argument verteidigt, eine Streichung hätte die Rechtslage ohnehin nicht substanziell verändert, weil die Anwendung des § 326 Abs. 2 BGB dieselben Ergebnisse herbeiführe wie die Anwendung des § 648 BGB.[548] Dies ist unter Verweis auf die obigen Ausführungen[549] abzulehnen. Unabhängig davon trägt die Regelung des § 648 BGB auch zur Rechtssicherheit bei.[550]

Soweit der Diskussionsentwurf die schwierige Durchsetzung des Vergütungsanspruchs bemängelt, spricht dies unter Wertungsgesichtspunkten nicht gegen die Anerkennung eines Kündigungsrechts, sondern bietet vielmehr Anlass für eine Überprüfung der faktischen Durchsetzbarkeit des Anspruchs aus § 648 S. 2 BGB.[551]

III. Freies Kündigungsrecht ist interessengerecht

Ein freies Kündigungsrecht bei voller wirtschaftlicher Kompensation des Unternehmers ist interessengerecht. Der Ansatz des § 648 BGB ist die *„Wahrung der*

---

546 Diskussionsentwurf eines Schuldrechtsmodernisierungsgesetzes vom 04.08.2000, S. 552 f.

547 Siehe etwa *Peters,* in: Staudinger, § 648 Rn. 2; *Busche,* in: MüKo BGB, § 648 Rn. 3; *Roth,* JZ 2001, 543 (550 f.); *Voit,* in: FS Honsell, 415 (417); *Bitter/Rauhut,* JZ 2007, 964 (966).

548 *Peters,* in: Staudinger, § 648 Rn. 5.

549 Siehe unter Teil 1, B.IV.2.

550 Siehe unter Teil 1, B.IV.2.c.

551 Zur Darlegung des Vergütungsanspruchs und den dabei bestehenden Problemen siehe unter Teil 3, B.

Entscheidungsfreiheit des Bestellers unter Berücksichtigung des Vergütungsinteresses des Unternehmers".[552] Ein Werk wird regelmäßig auf die individuellen Bedürfnisse des Bestellers zugeschnitten. Es wäre daher sinnlos, den Unternehmer weiterhin mit der Erreichung eines Werkerfolges zu befassen, den der Besteller nicht mehr verwenden kann oder will.[553] Das freie Kündigungsrecht ist zunächst auf solche Werkverträge anwendbar, die ohne größere Vorbereitungshandlungen sofort durchgeführt werden. Bei solchen Werkverträgen dürfte das freie Kündigungsrecht gleichwohl von geringer praktischer Relevanz sein.[554]

Demgegenüber ist das freie Kündigungsrecht besonders bei umfangreichen Werkverträgen sinnvoll, da diese sich regelmäßig über einen längeren Zeitraum erstrecken und die Bedürfnisse des Bestellers sich derweil ändern können.[555] Der Gesetzgeber hat daher auch zu Recht einen Vorschlag abgelehnt, wonach vor allem umfangreiche oder auch Pilot- und Entwicklungsverträge vom Anwendungsbereich des § 648 BGB ausgenommen sein sollten.[556] Für eine solche Einschränkung besteht kein Regelungsbedürfnis.[557] Die Vertragsparteien können das freie Kündigungsrecht auch individualvertraglich ausschließen.[558] Der Ausschluss des Kündigungsrechts bietet sich vor allem dann an, wenn der Unternehmer aufgrund des Umfangs oder der Bedeutung des Werkes ein besonderes Interesse an der Fertigstellung des Werkes hat. Regelmäßig geschieht dies bei komplexen Bauvorhaben, etwa im Anlagenbau.[559] Auch bei den vorgenannten Pilot- und Entwicklungsverträgen wird der Unternehmer regelmäßig auf einem Ausschluss des freien Kündigungsrechts bestehen. Ein Ausschluss des

---

552 *Bitter/Rauhut*, JZ 2007, 964 (965).

553 So zutreffend; *Voit*, in: FS Honsell, 415 (417).

554 Vgl. auch *Roth*, JZ 2001, 543 (551).

555 So zutreffend BGH, NJW 1999, 3261 (3262); *Roth*, JZ 2001, 543 (551); *Bitter/Rauhut*, JZ 2007, 964 (965 f.); *Voit*, in: FS Honsell, 415.

556 *Weyers*, in: Überarbeitung des Schuldrechts, Bd. II, 1115, (1136 f.) wollte die Norm um folgenden Satz ergänzen: „*Die Kündigung ist ausgeschlossen, wenn der Unternehmer ein besonderes Interesse an der Durchführung des Vertrages hat und der Besteller dies bei Abschluß des Vertrages erkennen konnte.*" Zustimmend *Nicklisch*, JZ 1984, 757 (768); *Lenzen*, BauR 1997, 210 (213).

557 So schon *Keilholz*, in: Überarbeitung des Schuldrechts, Bd. III, 241 (275 f.).

558 *Busche*, in: MüKo BGB, § 648 Rn. 5; *Kessen*, in: BeckOGK BGB, § 648 Rn. 213; *Retzlaff*, in: Grüneberg, § 648 Rn. 11. Vgl. auch BGHZ 188, 149 = NJW 2011, 915 (917 Rn. 16).

559 *Lenzen*, BauR 1997, 210 (210 f.).

freien Kündigungsrechts in AGB des Unternehmers ist hingegen regelmäßig unwirksam.[560]

Diskutiert, im Ergebnis aber richtigerweise verworfen wurde die Überlegung, dem Besteller ein freies Kündigungsrecht zuzubilligen, ohne ihn zur Zahlung der vereinbarten Vergütung zu verpflichten.[561] Als Alternative zum jetzigen Regelungsmodell des BGB könnte der Anspruch des Unternehmers infolge der Kündigung auf sein negatives Interesse oder eine Entschädigung reduziert werden, die nur einen Teil des Gewinns abdeckt.[562] Eine solche Regelung würde das vertraglich vereinbarte Äquivalenzverhältnis im Falle der Kündigung nicht aufrechterhalten. Dadurch würde in einem zentralen Aspekt mit dem Grundsatz der Vertragstreue gebrochen.

IV. Freies Kündigungsrecht ist ökonomisch effizient

Im Rahmen der Zweckmäßigkeitserwägungen soll ferner geprüft werden, ob sich das freie Kündigungsrecht als ökonomisch effizient erweist. Die ökonomische Analyse des Rechts ist nicht unumstritten[563] und kann insbesondere nicht eigenständig zur Auslegung einer Norm herangezogen werden.[564] Gleichwohl hat die Bedeutung von ökonomischen Erwägungen bei der Rechtsetzung und Rechtsanwendung in den letzten Jahren und Jahrzehnten – auch in Deutschland – stetig

---

560 BGHZ 85, 109 = NJW 1982, 2309 (2310); BGH, NJW 1999, 3261; a.A. *Kapellmann/Schiffers/Markus,* Rn. 1317. Bei Verträgen über Personenbeförderungen in Massenverkehrsmitteln (im konkreten Fall Flugreisen) hat der BGH, NJW 2018, 2039, den Ausschluss des freien Kündigungsrechts in AGB des Unternehmers hingegen für wirksam gehalten, da das freie Kündigungsrecht nicht zu den wesentlichen Grundgedanken eines solchen Personenbeförderungsvertrages gehöre.

561 *Weyers,* in: Überarbeitung des Schuldrechts, Bd. II, 1115 (1138 f.)

562 *Weyers,* in: Überarbeitung des Schuldrechts, Bd. II, 1115 (1138) unter Verweis auf das schwedische und norwegische Recht.

563 *Taupitz,* AcP 196, 114 (119 f.) weist darauf hin, dass angesichts der verschiedenen Strömungen und Schulen der ökonomischen Analyse des Rechts und der jeweils vorgebrachten Kritik an anderen Modellen streng genommen nicht von „der" ökonomischen Analyse des Rechts gesprochen werden könne. Zudem werden die Annahmen der ökonomischen Analyse des Rechts durch die Erkenntnisse der Verhaltensökonomik in Frage gestellt, siehe *Schäfer/Ott,* Ökonomische Analyse, S. XIV.

564 Vgl. *Taupitz,* AcP 196, 114 (126 f., 135 f.). Eine Berücksichtigung der ökonomischen Analyse des Rechts bei der Auslegung ist demnach nur im Rahmen der herkömmlichen Auslegungsmethoden möglich. Vgl. auch *Eidenmüller,* Effizienz als Rechtsprinzip, S. 458 f., wonach ökonomische Effizienzkonzepte bei der Auslegung (lediglich) berücksichtigt werden könnten.

zugenommen.[565] So ist mittlerweile weitgehend anerkannt, dass durch die ökonomische Analyse des Rechts jedenfalls Anhaltspunkte für den volkswirtschaftlichen Nutzen einer Norm gewonnen werden können und der Gesetzgeber sich bei der Gestaltung der Rechtsordnung auch am Kriterium der Effizienz orientieren soll.[566] Die Aussagekraft der ökonomischen Analyse des Rechts ist gleichwohl begrenzt, da diese stets auf Modellannahmen beruht und typischerweise keine empirischen Daten zur Überprüfung der Annahmen vorhanden sind.[567]

Die Effizienz einer Rechtsnorm oder eines Rechtsprinzips wird im Wesentlichen danach bemessen, ob und inwieweit sie zur Steigerung der Gesamtwohlfahrt beiträgt.[568] Ob die Verteilung von Ressourcen zum Ort ihrer sozial nützlichsten Verwendung erfolgt, lässt sich am Maßstab der Allokationseffizienz bewerten.[569]

Weller und *Riehm* haben mit ihren ausführlichen Untersuchungen bereits herausgearbeitet, dass sich der Naturalerfüllungsgrundsatz im Vergleich zum Pekuniarerfüllungsgrundsatz als effizient erweist und ein durch die Rechtsordnung statuierter grundsätzlicher Zwang zum Festhalten am Vertrag effizienter ist als eine von der Rechtsordnung gewährte einseitige Möglichkeit der Vertragsbeendigung.[570] Dabei weist *Riehm* darauf hin, dass die gesetzlich vorgesehene Bindung an den Vertrag jedoch nur dann überhaupt von Relevanz sei, wenn sich eine der Parteien vom Vertrag lösen möchte.[571] Anderenfalls würden die Parteien bereits aus Eigeninteresse an dem Vertrag festhalten und diesen auch durchführen, ohne dass hierfür eine gesetzlich vorgegebene Bindung an den Vertrag erforderlich wäre.[572] Die eigentliche Funktion der Vertragsbindung liegt daher darin, eine Partei auch gegen ihren Willen am Vertrag festzuhalten.[573] Als

565 Vgl. *Ernst,* in: MüKo BGB, Einleitung Schuldrecht, Rn. 68; zur Rezeption der ökonomischen Analyse des Rechts noch in den 1990er Jahren vgl. *Taupitz*, AcP 196, 114 (120-122).

566 Vgl. *Weller*, Vertragstreue, S. 348 f.; *Taupitz*, AcP 196, 114 (123 f.); *Schäfer/Ott*, Ökonomische Analyse, S. XXII f.

567 *Riehm*, Naturalerfüllung, S. 151, 153 f. m.w.N.

568 *Riehm*, Naturalerfüllung, S. 151; *Schäfer/Ott*, Ökonomische Analyse, S. XVIII; *Eidenmüller*, Effizienz als Rechtsprinzip, S. 56 f.

569 Hierzu insgesamt *Riehm*, Naturalerfüllung, S. 156-161 m.w.N.; *Schäfer/Ott*, Ökonomische Analyse, S. XVIII.

570 *Weller*, Vertragstreue, S. 348, 366-369; ausführlich *Riehm*, Naturalerfüllung, S. 190-214.

571 *Riehm*, Naturalerfüllung, S. 166.

572 *Riehm*, Naturalerfüllung, S. 166.

573 *Riehm*, Naturalerfüllung, S. 166.

Ergebnis ihrer Untersuchungen erteilen *Weller* und *Riehm* zunächst der Theorie vom effizienten Vertragsbruch eine Absage.[574] Bereits deren Prämisse, dass der Mensch rational handle und sich allein dadurch eine effiziente Ressourcenallokation ergebe, werde durch die Erkenntnisse der Verhaltensökonomie erschüttert.[575] Darüber hinaus bestünden viele wirtschaftliche, ethische und rechtliche Bedenken gegen die Theorie vom effektiven Vertragsbruch.[576] Die Schlussfolgerungen der Theorie vom effizienten Vertragsbruch seien auch in sich unschlüssig, da die von ihr vorgebrachten Konstellationen effizienter Vertragsbrüche sich nicht widerspruchsfrei herleiten ließen.[577] Auch unabhängig von den Bedenken gegen die Theorie vom effektiven Vertragsbruch sei der Grundsatz der Naturalerfüllung effizient. So sorge eine Rechtsordnung, die die Naturalerfüllung verbürge, für Vertrauensschutz, Rechtssicherheit und Planbarkeit.[578] Dadurch würden Transaktionskosten gesenkt und weitere Austauschgeschäfte gefördert.[579] Eine Rechtsordnung solle effiziente Vertragsbrüche daher allenfalls insoweit begünstigen, als deren Effizienz außer Frage stehe.[580] Solange für eine bestimmte Fallgruppe unklar sei, ob ein Vertragsbruch effizient ist oder nicht, müsse die Rechtsordnung den Vertragsbruch zu verhindern suchen.[581]

Anstatt einer Vertragspartei einseitig die Loslösung von dem Vertrag zu ermöglichen, plädiert *Riehm* für eine Verhandlungslösung.[582] Eine Vertragspartei solle sich grundsätzlich nur im Einverständnis mit seinem Vertragspartner vom Vertrag lösen können. Dies setze eine vorherige Verhandlung der Parteien voraus. Eine Loslösung vom Vertrag komme nur dann zustande, wenn das Ergebnis der Verhandlungen für beide Seiten positiv, die Vertragsaufhebung mithin effizient wäre.[583] Könnte eine Partei sich hingegen auch einseitig vom Vertrag lösen, so würde dies auch zu ineffizienten Vertragsbrüchen verleiten.[584]

Möglicherweise rechtfertigt die besondere Interessenlage bei Werkverträgen eine Ausnahme von dem Grundsatz, dass die Naturalerfüllung von Verträgen

---

574 Vgl. *Weller*, Vertragstreue, S. 360 sowie *Riehm*, Naturalerfüllung, S. 181-190.
575 *Weller*, Vertragstreue, S. 361 f. m.w.N.
576 *Weller*, Vertragstreue, S. 363-366 m.w.N.
577 *Riehm*, Naturalerfüllung, S. 181-187.
578 *Weller*, Vertragstreue, S. 369 m.w.N.
579 *Weller*, Vertragstreue, S. 369.
580 *Riehm*, Naturalerfüllung, S. 181.
581 *Riehm*, Naturalerfüllung, S. 181.
582 *Riehm*, Naturalerfüllung, S. 182 f., 201, 206.
583 *Riehm*, Naturalerfüllung, S. 182 f., 201, 206.
584 Vgl. *Riehm*, Naturalerfüllung, S. 202.

prinzipiell effizienter ist als die Pekuniarerfüllung. So wird das freie Kündigungsrecht in der Literatur teilweise ausdrücklich als effizient erachtet. Bereits *Weyers* führte aus, dass ökonomische Gründe für ein freies Kündigungsrecht vom Werkvertrag sprächen. Der Unternehmer könne in der Regel am besten beurteilen, ob die Herstellung des Werkes zu seiner individuellen und damit einer gesamtökonomischen Nutzenmaximierung führe.[585] Solche Konstellationen, in denen typischerweise ein besonderes Vertragsdurchführungsinteresse des Unternehmers bestehe, wollte *Weyers* indes vom Anwendungsbereich des § 648 BGB herausnehmen und den Wortlaut daher modifizieren.[586] Wenngleich den Ausführungen von *Weyers* keine umfängliche ökonomische Analyse zugrunde liegt und er die problematischen Fälle vom Anwendungsbereich des § 648 BGB ausnehmen möchte, erachtet er das freie Kündigungsrecht vom Werkvertrag im Grundsatz als effizient. Auch *Fuchs* geht bei seiner Untersuchung von Bauverträgen davon aus, dass deren vollständige Durchführung und damit die Fertigstellung des Projektes in aller Regel ökonomisch sinnvoll seien.[587] Etwas anderes gelte jedoch, wenn das herzustellende Werk keinen Nutzen mehr für den Besteller hätte. Den Besteller auch in diesem Fall zur Durchführung des Vertrages zu verpflichten, komme einer Verschwendung von Ressourcen gleich.[588] Daher sei es ökonomisch günstiger, ihm die Beendigung des Vertrages bei gleichzeitiger Schadloshaltung des Unternehmers zu ermöglichen.[589] Dem ließe sich entgegenhalten, dass bei einer solchen Betrachtung die Perspektive des Unternehmers ausgeblendet würde und die rein finanzielle Kompensation im Grundsatz gerade nicht ausreichen mag, die weiteren Nachteile der vorzeitigen Kündigung zu neutralisieren. Indes dürfte es sich bei den Fällen, in denen der Unternehmer auch bedeutende nicht unmittelbar finanzielle Interessen an der Vertragsdurchführung hat, um Ausnahmefälle halten. In diesen Fällen erfolgt praktisch auch regelmäßig ein vertraglicher Ausschluss des Kündigungsrechts.[590] Praktisch kommt es daher nur äußerst selten zu Kündigungen, welche gesamtökonomisch ineffizient sind. Umgekehrt würden wohl sehr viel häufiger Ressourcen unnötig eingesetzt, wenn der Besteller nicht die Möglichkeit hätte, den Vertrag gemäß § 648 BGB zu kündigen. Dabei wirkt sich die Besonderheit von Werk- und vor

585 *Weyers*, in: Überarbeitung des Schuldrechts, Bd. II, 1115 (1135 f.).
586 *Weyers*, in: Überarbeitung des Schuldrechts, Bd. II, 1115 (1136 f.).
587 *Fuchs*, Kooperationspflichten, S. 174.
588 *Fuchs*, Kooperationspflichten, S. 175.
589 *Fuchs*, Kooperationspflichten, S. 175 m.w.N.
590 Siehe etwa *Weyers*, in: Überarbeitung des Schuldrechts, Bd. II, 1115 (1136).

allem Bauverträgen aus, dass das konkrete Werk und die konkret gewählte Ausführungsart ganz regelmäßig auf die konkreten individuellen Bedürfnisse des Bestellers zugeschnitten sind und am Markt nicht dieselbe Wertschätzung erfahren würden wie im Moment des Vertragsschlusses durch den Besteller. Aufgrund dieses stark individuellen Einschlags von Werkverträgen erscheint das freie Kündigungsrecht daher als ökonomisch effizient und vorzugswürdig gegenüber einer starren Bindung des Bestellers an die Durchführung des Vertrages.

B. Diskussion über Anwendung des freien Kündigungsrechts auf andere Vertragstypen

Wie soeben dargestellt wurde, erweist sich das freie Kündigungsrecht vom Werkvertrag als interessengerecht. Daran anknüpfend soll untersucht werden, ob ein einseitiges Loslösungsrecht auch bei anderen Vertragstypen besteht oder bestehen sollte. Es wurde bereits ausgeführt, dass das BGB weder ein generelles Loslösungsrecht für alle Verträge vorsieht noch ein „de-facto-Loslösungsrecht" durch Erfüllungsverweigerung besteht.[591] Vor allem lassen sich die Wirkungen des § 648 BGB nicht durch das Unmöglichkeits- oder Schadensersatzrecht erzielen.[592] Diese Ausführungen zum Werkvertrag lassen sich auf andere Vertragstypen übertragen. Eine Vertragspartei hat es nach geltendem Recht also nicht in der Hand, sich von ihrer vertraglichen Verpflichtung dadurch zu befreien, dass sie ihrem Vertragspartner das finanzielle Interesse an der Durchführung des Vertrages erstattet.

I. Einseitiges anlassloses Loslösungsrecht bei einzelnen Vertragstypen?

Ausgehend von dem Befund, dass das BGB kein generelles Recht auf anlasslose Loslösung vom Vertrag vorsieht und ein solch generelles Recht auch nicht interessengerecht wäre, werden nun einzelne Vertragstypen in den Blick genommen. Dabei werden die bestehenden Loslösungsrechte beim Dienstvertrag und Pauschalreisevertrag beleuchtet und deren Gemeinsamkeiten und Unterschiede im Vergleich zu § 648 BGB herausgestellt. Für einzelne Vertragstypen wird sodann untersucht, ob die gesetzliche Schaffung einer anlasslosen Loslösungsmöglichkeit interessengerecht wäre.

591 Siehe hierzu unter Teil 1, B.IV.
592 Siehe hierzu unter Teil 1, B.IV.2 sowie Teil 1, B.IV.3.

Eine teilweise vertretene analoge Anwendung des § 648 BGB auf andere Vertragstypen[593] scheidet schon allein deshalb aus, weil es an einer für die Analogie erforderlichen planwidrigen Regelungslücke fehlt. Im Rahmen der Schuldrechtsmodernisierung hat der Gesetzgeber bewusst an dem freien Kündigungsrecht aus § 648 BGB festgehalten. Ebenso bewusst hat der Gesetzgeber darüber hinaus keine weiteren Loslösungsrechte geschaffen, obwohl im Gesetzgebungsverfahren sehr wohl auch Parallelen von Werkverträgen und Kaufverträgen diskutiert wurden. Da für eine analoge Anwendung des § 648 BGB folglich kein Raum ist, soll nachfolgend eruiert werden, ob die Schaffung weiterer anlassloser Loslösungsrechte interessengerecht wäre. Dabei ist im Ausgangspunkt die Grundsatzentscheidung des Gesetzgebers gegen ein allgemeines Loslösungsrecht und für einen Vorrang der Vertragsbindung zu berücksichtigen. Auch die ökonomische Analyse des Rechts führt zu der Grundannahme, dass die Bindung der Parteien an den Vertrag effizient ist.[594] Die Schaffung eines anlasslosen Loslösungsrechts für weitere Vertragstypen wäre daher nur dann vorzugswürdig, wenn die vertragstypspezifische Interessenlage eine Abweichung von dem Grundsatz der umfassenden Vertragsbindung rechtfertigt.

1. Dienstvertrag

Das Dienstvertragsrecht enthält in § 627 BGB ein freies Kündigungsrecht, welches sich auf Vertrauensdienstverträge beschränkt. Gleichwohl wird darüber hinaus auch ein generelles freies Kündigungsrecht für sämtliche Dienstverträge nach dem Vorbild des § 648 BGB diskutiert.

a. Kündigungsrecht von Vertrauensdienstverträgen gemäß § 627 BGB

Das freie Kündigungsrecht aus § 627 Abs. 1 BGB erlaubt beiden Parteien eines Dienstvertrages, diesen frist- und anlasslos zu kündigen.[595] Das Kündigungsrecht findet nur Anwendung auf Dienstverträge über Dienste höherer Art, die eine besondere Vertrauensstellung des Dienstverpflichteten begründen. Diese Vertrauensstellung ist auch der Grund für die Existenz des freien Kündigungsrechts aus § 627 Abs. 1 BGB. Da nicht stets rational nachvollziehbar ist, ob und warum ein Vertrauensverhältnis gestört ist, soll den Vertragsparteien eine

---

593 So etwa *Peters*, JZ 1996, 73.

594 Siehe hierzu unter Teil 2, A.IV.

595 Die Kündigung des Dienstverpflichteten ist jedoch – wenn kein wichtiger Grund vorliegt – nur unter der weiteren Voraussetzung zulässig, dass der Dienstberechtigte sich die Dienste noch anderweitig beschaffen kann, § 627 Abs. 2 BGB.

Loslösung vom Vertrag ermöglicht werden, ohne dass die objektiven Umstände und Motive überprüft werden.[596] Dadurch soll die Entscheidungsfreiheit der Parteien gewahrt werden, was insoweit eine Parallele zum freien Kündigungsrecht aus § 648 BGB darstellt.[597] Das freie Kündigungsrecht des § 627 Abs. 1 BGB unterscheidet sich aber vor allem in drei Aspekten vom freien Kündigungsrecht des § 648 BGB.

Der erste Unterschied besteht darin, dass beim Werkvertrag nur der Besteller den Vertrag frei kündigen kann, während das freie Kündigungsrecht aus § 627 Abs. 1 BGB beiden Vertragsparteien zusteht.[598]

Der zweite Unterschied liegt in den Motiven für die Schaffung der jeweiligen Kündigungsrechte. Das Kündigungsrecht des § 648 BGB zielt nicht auf spezifische Konstellationen, in denen typischerweise vom Interesse des Bestellers an einer Kündigung ausgegangen wird. Vielmehr wird jedwedes irgendwie denkbare Beendigungsinteresse des Bestellers anerkannt. Demgegenüber zielt das Kündigungsrecht des § 627 Abs. 1 BGB explizit auf Situationen des zerrütteten oder geschwundenen Vertrauens ab. Wenngleich der Anwendungsbereich nicht darauf beschränkt ist, hatte der Gesetzgeber bei der Schaffung des Kündigungsrechts allein jene Fälle vor Augen. Durch die gewählte Regelungstechnik wird lediglich auf eine Überprüfung der Motivlage im Einzelfall verzichtet.[599] Dies dient dem Schutz der Vertraulichkeit des Vertrauensverhältnisses.[600]

Der dritte Unterschied zwischen den Kündigungsrechten besteht darin, dass die Kündigung gemäß § 627 Abs. 1 BGB den Vertrag – wie bei Kündigungen aus wichtigem Grund üblich – ohne weiteres beendet. Dem Dienstverpflichteten steht regelmäßig nur die Vergütung für die bereits erbrachten Dienste nach Maßgabe des § 628 BGB zu. Demgegenüber bleibt der den Werkvertrag gemäß § 648 S. 1 BGB frei kündigende Besteller nach Maßgabe des § 648 S. 2 BGB auch zur Zahlung der Vergütung für den gekündigten Teil der Leistung verpflichtet. Während bei der freien Kündigung des Werkvertrages also zumindest die finanziellen Interessen des Unternehmers am Vertragsschluss gewahrt werden,

---

596 *Günther*, in: BeckOGK BGB, § 627 Rn. 4; *Henssler*, in: MüKo BGB, § 627 Rn. 2.

597 Im Hinblick auf § 648 siehe *Bitter/Rauhut*, JZ 2007, 964 (965).

598 Zur Diskussion um die Beschränkung des freien Kündigungsrechts aus § 627 Abs. 1 BGB auf Kündigungen des Dienstberechtigten siehe *Fischer*, Fristlose Kündigung, S. 79-81 m.w.N.

599 *Fischer*, Fristlose Kündigung, S. 73 spricht von einem „*Verzicht auf die Motivforschung*".

600 *Fischer*, Fristlose Kündigung, S. 69-74, 85. Darin erblickt er auch den Grund dafür, dass nicht nur der Dienstberechtigte, sondern auch der Dienstverpflichtete zur Kündigung berechtigt ist.

wird bei der freien Kündigung des Dienstvertrages fast vollständig auf einen Schutz der Bestandsinteressen des Kündigungsgegners verzichtet.[601] Aus diesem Grund kann auch davon gesprochen werden, dass § 627 BGB – anders als § 648 BGB[602] – den Grundsatz der Vertragstreue durchbricht.[603]

Zwischen den beiden Kündigungsrechten bestehen folglich strukturelle Unterschiede. Während § 648 S. 1 BGB ein im eigentlichen Sinne anlassloses Kündigungsrecht des Bestellers regelt, hat der Gesetzgeber bei § 627 BGB einen von ihm abstrakt anerkannten Kündigungsgrund typisiert, wobei lediglich auf die Einzelfallprüfung verzichtet wird. Gleichwohl lässt sich feststellen, dass beiden Kündigungsrechten besondere Interessenserwägungen zugrunde liegen, die die frist- und anlasslose Kündigung des jeweiligen Vertrages rechtfertigen.

b. Ausweitung auf sämtliche Dienstverträge?

Nach vereinzelt vertretener Auffassung sollen Dienstverträge auch unabhängig von § 627 BGB unter bestimmten Voraussetzungen entsprechend § 648 BGB gekündigt werden können.[604] So vertritt *Peters* die Ansicht, es bestehe ein allgemeines Kündigungsrecht des Sachleistungsgläubigers.[605] Zum Dienstvertrag führt er konkret aus, für eine Kündigung in entsprechender Anwendung von § 648 BGB sei nur dann kein Raum, wenn der Dienstverpflichtete auf der Erbringung seiner Leistung bestehe und dies dem Dienstberechtigten zumutbar sei.[606] Unabhängig davon, dass eine entsprechende Anwendung des § 648 BGB nach geltender Rechtslage schon mangels Regelungslücke ausscheidet,[607] würden die von *Peters* selbst vorgebrachten Einschränkungen zu einer Aushöhlung des von ihm für anwendbar erachteten freien Kündigungsrechts führen. Wenn für die Loslösung des Dienstberechtigten vom Vertrag das Einverständnis des Dienstverpflichteten erforderlich ist, bleibt von dem Charakter und Regelungsgehalt des freien Kündigungsrechtes als einseitiges Loslösungsrecht nicht mehr viel übrig. Ein Kündigungsrecht mit Zustimmungsvorbehalt des Vertragspartners hätte praktisch keinerlei Mehrwert. Auf eine übereinstimmend gewollte

601 *Fischer*, Fristlose Kündigung, S. 50.

602 Siehe hierzu Teil 1, B.III.

603 *Fischer*, Fristlose Kündigung, S. 53.

604 *Peters*, in: Staudinger, § 648 Rn. 59; *Peters*, JZ 1996, 73 (75 f.); wohl zustimmend *Bitter/ Rauhut*, JZ 2007, 964 (966 Fn. 23); ablehnend *Busche*, in: MüKo BGB, § 648 Rn. 4.

605 *Peters*, JZ 1996, 73 (76-78).

606 *Peters*, JZ 1996, 73 (76).

607 Hierzu bereits unter Teil 2, B.I.

Vertragsbeendigung können die Parteien sich schlicht durch eine gemeinsame Vereinbarung verständigen.[608] Die besondere Gestaltungskraft des freien Kündigungsrechts besteht hingegen gerade darin, dass auch ohne die Zustimmung des Vertragspartners – und möglicherweise sogar gegen dessen expliziten Willen – die Loslösung vom Vertrag möglich ist. Falls hingegen die Erbringung der Dienstleistung dem Dienstberechtigten im Einzelfall unzumutbar ist, so kommt als taugliches Loslösungsinstrument nicht die freie Kündigung, sondern eine Kündigung aus wichtigem Grund in Betracht.

Ein freies Kündigungsrecht vom Dienstvertrag lässt sich auch nicht der Vorschrift des § 615 BGB entnehmen. Richtig ist, dass bei unberechtigter Freistellung des Dienstverpflichteten genauso abzurechnen ist wie bei § 648 BGB.[609] Wenngleich die dogmatische Einordnung des § 615 BGB im Einzelnen sehr kontrovers beurteilt wird,[610] erweitert die Norm jedenfalls die Rechtsfolgen des Annahmeverzugs.[611] Eine Vertragsloslösung ermöglicht die Norm indes nicht. Die Annahmeverweigerung des Dienstberechtigten führt nicht zur Beendigung des Dienstverhältnisses. Simultan zu den obigen Ausführungen zum Werkvertrag[612] ist der Dienstverpflichtete auch nicht stets auf eine Mitwirkung durch den Dienstberechtigten oder auf die sofortige Annahme der Leistung durch diesen angewiesen. Dementsprechend liegen nicht stets die Voraussetzungen des § 615 BGB vor, wenn der Dienstberechtigte kein Interesse mehr an der Leistung hat und sich vom Vertrag lösen möchte. Ein freies Kündigungsrecht vom Dienstvertrag würde dementsprechend nicht nur die bisherige Rechtslage bestätigen, sondern die Rechte des Dienstberechtigten vielmehr erweitern.

Es ist auch kein Bedürfnis dafür erkennbar, dem Dienstberechtigten die sofortige und anlasslose Kündigung des Dienstvertrages zu ermöglichen. Das Dienstvertragsrecht enthält in den §§ 620-628 BGB differenzierte Regelungen zur ordentlichen sowie außerordentlichen Kündigung und deren Rechtsfolgen, welche den Interessen beider Parteien hinreichend Rechnung tragen.

---

608 *Peters*, JZ 1996, 73 (78) selbst wirft die Möglichkeit der einvernehmlichen Vertragsaufhebung auf. Ohne nähere Begründung vertritt er jedoch die Ansicht, die einseitige Loslösungsmöglichkeit entspreche eher der Interessenlage der Parteien.

609 Insoweit zutreffend auch *Peters*, in: Staudinger, § 648 Rn. 59.

610 Zum Meinungsstand siehe *Preis*, in: ErfK, § 615 BGB Rn. 1-7.

611 *Preis*, in: ErfK, § 615 BGB Rn. 1.

612 Siehe unter Teil 1, B.IV.2.b.

2. *Pauschalreisevertrag*

Die Vorschrift des § 651h Abs. 1 S. 1 BGB regelt das Recht des Reisenden zum Rücktritt vom Pauschalreisevertrag vor Reisebeginn. Dieses Rücktrittsrecht stellt eine besondere Ausprägung des freien Kündigungsrechts aus § 648 BGB dar.[613] Dadurch wird den Besonderheiten des Pauschalreisevertrages als eigenständiger Vertragstyp[614] Rechnung getragen. Das freie Kündigungsrecht gemäß § 648 BGB findet entsprechende Anwendung, wenn der Reisende sich nach Reisebeginn vom Vertrag lösen möchte.[615]

Das Rücktrittsrecht des § 651h Abs. 1 S. 1 BGB ist interessengerecht, stellt doch der Pauschalreisevertrag ein mustergültiges Beispiel dafür dar, dass sich die Verhältnisse des Reisenden im Zeitraum zwischen Vertragsabschluss und Reiseantritt ändern können. So kann der Reisende etwa durch eine Erkrankung oder eine Veränderung seiner beruflichen oder privaten Lebenssituation das Interesse an der Reise verloren haben.[616] Vielleicht ist ihm der Reiseantritt aus den genannten Gründen auch überhaupt nicht möglich. Es wäre unbillig, den Reisenden nun uneingeschränkt am Vertrag festhalten zu wollen. Durch die Vergütungs- und Entschädigungsregelungen des § 651h Abs. 1 S. 1 und 2 BGB werden auch die Interessen des Reiseveranstalters hinreichend gewahrt.[617] Überdies kommt das Kündigungsrecht auch den Reiseveranstaltern zugute. Ohne ein solches Kündigungsrecht würden Reisende regelmäßig von frühzeitigen Buchungen absehen. Gerade frühzeitige Buchungen geben den Reiseveranstaltern jedoch finanzielle und organisatorische Planungssicherheit. Auch das Rücktrittsrecht gemäß § 651h Abs. 1 S. 1 BGB als grundloses Loslösungsrecht rechtfertigt sich also durch die spezifischen Umstände und die spezifische Interessenlage der Parteien des Pauschalreisevertrags.

---

613 *Harke,* in: BeckOGK BGB, § 651h Rn. 3.

614 *Geib,* in: BeckOK BGB, § 651a Rn. 5 f. Gleichwohl weist der Reisevertrag viele werkvertragliche Elemente auf. Zur Diskussion um die Rechtsnatur des Reisevertrages siehe ferner *Alexander,* in: BeckOGK BGB, § 651a Rn. 143-147 m.w.N.

615 *Tonner,* in: MüKo BGB, § 651h Rn. 10 m.w.N.

616 Vgl. auch *Geib,* in: BeckOK BGB, § 651h Rn. 1.

617 Vgl. *Harke,* in: BeckOGK BGB, § 651h Rn. 4.

3. *Kaufvertrag*

Wohl am häufigsten diskutiert wird eine Ausweitung des freien Kündigungsrechts auf Kaufverträge.[618] Wiederum *Peters* spricht sich für eine entsprechende Anwendung des § 648 BGB auf Kaufverträge aus.[619]

a. *Interessenlage teilweise vergleichbar*

Zur Begründung führt *Peters* aus, die dem § 648 BGB zugrundeliegenden Motive ließen sich auch auf Kaufverträge übertragen. So könne der Käufer das Interesse an der Kaufsache verlieren, wenn ein längerer Zeitraum zwischen Kauf und Erhalt der Ware liege.[620] Die Abwicklung infolge der Kündigung eines Kaufvertrages sei regelmäßig sogar einfacher als die eines Werkvertrages, weil bei jenem kein halb fertiges Werk hinterlassen werde und lediglich eine finanzielle Abrechnung zu erfolgen habe.[621] Auch werde das finanzielle Interesse des Käufers durch eine entsprechende Anwendung des § 648 S. 2 BGB hinreichend gewahrt. Ein etwaiges darüber hinaus gehendes Interesse des Verkäufers an der Vertragsdurchführung sei regelmäßig jedenfalls nicht intensiver als das Vertragsdurchführungsinteresse des Werkunternehmers und könne daher ebenfalls zurückstehen.[622] Auch im Diskussionsentwurf eines Schuldrechtsmodernisierungsgesetzes hieß es, eine Besserstellung des Verkäufers, der im Vergleich zum Werkunternehmer kein Kündigungsrecht befürchten müsse, sei nicht interessengerecht.[623] Der daraus resultierende Vorschlag sah indes nicht die Erweiterung des freien Kündigungsrechts, sondern vielmehr dessen vollständige Streichung vor.[624]

Der Ansicht von *Peters* ist zuzugestehen, dass der Verkäufer regelmäßig vor allem ein finanzielles Interesse an der Durchführung des Vertrages hat, weil

---

618 In Bezug auf Kaufverträge erscheint die Bezeichnung eines hypothetischen anlasslosen Loslösungsrechts als „Kündigung“ terminologisch verfehlt. Da der Anknüpfungspunkt der Diskussion jedoch das freie Kündigungsrecht aus § 648 BGB ist, wird der Begriff zu Untersuchungszwecken gleichwohl verwendet.

619 *Peters*, in: Staudinger, § 648 Rn. 59; *Peters*, JZ 1996, 73 (75 f.); wohl zustimmend *Bitter/Rauhut*, JZ 2007, 964 (966 Fn. 23).

620 *Peters*, JZ 1996, 73 (76).

621 *Peters*, JZ 1996, 73 (76).

622 *Peters*, JZ 1996, 73 (76).

623 Vgl. Diskussionsentwurf eines Schuldrechtsmodernisierungsgesetzes vom 04.08.2000, S. 552 f.

624 Hierzu bereits unter Teil 2, A.II.

gerade bei Massengeschäften kein besonderes Referenzinteresse besteht. Diesbezüglich wird der Werkunternehmer durchaus stärker vom Gesetzgeber belastet als ein Verkäufer dies im Falle einer freien Kündigung des Kaufvertrages würde.

b. Interessenlage in entscheidenden Aspekten unterschiedlich

Gleichwohl ergeben sich aus der teils unterschiedlichen Interessenlage entscheidende Argumente gegen eine Ausweitung des freien Kündigungsrechts auf Kaufverträge. Der Werkvertrag unterscheidet sich vom Kaufvertrag vor allem durch die Herstellungspflicht des Werkunternehmers – im Gegensatz zur reinen Rechtsverschaffungspflicht des Verkäufers – sowie dadurch, dass das Werk bei Vertragsschluss noch nicht hergestellt ist.[625] Der Werkvertrag ist also auf etwas Zukünftiges bezogen.[626] Dementsprechend existiert das zu erstellende Werk im Zeitpunkt des Vertragsschlusses nur in der Vorstellung der Parteien.[627] Damit verbunden ist ein gewisses Maß an Unsicherheit, insbesondere auch im Hinblick auf die Tauglichkeit des Werkes für die Zwecke des Bestellers. Beim Kaufvertrag ist der Kaufgegenstand hingegen regelmäßig bereits vorhanden und wird nicht für den konkreten Käufer aufgrund des konkreten Vertrages hergestellt. Vielmehr handelt es sich in aller Regel um einen reinen (punktuellen) Austauschvertrag.[628] Der Käufer kann den Kaufgegenstand als verkehrsfähige (Standard-) Ware schlicht weiterveräußern, falls er das Interesse daran verloren hat.[629] Ein gesondertes Loslösungsrecht ist damit nicht erforderlich.[630] Es ist auch interessengerecht, wenn der Käufer, der sich zum Kauf einer regelmäßig bereits vorhandenen Sache verpflichtet hat, sich selbst um einen Weiterverkauf bemühen muss, wenn er nach Vertragsschluss das Interesse an der Kaufsache verliert. Es ist in dieser Konstellation auch kein Grund dafür ersichtlich, wieso der Käufer die gesetzliche Möglichkeit erhalten sollte, dem Verkäufer die Bemühungen um den Deckungsverkauf aufbürden zu können.

Ein weiterer Unterschied zwischen den Verträgen liegt darin, dass der Unternehmer beim Werkvertrag üblicherweise mit dem Eigentum des Bestellers in

---

625 *Jakobs*, AcP 183, 145 (150 f.).

626 *Jakobs*, AcP 183, 145 (151).

627 *Jakobs*, AcP 183, 145 (151 f.).

628 *Kern*, AcP 200, 684 (696 f.) weist auf diesen Umstand hin und plädiert aufgrund der unterschiedlichen Interessenlage bei Kaufverträgen im Vergleich zu Werk- oder Dienstverträgen gar dafür, Kaufverträge vom Anwendungsbereich des § 324 Abs. 1 a.F. (entspricht im Kern § 326 Abs. 1 und 2 BGB n.F.) auszunehmen.

629 *Voit*, in: FS Honsell, 415 (417 f.).

630 So zutreffend *Voit*, in: FS Honsell, 415 (418).

Berührung kommt.[631] Dementsprechend sind die Interessen des Bestellers in besonderer Intensität betroffen, was das freie Kündigungsrecht vom Werkvertrag rechtfertigt.[632] Ähnliche Erwägungen liegen auch dem freien Kündigungsrecht vom Vertrauensdienstvertrag aus § 627 Abs. 1 BGB sowie dem Rücktrittsrecht vom Reisevertrag aus § 651h Abs. 1 S. 1 BGB zugrunde. Auch in diesen Fällen liegt ein besonderer Persönlichkeitsbezug vor, der die anlasslose Loslösungsmöglichkeit rechtfertigt.[633] Ein solcher Bezug fehlt hingegen beim Kaufvertrag, was ebenfalls gegen die Schaffung eines freien Loslösungsrechts für den Käufer spricht.

Überdies wäre auch fraglich, wie ein vergleichbar mit § 648 S. 2 BGB ausgestalteter Kaufpreisanspruch infolge der Loslösung vom Kaufvertrag ausgestaltet sein sollte. Würde der schlichte Deckungsverkauf des Kaufgegenstandes als Abzugsposition berücksichtigt, könnte sich vor allem der Käufer von standardisierter Massenware sanktionslos vom Kaufvertrag lösen, weil der Verkäufer bei einem Deckungsverkauf regelmäßig denselben (standardisierten) Kaufpreis erzielen wird. Ein solch kompensationsloses Loslösungsrecht kann schon aus Gründen der Rechtssicherheit nicht erwünscht sein. Würde man hingegen den Deckungsverkauf nicht als Abzugsposition ansehen, weil davon auszugehen ist, dass sämtliche anderen Käufer die Massenware völlig unabhängig von der konkreten Loslösung im Einzelfall ebenso gekauft hätten, müsste sich der Verkäufer regelmäßig wohl nur die Materialkosten zur Herstellung des Kaufgegenstandes sowie möglicherweise schwer zu kalkulierende anteilige Geschäftskosten anrechnen lassen. In diesem Fall würde kein vernünftiger Käufer von dem Loslösungsrecht Gebrauch machen.

Die Interessenlage beim Kaufvertrag ist dementsprechend in entscheidenden Aspekten nicht mit der Interessenlage beim Werkvertrag vergleichbar. Vielmehr spricht die Interessenlage beim Kaufvertrag gegen die Normierung eines freien Loslösungsrechts vom Kaufvertrag.

c. Gesetzgeber hat Ablehnung eines freien Kündigungsrechts für Kaufverträge jüngst bestätigt

Dass der Gesetzgeber ein freies Kündigungsrecht für Kaufverträge ablehnt, zeigt sich im Übrigen auch noch einmal durch den jüngst bei der Reform des

631 BT-Drs. 16/511, S. 17. Wie bereits unter Teil 1, A.II. dargelegt, lag dieses Motiv wohl auch der Schaffung des § 648 BGB zugrunde.

632 *Weller*, Vertragstreue, S. 554.

633 Siehe hierzu unter Teil 2, B.I.1.a und Teil 2, B.I.2.

Bauvertragsrechts im Jahr 2018 eingeführten § 650u Abs. 2 BGB. Demnach findet § 648 BGB keine Anwendung auf Bauträgerverträge. Die Nichtanwendbarkeit des freien Kündigungsrechts auf den Bauträgervertrag entsprach schon zuvor der höchstrichterlichen Rechtsprechung[634] und wurde durch die Einführung des § 650u Abs. 2 BGB nun explizit vom Gesetzgeber übernommen und kodifiziert. Inhaltlich führte der BGH aus, es sei mit der Eigenart des Bauträgervertrages unvereinbar, eine freie Kündigung zuzulassen.[635] Begründet wurde dies mit den kaufvertraglichen Elementen des Bauträgervertrages. So solle vermieden werden, dass der Besteller den bauvertraglichen Teil des Vertrages kündige, aber gleichwohl die Übertragung des Eigentums an dem Grundstück verlange.[636] Der Gesetzgeber hat die Wertung des Bundesgerichtshofs explizit übernommen.[637] Dabei haben weder der BGH noch der Gesetzgeber die Möglichkeit erwogen, dass nicht nur der bauvertragliche Teil, sondern der Bauträgervertrag insgesamt frei gekündigt werden könnte. Die freie Kündigung von Kaufverträgen oder Verträgen mit kaufrechtlichen Elementen wird vom Gesetzgeber also bereits im Grundsatz als nicht interessengerecht abgelehnt. Damit hat der Gesetzgeber implizit noch einmal seine Wertungsentscheidung gegen ein freies Loslösungsrecht beim Kaufvertrag wiederholt, welche er bereits im Rahmen der Schuldrechtsmodernisierung getroffen hat.

4. *Werklieferungsvertrag*

Beim Werklieferungsvertrag besteht ein freies Kündigungsrecht aufgrund der Verweisung in § 650 S. 3 BGB nur bei Verträgen über herzustellende oder zu erzeugende unvertretbare Sachen. Ist der Gegenstand des Werklieferungsvertrages hingegen eine vertretbare Sache, so findet allein Kaufrecht Anwendung, § 650 S. 1 BGB. *Peters*[638] erachtet diese Eingrenzung des freien Kündigungsrechts für künstlich. Allein die Frage, ob der Gegenstand des Vertrages eine vertretbare oder unvertretbare Sache darstelle, begründe keinen wertungsmäßigen Unterschied im Hinblick auf das freie Kündigungsrecht.[639] Dieser Argumentation kann indes nicht gefolgt werden. So besteht ein wertungsmäßiger Unterschied sehr wohl darin, dass es dem Besteller einer unvertretbaren Sache – anders als

---

634 BGHZ 96, 275 = NJW 1986, 925.
635 BGHZ 96, 275 = NJW 1986, 925 (926 f.).
636 BGHZ 96, 275 = NJW 1986, 925 (926 f.).
637 Vgl. BT-Drs. 18/8486, S. 72.
638 *Peters*, JZ 1996, 73 (76).
639 *Peters*, JZ 1996, 73 (76).

dem Besteller einer vertretbaren Sache – gerade auf die Herstellung durch den Vertragspartner ankommt.[640] Außerdem sind unvertretbare Sachen auf die individuellen Bedürfnisse des Bestellers ausgerichtet.[641] Dieselben Erwägungen, die für eine Existenz des freien Kündigungsrechts bei Werkverträgen und gegen eine Ausweitung desselben auf Kaufverträge sprechen, lassen sich dementsprechend auch für die vom Gesetzgeber vorgenommene Differenzierung bei Werklieferungsverträgen ins Felde führen. Dem steht nicht entgegen, dass die Abgrenzung von vertretbaren und unvertretbaren Sachen im Einzelfall schwierig ist.[642] Derartige nicht immer trennscharfe Abgrenzungen sind der Rechtsordnung immanent. Immer wieder führen lediglich geringe tatsächliche Unterschiede zu erheblichen Unterschieden im Hinblick auf die anwendbaren Rechtsnormen. Beispielhaft kann hier die Abgrenzung zwischen Dienst- und Werkverträgen genannt werden, die ebenfalls schwierig sein kann, aber erhebliche rechtliche Unterschiede nach sich zieht.[643]

5. *Darlehensvertrag*

Auch für den Darlehensvertrag wird eine entsprechende Anwendung des § 648 BGB teilweise bejaht.[644]

a. *Außerordentliches Kündigungsrecht gemäß § 490 Abs. 2 BGB*

Das Darlehensvertragsrecht des BGB enthält neben dem ordentlichen Kündigungsrecht aus § 489 BGB in § 490 Abs. 2 BGB auch ein außerordentliches Kündigungsrecht des Darlehensnehmers. Dieses findet jedoch nur auf festverzinsliche, grundpfandbesicherte Darlehen mit bestimmter Laufzeit Anwendung. Auch setzt die außerordentliche Kündigung ein berechtigtes Interesse des Darlehensnehmers an der Kündigung voraus. Die Kündigung ist nicht fristlos, sondern unter Beachtung einer dreimonatigen Kündigungsfrist möglich, §§ 490 Abs. 2 S. 1, 488 Abs. 3 S. 2 BGB. Infolge der Kündigung steht dem Darlehensgeber

---

640 *Jakobs*, AcP 183, 145 (151 Fn. 10).

641 *Busche,* in: MüKo BGB, § 650 Rn. 20; *Merkle,* in: BeckOGK BGB, § 650 Rn. 56.

642 Vgl. hierzu *Busche,* in: MüKo BGB, § 650 Rn. 21 f.

643 *Merkle,* in: BeckOGK BGB, § 631 Rn. 164-171.

644 *Peters,* in: Staudinger, § 648 Rn. 59; *Peters,* JZ 1996, 73 (77 f.); wohl zustimmend *Bitter/Rauhut,* JZ 2007, 964 (966 Fn. 23); wohl ablehnend *Busche,* in: MüKo BGB, § 648 Rn. 3.

gemäß § 490 Abs. 2 S. 3 BGB eine Vorfälligkeitsentschädigung zu, die sein Erfüllungsinteresse befriedigen soll.[645]

Die Vorschrift des § 490 Abs. 2 BGB wurde im Jahr 2002 mit dem Schuldrechtsmodernisierungsgesetz eingeführt und basiert im Grundsatz auf einer vorherigen Rechtsfortbildung durch den BGH.[646] Der BGH begründete die von ihm erstmals geschaffene Loslösungsmöglichkeit vom Darlehensvertrag mit der Erhaltung der wirtschaftlichen Handlungsfreiheit für den Darlehensnehmer.[647] Wenn der Darlehensnehmer das Sicherungsobjekt etwa anderweitig verwerten wolle, müsse er auch die Möglichkeit haben, sich vom Darlehensvertrag lösen zu können.[648] Der Gesetzgeber hat die Motive des Bundesgerichtshofs explizit übernommen und aus Gründen der Rechtsklarheit kodifiziert.[649]

Das Kündigungsrecht aus § 490 Abs. 2 BGB ermöglicht eine Abweichung von dem Grundsatz, dass grundpfandrechtlich gesicherte Festzinsdarlehen für die Dauer der Laufzeit nicht vom Darlehensnehmer gekündigt werden können. Die vorzeitige Rückzahlung des Darlehens ist grundsätzlich nur bei einem unverzinslichen Darlehen vertragsgemäß.[650] Die Zahlung der Vorfälligkeitsentschädigung gemäß § 490 Abs. 2 S. 3 BGB infolge der Kündigung stellt hingegen nicht bloß eine vorfällige Erfüllung der Vertragspflichten des Darlehensnehmers dar. Dies zeigt sich bereits dadurch, dass der Darlehensnehmer bei einem entgeltlichen

---

645 *Rohe,* in: BeckOK BGB, § 490 BGB, Rn. 32. Die Vorfälligkeitsentschädigung ist als Schadensersatzanspruch ausgestaltet. Dies wird teilweise als systemwidrig kritisiert, so etwa von *Köndgen*, WM 2001, 1637 (1644); *Berger,* in: MüKo BGB, § 490 Rn. 34. Demgegenüber verteidigt *Weber,* in: BeckOGK BGB, § 490 Rn. 118-118.2 die Ausgestaltung als Schadensersatzanspruch.

646 *Röder,* in: Jahrbuch Junger Zivilrechtswissenschaftler 2014, 359 (360) unter Bezug auf BGHZ 136, 161 = NJW 1997, 2875. Die in § 490 Abs. 2 gewählte Regelungstechnik weicht dabei dogmatisch vom Ansatz des Bundesgerichtshofs ab. Während der BGH einen Anspruch des Darlehensnehmers gegen den Darlehensgeber auf Modifizierung des Vertragsinhalts angenommen hatte, gewährt § 490 Abs. 2 BGB dem Darlehensnehmer ein Gestaltungsrecht. Siehe hierzu auch *Rohe,* in: BeckOK BGB, § 490 Rn. 18 m.w.N.

647 BGHZ 136, 161 = NJW 1997, 2875 (2877).

648 BGHZ 136, 161 = NJW 1997, 2875. Das Urteil ist in der Literatur auf Kritik gestoßen. Wenngleich das Ergebnis im konkreten Fall Zustimmung verdiene, werde der Grundsatz der Vertragstreue bedenklich relativiert. So sei es zu weitgehend, einer Vertragspartei stets dann die Loslösung vom Vertrag zu ermöglichen, wenn berechtigte Interessen dies gebieten. Siehe hierzu *Köndgen*, ZIP 1997, 1645.

649 BT-Drs. 14/6040, S. 254 f.

650 *Berger,* in: MüKo BGB, § 490 Rn. 23.

Darlehen nicht nur die Verzinsung, sondern regelmäßig auch die Abnahme der Darlehenssumme als Hauptleistungspflicht schuldet.[651] Durch das außerordentliche Kündigungsrecht aus § 490 Abs. 2 BGB wird für den Darlehensvertrag folglich der Vorrang der Naturalerfüllung vor der Pekuniarerfüllung aufgegeben.[652] Rechtsökonomisch liegt dem Kündigungsrecht der Gedanke des *efficient breach of contract* zugrunde.[653]

Für Verbraucherdarlehensverträge ergibt sich die Möglichkeit zur Kündigung eines festverzinslichen Immobiliar-Verbraucherdarlehensvertrags mit bestimmter Laufzeit auch aus § 500 Abs. 2 S. 2 BGB. Die Kündigung setzt ebenfalls ein berechtigtes Interesse des Darlehensnehmers voraus und verpflichtet ihn nach Maßgabe des § 502 BGB zur Zahlung einer Vorfälligkeitsentschädigung. Wenngleich das Verhältnis der §§ 500 Abs. 2 S. 2, 502 BGB zum Kündigungsrecht aus § 490 Abs. 2 BGB nicht abschließend geklärt ist, liegen beiden Kündigungsmöglichkeiten dieselben Erwägungen zugrunde.[654]

b. Freies Kündigungsrecht des Darlehensnehmers auch ohne berechtigtes Interesse?

In der Literatur[655] und Rechtsprechung[656] besteht weitgehend Einigkeit darüber, dass der Darlehensnehmer sich abseits der in § 490 Abs. 2 BGB geregelten Interessenlage nicht auf eine vorzeitige Darlehensablösung einlassen muss. *Peters* plädiert hingegen dafür, dem Darlehensnehmer ein anlassloses Kündigungsrecht vom Darlehensvertrag einzuräumen.[657] Es sei nicht nachvollziehbar, dass für die Kündigung gemäß § 490 Abs. 2 BGB ein berechtigtes Interesse des Darlehensnehmers erforderlich sei. Ein solches sei nicht erforderlich, wenn und weil der Darlehensgeber infolge der Kündigung schadlos gestellt werde.[658]

---

651 *Rohe,* in: BeckOK BGB, § 488 Rn. 24 m.w.N.

652 *Rohe,* in: BeckOK BGB, § 490 Rn. 19; *Weber,* in: BeckOGK BGB, § 490 Rn. 118.2.

653 *Röder,* in: Jahrbuch Junger Zivilrechtswissenschaftler 2014, 359 (374-377); *Weber,* in: BeckOGK BGB, § 490 Rn. 118.2.

654 Vgl. *Weber,* in: BeckOGK BGB, § 490 Rn. 23-24.2 m.w.N.

655 *Weber,* in: BeckOGK BGB, § 490 Rn. 138; *Berger,* in: MüKo BGB, § 490 Rn. 39; *Samhat,* in: Ellenberger/Bunte BankR-HdB, § 79 Rn. 80, 150 f.; *Canaris,* in: Bankrechtstag 1996, 3 (11, 41).

656 BGH, NJW 2003, 2230; BGHZ 136, 161 = NJW 1997, 1285.

657 *Peters,* JZ 1996, 73 (77).

658 *Peters,* JZ 1996, 73 (77). Wohl zustimmend *Köndgen,* ZIP 1997, 1645 (1646).

aa. De lege lata kein freies Kündigungsrecht vom Darlehensvertrag

Nach aktueller Rechtslage bleibt aufgrund der Regelung des § 490 Abs. 2 BGB kein Raum für ein freies Kündigungsrechts des Darlehensnehmers. Der Gesetzgeber macht die Kündigung des Darlehens explizit von einem berechtigten Interesse des Darlehensnehmers abhängig. Dies steht in klarem Gegensatz zu einem anlasslosen Loslösungsrecht, bei welchem die Motivlage nicht hinterfragt wird und auch keiner gerichtlichen Kontrolle unterliegt. Eine entsprechende Anwendung des § 648 BGB scheidet daher schon mangels planwidriger Regelungslücke aus.[659]

bb. Interessenserwägungen für ein freies Kündigungsrecht

Diskutabel ist indes, ob es in Abweichung von der geltenden Rechtslage interessengerecht wäre, wenn der Darlehensnehmer sich gegen Zahlung einer Vorfälligkeitsentschädigung über die in § 490 Abs. 2 BGB geregelte Konstellation hinausgehend auch anlasslos vom Darlehensvertrag lösen könnte. Aus Sicht des Darlehensnehmers wäre ein freies Kündigungsrecht vom Darlehensvertrag vorteilhaft. Seine wirtschaftliche Handlungsfreiheit würde noch weitgehender gesichert als bisher. Der Darlehensgeber würde bezogen auf den einzelnen Darlehensvertrag durch ein freies Kündigungsrecht des Darlehensnehmers wirtschaftlich nicht schlechter gestellt. Die finanziellen Interessen des Darlehensgebers würden nämlich durch eine Vorfälligkeitsentschädigung entsprechend § 490 Abs. 2 S. 3 BGB gewahrt. Weitere finanzielle Interessen des Darlehensgebers wären nicht tangiert, zumal die Rückzahlung des Darlehens nebst Zahlung einer Vorfälligkeitsentschädigung wirtschaftlich der endgültigen Vertragserfüllung gleichkommt.[660] Die Interessenlage beim Darlehensvertrag unterscheidet sich somit auch von der Interessenlage bei anderen Verträgen,

---

659 *Canaris*, in: Bankrechtstag 1996, 3 (8 f.) weist überdies auch auf inhaltliche Unterschiede des Darlehensvertrages zum Werkvertrag hin, die einer Analogie entgegenstünden. So bringt er insbesondere vor, die Kapazitäten des Darlehensgebers seien grundsätzlich unbeschränkt und daher nicht mit denen eines Werkunternehmers vergleichbar.

660 *Rohe*, in: BeckOK BGB, § 490 Rn. 19. Sämtliche wirtschaftlichen Nachteile werden durch die Vorfälligkeitsentschädigung vollständig ausgeglichen. Darunter fallen auch etwaige Negativzinsen, die der Darlehensgeber bei der Wiederanlage der Darlehenssumme entrichten muss. Siehe dazu *Rösler/Wimmer*, NJW 2021, 1194 (1196). Infolge der Kündigung erlischt freilich auch die Pflicht des Darlehensnehmers zur Abnahme der Darlehenssumme. Diesbezüglich unterschiedet sich die Situation infolge der Kündigung deutlich von der vollständigen Vertragsdurchführung.

weil die Naturalerfüllung und Pekuniarerfüllung im Ergebnis identisch sind.[661] Daher sind das Kündigungsrecht aus § 490 Abs. 2 BGB und die zugrundeliegenden Interessenserwägungen auch nicht verallgemeinerungsfähig.[662]

cc. Interessenserwägungen gegen ein freies Kündigungsrecht

Gleichwohl wären durch ein freies Kündigungsrecht des Darlehensnehmers die Interessen des Darlehensgebers tangiert.

So ist davon auszugehen, dass eine generelle Kündigungsmöglichkeit zu einer zunehmenden Anzahl von vorzeitigen Darlehensablösungen führen würde. Dies könnte für die kreditgebenden Banken einen durchaus erheblichen Organisationsaufwand für die vorzeitige Abwicklung von Darlehensverträgen bedeuten.[663] Außerdem decken Banken sich regelmäßig in Niedrigzinsphasen mit ausreichend Liquidität ein. Daher haben sie kein Interesse daran, weiteres Kapital vorzeitig zurückzuerhalten.[664] Ferner würde eine vorzeitige Ablösungsmöglichkeit des Darlehensnehmers zu Rechtsunsicherheit führen. Trotz der abstrakt aufgestellten Grundsätze über die Bestimmung der Vorfälligkeitsentschädigung könnten sich im Einzelfall Auslegungsfragen ergeben, die teilweise auch gerichtlich geklärt werden müssten.[665] Wie diese Beispiele zeigen, wäre ein freies Kündigungsrecht des Darlehensnehmers sehr wohl auch mit Nachteilen für Banken als typische Darlehensgeber verbunden. Diese Nachteile würden auch nicht vollständig durch eine Vorfälligkeitsentschädigung kompensiert, da abstrakter und organisatorischer Mehraufwand bei deren Berechnung nicht oder jedenfalls nicht vollständig berücksichtigt wird.

Außerdem greift eine rein individuelle Betrachtung der Interessenlage bei einem einzelnen Darlehensvertragsverhältnis zu kurz. Typischerweise werden die von der Bank vergebenen Darlehen von dieser taggenau refinanziert. Würde das Gesetz es nun jedem Darlehensnehmer erlauben, sich ohne berechtigtes Interesse vom Vertrag zu lösen – etwa um einen Vertrag zu günstigeren Konditionen abzuschließen –, könnte das bestehende System der kongruenten Refinanzierung beschädigt werden.[666] Auch der organisatorische Mehraufwand der

661 *Rohe,* in: BeckOK BGB, § 490 Rn. 19 weist zutreffend darauf hin, dass sich aus diesem Grund auch eine Übertragung des Kündigungsrechts aus § 490 Abs. 2 BGB auf andere Verträge verbiete.

662 *Weber,* in: BeckOGK BGB, § 490 Rn. 118.2.

663 *Harbeke,* in: Bankrechtstag 1996, 85 (97).

664 *Harbeke,* in: Bankrechtstag 1996, 85 (97).

665 *Harbeke,* in: Bankrechtstag 1996, 85 (98).

666 OLG Naumburg, NJW-RR 2007, 1278; *Becher/Lauterbach,* WM 2004, 1163 (1168).

Banken für die Abwicklung vorzeitiger Darlehensrückzahlungen würde regelmäßig eingepreist werden. Die Finanzierungskosten dürften also insgesamt steigen und das Angebot an festverzinslichen Krediten mit längerer Laufzeit könnte sinken.[667] Dies würde auch den Interessen des Darlehensnehmers widersprechen, der seinerseits regelmäßig an einer sicheren Kalkulationsgrundlage durch einen langjährigen Zinsbindungszeitraum sowie darüber hinaus an möglichst günstigen Finanzierungskonditionen interessiert ist.[668]

dd. Entscheidung des Gesetzgebers verdient Zustimmung

Die Entscheidung des Gesetzgebers, dem Darlehensnehmer die Loslösung vom Darlehensvertrag nur nach Maßgabe des § 490 Abs. 2 BGB zu ermöglichen, verdient nach alledem Zustimmung. Ein freies Kündigungsrecht des Darlehensnehmers würde bereits mit Blick auf den individuellen Vertrag den Interessen des Darlehensgebers nicht hinreichend Rechnung tragen. Losgelöst vom individuellen Vertrag könnte sich ein freies Kündigungsrecht auch insgesamt negativ auf das bestehende Kreditfinanzierungssystem auswirken. Dies wäre mit Nachteilen sowohl für Darlehensgeber als auch für Darlehensnehmer verbunden. Außerdem würde die Anerkennung eines freien Kündigungsrechts vom Darlehensvertrag den Vertragsbindungsgrundsatz weitgehend entwerten. Eine Kündigungsmöglichkeit, die keine vertrags- oder situationsspezifischen Loslösungsinteressen verlangt, unterscheidet sich im Ergebnis nicht mehr von einem generellen Loslösungsrecht von jedwedem Vertrag. Ein solch generelles Loslösungsrecht ist im deutschen Zivilrecht jedoch aus guten Gründen nicht anerkannt.[669]

6. Mietvertrag/Pachtvertrag

Ein anlassloses Kündigungsrecht vom Miet- oder Pachtvertrag sieht das BGB nicht vor.[670] Soweit ersichtlich plädiert auch niemand für ein solches Recht, etwa durch analoge Anwendung des § 648 BGB.[671]

---

667 *Becher/Lauterbach*, WM 2004, 1163 (1168). *Freitag*, WM 2001, 2370 (2376) äußerte die Sorge, § 490 Abs. 2 BGB könne sich als „*verbraucherschutzrechtlicher Bumerang*" erweisen. Wenngleich diese Sorge im Nachgang unberechtigt scheint, dürfte sich ein generelles und anlassloses Kündigungsrecht tatsächlich nachteilig auf die Finanzierungskonditionen auswirken.

668 Vgl. *Krepold*, in: Schimansky/Bunte/Lwowski BankR-HdB, § 79 Rn. 63 f.

669 Siehe hierzu bereits unter Teil 1, B.IV.1.

670 Vgl. auch OLG Düsseldorf, NJW-RR 2012, 629.

671 Unklar jedoch *Peters*, in: Staudinger, § 648 Rn. 59.

Eine gewisse Parallele zu den Rechtsfolgen des § 648 BGB ergibt sich jedoch aus § 537 Abs. 1 S. 2 BGB. Danach muss der Vermieter sich bei persönlicher Verhinderung des Mieters an der Ausübung seines Gebrauchsrechts den Wert der ersparten Aufwendungen sowie die Vorteile aus einer anderweitigen Verwertung des Gebrauchs anrechnen lassen. Allerdings ist der Vermieter nicht verpflichtet, den Mietvertrag auf Verlangen des Mieters aufzuheben.[672] Auch die Stellung eines zumutbaren Ersatzmieters durch den Mieter ändert daran im Grundsatz nichts. Vielmehr muss der Vermieter nur ausnahmsweise gemäß § 242 BGB einer Aufhebung des Mietvertrages zustimmen.[673] Von der Schaffung eines dem § 648 BGB entsprechenden freien Kündigungsrecht hat der Gesetzgeber bewusst abgesehen.[674] Da das Verwendungsrisiko für die Mietsache nach der vertraglichen Risikoverteilung beim Mieter liegt,[675] ist es auch interessengerecht, dem Mieter die Kündigung des Vertrages im Regelfall nur unter Einhaltung der Kündigungsfristen zu ermöglichen.

II. Zusammenfassung: Ausdehnung des freien Loslösungsrechts ist nicht angezeigt

Eine Ausweitung der bereits für andere Vertragstypen bestehenden Loslösungsrechte ist folglich nicht angezeigt. Die Möglichkeit einer Vertragspartei zur einseitigen Loslösung vom Vertrag ist vielmehr nur in den bereits speziell normierten Fällen aufgrund der spezifischen Interessenlage bei dem jeweiligen Vertragstyp gerechtfertigt. Dies gilt namentlich für den Werkvertrag, den Pauschalreisevertrag, den Vertrauensdienstvertrag sowie unter gewissen Umständen den Darlehensvertrag. Die Ausdehnung dieses Loslösungsrechts auf andere Vertragstypen würde nicht nur die Interessen des jeweiligen Vertragspartners untergraben, sondern überdies das Institut der Vertragsbindung insgesamt empfindlich entwerten.[676]

---

672 *Zehelein,* in: BeckOK BGB, § 537 Rn. 11 m.w.N.

673 Vgl. BGHZ 155, 178 =NJW 2003, 2739 (2742).

674 *Glöckner*, BauR 1998, 669 (677), der aus dieser Erkenntnis jedoch unzutreffende Schlüsse zieht. Siehe auch bereits die Ausführungen unter Teil 1, B.IV.3.

675 *Zehelein,* in: BeckOK BGB, § 537 Rn. 1.

676 Vgl. auch bereits die Argumente, die gegen die Lehre vom effektiven Vertragsbruch vorgebracht werden. Siehe hierzu unter Teil 1, B.IV.1.

Dritter Teil: Konkrete Anwendungsprobleme

Der dritte Teil dieser Arbeit widmet sich konkreten Problemen bei der Anwendung des § 648 S. 2 BGB. Zunächst werden einzelne materiell-rechtliche Anwendungsprobleme behandelt. Im Anschluss wird ausführlich zu den prozessualen Anwendungsproblemen, vor allem der Darlegungs- und Beweislast des Vergütungsanspruchs aus § 648 S. 2 BGB, Stellung genommen.

A. Materiell-rechtliche Anwendungsprobleme

Eine vollständige Behandlung sämtlicher Auslegungsfragen im Zusammenhang mit § 648 S. 2 BGB soll nicht erfolgen; diesbezüglich kann auf die einschlägige Kommentarliteratur verwiesen werden.[677] Verschiedene Auslegungsfragen im Hinblick auf das Prinzip der Vor- und Nachteilswahrung wurden bereits im ersten Teil dieser Arbeit behandelt.[678] Nachfolgend werden weitere materiell-rechtliche Fragen beleuchtet, deren Beantwortung streitig ist und die aufgrund der Einführung des BGB-Bauvertragsrechts möglicherweise einer Neubewertung bedürfen. Konkret soll untersucht werden, wie sich nachträgliche Veränderungen des Leistungsumfangs auf die Berechnung des Vergütungsanspruchs gemäß § 648 S. 2 BGB auswirken. Ferner ist zu prüfen, unter welchen Voraussetzungen der Unternehmer sich anderweitigen Erwerb oder das böswillige Unterlassen eines solchen auf seinen Anspruch anrechnen lassen muss, zumal die Anrechnungsposition des anderweitigen Erwerbs praktisch nur eine untergeordnete Rolle spielt.[679]

I. Veränderungen des Leistungsumfangs und Begriff der vereinbarten Vergütung

Fraglich ist, wie sich nachträgliche Veränderungen des Leistungsumfangs auf den Vergütungsanspruch des Unternehmers auswirken. Diese Problematik ergibt sich vor allem in den Fällen, in welchen der Besteller das Werk nach der freien Kündigung durch einen anderen Unternehmer fertigstellen lässt. Insbesondere

---

677 Siehe etwa die ausführlichen Darstellungen bei *Kessen,* in: BeckOGK BGB, § 648 Rn. 97-159; *Kiedrowski,* in: BeckOK Bauvertragsrecht, § 648 Rn. 29-194; *Lederer,* in: Kapellmann/Messerschmidt, § 8 VOB/B Rn. 29-68.

678 Siehe hierzu unter Teil 1, C.IV.

679 Vgl. etwa *Quack,* in: FS von Craushaar, 309 (309-312).

bei Bauverträgen dürfte die Fortführung des Projektes im Vergleich zu dessen vollständiger Aufgabe die Regel sein.[680] Zu erwägen ist, ob die von dem Drittunternehmer ausgeführten Mengen und Nachträge auch die Berechnungsgrundlage für den Vergütungsanspruch des ursprünglichen Unternehmers gemäß § 648 S. 2 BGB darstellen.

Hierbei ist grundsätzlich zu unterscheiden zwischen Mehr- und Mindermengen bei der Ausführung der ursprünglich beauftragten Leistung sowie zusätzlichen Nachtragsleistungen, die erst später in Auftrag gegeben werden. Maßgebend für die Berücksichtigungsfähigkeit nachträglicher Veränderungen des Leistungsumfangs ist die Auslegung des Begriffs der vereinbarten Vergütung in § 648 S. 2 BGB.

1. Mehr- und Mindermengen

Mehr- und Mindermengen wirken sich grundsätzlich auf die Berechnung des Vergütungsanspruchs infolge der Kündigung aus. Hierbei ist zu differenzieren nach der im Vertrag vorgesehenen Vergütungsweise.

Bei Einheitspreisverträgen sind nachträgliche Mehr- oder Mindermengen bei der Berechnung des Vergütungsanspruchs aus § 648 S. 2 BGB ohne weiteres unmittelbar zu berücksichtigen. Bei den im Angebot genannten erforderlichen Mengen handelt es sich lediglich um Schätzungen, weshalb die Auftragssumme zunächst nur vorläufig ist.[681] Stellt sich heraus, dass zur Erreichung des geschuldeten Leistungserfolges größere oder kleinere Mengen erforderlich sind, erhöht oder mindert sich entsprechend auch die Vergütung infolge der Kündigung.[682] Eine Anpassung der Einheitspreise aufgrund von Mindermengen infolge der Kündigung erfolgt hingegen nicht.[683] Etwaige Gewinn- und Kostendeckungsbestandteile der entfallenen Massen sind schlicht nicht erspart, weshalb dem Unternehmer die dafür kalkulierte Vergütung zusteht.[684] Falls sich nach der Kündigung hingegen Mehrmengen hinsichtlich einzelner Positionen zeigen,

680 *Klein*, BauR 2016, 12.

681 *Jacob*, BauR 2021, 751 (753).

682 *Klein*, BauR 2016, 12 (14, 16); *Jacob*, BauR 2021, 751 (753); *Kessen*, in: BeckOGK BGB, § 648 Rn. 140.

683 OLG Celle, BeckRS 1994, 122971 Rn. 10; *Oberhauser*, in: Messerschmidt/Voit, § 648 Rn. 35; *Kessen*, in: BeckOGK BGB, § 648 Rn. 114.1; *Peters*, in: Staudinger, § 648 Rn. 25; a.A. *Voit*, in: BeckOK BGB, § 648 Rn. 13.

684 OLG Celle, BeckRS 1994, 122971 Rn. 10; *Oberhauser*, in: Messerschmidt/Voit, § 648 Rn. 35.

kommt eine Preisanpassung gemäß § 2 Abs. 3 Nr. 2 VOB/B ebenso in Betracht wie bei einem ungekündigten Vertrag, damit der Unternehmer keinen ungerechtfertigten Vorteil infolge der Kündigung davonträgt.

Auch bei Pauschalpreisverträgen sind Abweichungen von den kalkulierten Mengen zu berücksichtigen. Dies gilt unabhängig davon, ob es sich um einen Detail- oder Globalpauschalvertrag handelt. Die Vergütung des Unternehmers infolge der Kündigung berechnet sich dadurch, dass der Wert der erbrachten Leistung ins Verhältnis zu der nach dem Vertrag geschuldeten Gesamtleistung gesetzt wird.[685] Dementsprechend erhöht oder mindert sich die Vergütung des Unternehmers bei Mengenabweichungen, weil die jeweils erbrachten Leistungen im Verhältnis zur geschuldeten Gesamtleistung einen höheren oder niedrigeren Anteil ausmachen.[686]

2. *Nachträge bei Bauverträgen*

Im Hinblick auf Bauverträge ist umstritten, ob Nachträge, die infolge der einseitigen Leistungsbestimmung des Bestellers nach der Kündigung durch den neuen Unternehmer durchgeführt werden oder sonst zur vollständigen Herstellung des Werkes erforderlich gewesen wären, auch bei der Berechnung des Vergütungsanspruchs gemäß § 648 S. 2 BGB zu berücksichtigen sind. Diese Frage wurde bisher allein im Hinblick auf VOB/B-Bauverträge und das dort bestehende Anordnungsrecht aus § 1 Abs. 3, 4 VOB/B diskutiert. Seit der Einführung des BGB-Bauvertragsrechts mit dem nunmehr bestehenden Anordnungsrecht des Bestellers aus § 650b BGB stellt sich diese Frage gleichsam auch beim BGB-Bauvertrag. Unproblematisch sind die Nachträge, die im Zeitpunkt der Kündigung bereits beauftragt worden waren. Die darauf bezogene Vergütung wird in jedem Fall von § 648 S. 2 BGB erfasst.[687] Gegenstand von Diskussionen ist indes der Umgang mit Nachträgen, welche noch nicht beauftragt wurden oder für welche noch keine konkrete Vergütung vereinbart wurde.

a. *Enges Verständnis vom Begriff der vereinbarten Vergütung*

Aus einem Urteil des OLG Celle[688] aus dem Jahr 2008 folgt ein enges Verständnis vom Begriff der vereinbarten Vergütung. In dem zugrundeliegenden Fall wurde der Unternehmer mit der Durchführung von Wärmedämmarbeiten beauftragt.

---

685 BGH, NJW 1995, 2712 (2713).

686 *Jacob*, BauR 2021, 751 (753 f.).

687 *Klein*, BauR 2016, 12 (14); *Jacob*, BauR 2021, 751 (754); *Rosendahl*, NZBau 2022, 450.

688 OLG Celle, BeckRS 2010, 1831.

Der ursprüngliche Vertrag, der die Anwendung der VOB/B vorsah, enthielt zu verschiedenen einzelnen Bauteilen keine Regelung (zur Vereinfachung werden die einzelnen Bauteile nachfolgend insgesamt als Endstücke bezeichnet). Kurz nach Vertragsschluss erteilte der Besteller den weiteren Auftrag, auch Endstücke – soweit technisch erforderlich – einzubauen. Zu einer Preisvereinbarung über die Endstücke kam es nicht. Der Besteller kündigte den Bauvertrag im weiteren Verlauf ohne wichtigen Grund. Zu diesem Zeitpunkt hatte der Unternehmer bereits einen Teil der Endstücke eingebaut. Bei vollständiger Durchführung des Vertrages wäre der Einbau weiterer Endstücke technisch erforderlich gewesen. Infolge der Kündigung forderte der Unternehmer eine Vergütung unter anderem auch für die Endstücke. Dabei machte er eine Vergütung sowohl für die bereits eingebauten Endstücke als auch für die Endstücke geltend, die bei vollständiger Durchführung des Vertrages zur Herstellung einer ordnungsgemäßen Wärmedämmung erforderlich gewesen wären, infolge der Kündigung jedoch nicht mehr eingebaut wurden. Das OLG sprach dem Unternehmer lediglich die Vergütung für die eingebauten Endstücke zu. Die Vergütung für den Einbau der ohne Kündigung noch erforderlichen Endstücke sei nicht berücksichtigungsfähig bei der Berechnung des Anspruchs nach § 648 S. 2 BGB. Zwar hätten die Endstücke in jedem Fall eingebaut werden müssen. Da die Kosten für die Endstücke noch kein Bestandteil des gekündigten Vertrages gewesen seien, könne der Unternehmer nun auch keine Vergütung verlangen, soweit er die entsprechenden Leistungen nicht erbracht habe. Nach dem klaren Gesetzeswortlaut gehörten diese zusätzlichen Leistungen nicht zur vereinbarten Vergütung. Es sei auch mit dem Prinzip der Vor- und Nachteilswahrung als Grundgedanke des § 648 S. 2 BGB vereinbar, die Vergütung für die nicht eingebauten Endstücke unberücksichtigt zu lassen. Schließlich hätten die Parteien noch keine konkrete Vereinbarung über Umfang und Vergütung der einzubauenden Endstücke getroffen. Gewinnerwartungen des Unternehmers im Hinblick auf die nicht konkret im Vertrag vereinbarten Leistungen seien nicht schutzwürdig.[689] Unklar bleibt, ob das Gericht die Kosten für zusätzliche oder geänderte Leistungen gemäß § 1 Abs. 3, 4 VOB/B deshalb nicht bei der vereinbarten Vergütung berücksichtigt hat, weil es davon ausging, dass diese nicht Gegenstand des ursprünglich geschlossenen Vertrages werden,[690] oder ob es die Kosten im Hinblick auf die unterbliebene Einigung über die Vergütung für nicht berücksichtigungsfähig hielt.[691]

---

689 OLG Celle, BeckRS 2010, 1831; wohl zustimmend KG, IBRRS 2019, 1284 sowie *Geheeb*, in: Leinemann/Kues, § 648 Rn. 36.

690 So *Franz*, in: Leinemann, VOB/B, § 8 Rn. 82; *Jacob*, BauR 2021, 751 (754 Fn. 22).

691 So *Orthmann*, IBR 2010, 78.

Das Urteil des OLG Celle ist im Ergebnis zu Recht auf Kritik gestoßen.[692] So wird darauf hingewiesen, dass der Besteller bereits angeordnet hatte, dass alle erforderlichen Endstücke als notwendige Zusatzleistungen im Sinne des § 1 Abs. 4 S. 1 VOB/B erbracht werden sollten. Der Auftrag war daher dem Grunde nach bereits erteilt. Lediglich eine Einigung über die Höhe der Vergütung war noch nicht erfolgt. Bei vollständiger Durchführung des Vertrages hätte der Unternehmer daher sämtliche erforderlichen Endstücke einbauen müssen, ohne dass es dafür einer weiteren Vereinbarung bedurft hätte.[693] Die Vergütung hätte sich dann gemäß § 1 Abs. 3, 4 i.V.m. § 2 Abs. 5, 6 VOB/B im Hinblick auf die zusätzlich zu erbringenden Leistungen erhöht.[694] Schon allein durch die Anordnung der zusätzlichen Leistungen sind diese unmittelbar Gegenstand des ursprünglichen Vertrags geworden.[695] Anderenfalls könnte der Besteller den Vergütungsanspruch des Unternehmers auch aushebeln, wenn er sich schlicht weigert, infolge der Nachtragsanordnung eine formale Vereinbarung über die dafür zu entrichtende Vergütung zu treffen.[696] Daraus folgt, dass der Unternehmer diesen Teil der Vergütung – entgegen der Ansicht des OLG Celle – auch infolge der Kündigung verlangen kann.[697]

b. Formales Verständnis vom Begriff der vereinbarten Vergütung

In der Literatur wird überwiegend ein formaler Ansatz vertreten. Danach sind diejenigen Nachträge und Zusatzleistung bei der Berechnung des

---

692 *Orthmann*, IBR 2010, 78; *Franz,* in: Leinemann, VOB/B, § 8 Rn. 81 f.; *Klein*, BauR 2016, 12 (13 f.); *Rosendahl*, NZBau 2022, 450 (451 f.). *Jacob*, BauR 2021, 751 (754) schließt sich der Kritik im Ergebnis ebenfalls an.

693 *Orthmann*, IBR 2010, 78.

694 *Orthmann*, IBR 2010, 78 geht davon aus, die Vergütungshöhe ergebe sich aus § 632 Abs. 2 BGB. Eines solchen Rückgriffs bedarf es indes nicht, da sich die Vergütungsanpassung infolge einer Leistungsanordnung des Bestellers bei einem VOB/B-Bauvertrag bereits aus § 2 Abs. 5, 6 VOB/B, bei einem BGB-Bauvertrag aus § 650c BGB ergibt.

695 *Franz,* in: Leinemann, VOB/B, § 8 Rn. 82.

696 *Rosendahl*, NZBau 2022, 450 (452).

697 So zutreffend *Orthmann*, IBR 2010, 78; *Franz,* in: Leinemann, VOB/B, § 8 Rn. 82; *Klein*, BauR 2016, 12 (13 f.). *Joussen*, in: Ingenstau/Korbion, § 8 Abs. 1 VOB/B Rn. 55 sieht dies in der Sache genauso. Gleichwohl beruft er sich auf das OLG Celle, wenn er die Vergütung für zwar erforderliche, aber noch nicht beauftragte Nachträge als nicht von § 648 S. 2 BGB erfasst ansieht. Dabei übersieht er, dass das OLG Celle selbst festgestellt hatte, dass die Zusatzleistungen bereits beauftragt waren und lediglich keine Vereinbarung über den Preis erfolgt war.

Vergütungsanspruchs gemäß § 648 S. 2 BGB zu berücksichtigen, die vor der Kündigung des Vertrages bereits in Auftrag gegeben wurden.[698] Eine konkrete Vereinbarung über die Höhe der Vergütung sei hingegen nicht erforderlich.[699] Demgegenüber sei eine Vergütung für noch nicht beauftragte Nachtragsleistungen selbst dann nicht zu berücksichtigen, wenn diese Nachtragsleistungen für die Gesamtleistung erforderlich seien.[700] Anderenfalls würde die Entscheidungsgewalt des Bestellers verkannt, welcher möglicherweise aus guten Gründen einen anderen Unternehmer mit derartigen notwendigen Arbeiten beauftragen wolle.[701]

c. *Weites Verständnis vom Begriff der vereinbarten Vergütung*

In der jüngeren Vergangenheit haben sich Stimmen in der Literatur für ein weites Verständnis vom Begriff der vereinbarten Vergütung ausgesprochen. Noch vor der Einführung des BGB-Bauvertragsrechts plädierte *Klein*[702] dafür, dass der Unternehmer bei VOB/B-Verträgen infolge der Kündigung auch die (ggf. gekürzte) Vergütung für Nachtragsleistungen verlangen könne.[703] Der Sinn und Zweck des § 648 S. 2 BGB, die vollständige Schadloshaltung des Unternehmers, gebiete es, dem Unternehmer auch die Nachtragsvergütung zuzusprechen.[704] Bei dieser handle es sich ebenfalls um einen Vorteil aus dem abgeschlossenen Vertrag, welcher berücksichtigt werden müsse.[705] Der Wortlaut des § 648 S. 2 BGB stehe dem nicht entgegen. Zwar habe der Besteller im Zeitpunkt der Kündigung noch keinen Gebrauch von seinem Leistungsbestimmungsrecht gemacht, weshalb auch noch kein Anspruch des Unternehmers auf die Nachtragsvergütung entstanden sei. Gleichwohl könne der Begriff der „vereinbarten Vergütung" sowohl aus einer ex-ante- als auch aus einer ex-post-Perspektive verstanden werden. Der Wortlaut „vereinbarte Vergütung" lege zwar zunächst

---

698 *Joussen,* in: Ingenstau/Korbion, § 8 Abs. 1 VOB/B Rn. 55; *Kniffka,* in: Kniffka/Koeble, Teil 8 Rn. 73; *Vogel,* in: Nicklisch/Weick/Jansen/Seibel, VOB/B, § 8 Rn. 63; *Geheeb,* in: Leinemann/Kues, § 648 Rn. 36. Insoweit auch OLG Celle, BeckRS 2010, 1831.

699 *Joussen,* in: Ingenstau/Korbion, § 8 Abs. 1 VOB/B Rn. 55.

700 *Joussen,* in: Ingenstau/Korbion, § 8 Abs. 1 VOB/B Rn. 55; *Kniffka,* in: Kniffka/Koeble, Teil 8 Rn. 73; *Vogel,* in: Nicklisch/Weick/Jansen/Seibel, VOB/B, § 8 Rn. 63; *Geheeb,* in: Leinemann/Kues, § 648 Rn. 36; *Vygen/Joussen*, Bauvertragsrecht, Rn. 2840.

701 *Schmitz,* in: ibrOK Bauvertragsrecht, § 648 Rn. 107.

702 *Klein*, BauR 2016, 12.

703 *Klein*, BauR 2016, 12.

704 *Klein*, BauR 2016, 12 (14-16).

705 *Klein*, BauR 2016, 12 (16).

eine ex-ante-Betrachtung nahe. Gleichwohl sei der Wortlaut vor allem vor dem Hintergrund konsequent, dass das gesetzliche Leitbild des Werkvertrages davon ausgehe, dass der Werklohn bei Abschluss des Vertrages bereits feststehe.[706] Der Wortlaut schließe indes auch eine ex-post-Betrachtung nicht aus. Schließlich stelle der BGH bei der Ermittlung der Vergütung nach § 648 S. 2 BGB auf die tatsächliche Kostenentwicklung im Hinblick auf die ersparten Aufwendungen ab, nehme insoweit also eine ex-post-Betrachtung vor. Dann müsse es auch möglich sein, zur Ermittlung weiterer Bestandteile des Anspruchs eine ex-post-Betrachtung vorzunehmen.[707] Da der Wortlaut einer ex-post-Betrachtung nicht entgegenstehe und allein diese Auslegung dem Prinzip der Vor- und Nachteilswahrung Rechnung trage, sei diese vorzugswürdig.[708] Bewertungsmaßstab für die Schadloshaltung des Unternehmers sei demnach die vereinbarte Vergütung für das gekündigte Bauvorhaben im Zeitpunkt der vollständigen Abwicklung des gekündigten, gleichwohl mit einem Dritten fortgesetzten Vertrages.[709]

Jacob[710] hat sich dieser Auffassung im Wesentlichen angeschlossen. Nachträge sollten auch dann bei der Berechnung des Vergütungsanspruchs gemäß § 648 S. 2 BGB berücksichtigt werden, wenn vor der Kündigung des Bauvertrages noch keine Anordnung erfolgt sei, aber die Durchführung der Nachträge gewiss erfolgen werde.[711] Die Intention des Gesetzgebers sei es, der Berechnung des Vergütungsanspruchs infolge der Kündigung die gesamte noch entstehende Vergütung zugrunde zu legen, also auch Vergütungsansprüche für Nachträge gemäß §§ 650b, 650c BGB bzw. § 2 Abs. 5, 6 VOB/B.[712] Änderungen des Leistungsumfangs nach Vertragsschluss seien für Bauverträge typisch, weshalb BGB

706 *Klein*, BauR 2016, 12 (18). Im Hinblick auf den Bauvertrag gilt dies seit Einführung des § 650b BGB nicht mehr. Bei allen weiteren Werkverträgen steht dem Besteller hingegen kein Anordnungsrecht zu. Gleichwohl bleibt das Argument von *Klein* bereits deshalb valide, weil der historische Gesetzgeber bei der Schaffung des § 648 BGB nachträgliche Änderungen des Leistungsumfangs nicht im Sinn gehabt haben dürfte.

707 *Klein*, BauR 2016, 12 (18).

708 *Klein*, BauR 2016, 12 (19 f.).

709 *Klein*, BauR 2016, 12 (17).

710 *Jacob*, BauR 2021, 751.

711 *Jacob*, BauR 2021, 751 (752, 757). An anderer Stelle des Aufsatzes heißt es, die Vergütung für nicht beauftragte Nachtragsleistungen solle berücksichtigt werden, wenn diese zur Fertigstellung des Bauwerks auszuführen sein würden, *Jacob*, BauR 2021, 751 (759). Diese Formulierung hat indes nicht dieselbe Bedeutung, sondern ist enger gefasst (dazu sogleich unter Teil 3, A.I.2.d).

712 *Jacob*, BauR 2021, 751 (755).

und VOB/B auch Preisregelungen für diese Fälle enthielten. Die Auftragssumme und die Abrechnungssumme fielen regelmäßig auseinander, wobei die Höhe der Vergütung aufgrund der Preisänderungsmechanismen nicht dem Zufall überlassen sei. Dies spreche dafür, dass der Begriff der vereinbarten Vergütung sich nicht nur auf die Auftragssumme, sondern auch auf die regelmäßig davon abweichende Abrechnungssumme beziehe.[713]

Rosendahl spricht sich für eine zumindest teilweise Vergütungspflichtigkeit nicht ausgeführter Nachtragsleistungen im Fall der Kündigung aus.[714] Zumindest in Fällen des § 2 Abs. 8 Nr. 2 S. 2 VOB/B sei auch eine Vergütung für nicht angeordnete zusätzliche Leistungen zu berücksichtigen.[715] Gemäß § 2 Abs. 8 Nr. 2 S. 2 VOB/B steht dem Auftragnehmer eine Vergütung auch für solche Leistungen zu, die zur Erfüllung des Vertrages notwendig waren, dem mutmaßlichen Willen des Auftraggebers entsprachen und ihm unverzüglich angezeigt wurden. Da es einer Anordnung des Auftraggebers in den genannten Fällen nicht bedürfe, sei die entsprechende Vergütung auch unabhängig von einer solchen Anordnung im Kündigungsfall zugunsten des Auftragnehmers zu berücksichtigen.[716]

Auch *Kiedrowski* hält die Berücksichtigung von Nachträgen für möglich, wenn diese noch nicht vor der Kündigung vereinbart oder beauftragt waren. Geänderte Leistungen, die erst infolge der Kündigung erbracht wurden, seien auch dann zu berücksichtigen, wenn feststehe, dass der ursprüngliche Unternehmer diese ohne die Kündigung ebenfalls erbracht hätte.[717] Einschränkend fügt *Kiedrowski* hinzu, dass dem Unternehmer in der Praxis kaum der Beweis gelingen werde, dass sich das Vertragsverhältnis ohne die Kündigung in gleicher Weise geändert hätte und zusätzliche Leistungen erbracht worden wären.[718]

d. Stellungnahme

Keine der zuvor dargestellten Auffassungen führt zu einer sachgerechten Lösung. Die von *Klein* und *Jacob* geäußerte Kritik an einer zu engen Auslegung des Begriffs der vereinbarten Vergütung verdient Zustimmung. Die von ihnen vorgenommene Auslegung ist gleichwohl zu weitgehend. Vorzugswürdig ist

---

713 *Jacob*, BauR 2021, 751 (757) unter Bezugnahme auf *Klein*, BauR 2016, 12.

714 *Rosendahl*, NZBau 2022, 450 (453). Ob *Rosendahl* auch dem weiteren Ansatz von *Klein* und *Jacob* folgt, bleibt unklar. Explizit positioniert er sich dazu nicht.

715 *Rosendahl*, NZBau 2022, 450 (453).

716 Vgl. *Rosendahl*, NZBau 2022, 450 (453).

717 *Kiedrowski*, in: BeckOK Bauvertragsrecht, § 648 Rn. 155 f.

718 *Kiedrowski*, in: BeckOK Bauvertragsrecht, § 648 Rn. 156.

demgegenüber ein differenziertes Verständnis vom Begriff der vereinbarten Vergütung. Im Einzelnen:

aa. Wortlaut

Ausgangspunkt der Auslegung ist der Wortlaut des § 648 S. 2 BGB. Die Bezeichnung als „vereinbarte Vergütung" legt nahe, dass eine entsprechende Vereinbarung bereits erfolgt ist, sei es schon unmittelbar bei Vertragsschluss, jedenfalls aber vor der Kündigung. Rein begrifflich liegt auch das Verständnis am nächsten, dass die Vergütung schon konkret feststeht, weil sie erst dann im eigentlichen Wortsinn vereinbart ist. Gleichwohl ist dieses Verständnis nicht zwingend. Insoweit hat *Klein* zu Recht darauf hingewiesen, dass die vereinbarte Vergütung durchaus auch ex-post im Sinne der Abrechnungssumme verstanden werden kann, ohne dabei den Wortsinn zu verlassen und die Grenzen der Auslegung zu überschreiten.[719]

bb. Telos

Sinn und Zweck der Vorschrift ist die Schadloshaltung des Unternehmers, d.h. der Schutz der berechtigten „Gewinnerwartung"[720] aus dem Vertrag.[721] Deutlich zu eng wäre demnach eine Auslegung des Begriffs der „vereinbarten Vergütung", die bereits eine konkret vereinbarte Höhe der Vergütung voraussetzen würde. Dies ist etwa in all jenen Fällen evident, in denen eine Vergütung unstreitig geschuldet werden sollte und lediglich eine Vereinbarung über die Höhe noch nicht erfolgt ist. Haben die Parteien sich bei Vertragsschluss nicht über eine konkrete Vergütung geeinigt, greift die Regelung des § 632 Abs. 2 BGB, wonach dem Unternehmer die taxmäßige oder übliche Vergütung zusteht. Wollte man dem Unternehmer infolge der Kündigung eines solchen Vertrages keinerlei Vergütung aus § 648 S. 2 BGB zusprechen, wäre dies mit dem Sinn und Zweck der Regelung nicht zu vereinbaren. Dasselbe gilt für bereits angeordnete Zusatzleistungen. Auch für diese Leistungen steht dem Unternehmer infolge der Kündigung ohne weiteres eine Vergütung selbst dann zu, wenn die Parteien vor der Kündigung noch keine Vereinbarung über die Höhe der Vergütung getroffen hatten.[722]

---

719 *Klein*, BauR 2016, 12 (17).

720 Die nach Abzug der Anrechnungspositionen verbleibende Vergütung kann nicht mit dem Gewinn gleichgesetzt werden. Siehe hierzu *Rohland/Wawra*, NJW-Spezial 2021, 684.

721 Siehe hierzu bereits unter Teil 1, C.

722 *Klein*, BauR 2016, 12 (14); *Jacob*, BauR 2021, 751 (754).

Sowohl *Klein* als auch *Jacob* argumentieren mit schadensrechtlichen Grundvorstellungen und gehen davon aus, dass es sich bei dem Anspruch aus § 648 S. 2 BGB der Sache nach um einen Schadensersatzanspruch wegen Nichterfüllung handle, der auf den Ersatz des Erfüllungsinteresses gerichtet sei.[723] Sofern die Erfüllung des Vertrages nur durch die Ausführung von Nachträgen möglich sei, schließe das Erfüllungsinteresse des Unternehmers zwingend auch die Berücksichtigung der daraus resultierenden Vergütungsansprüche gemäß §§ 650b, 650c BGB bzw. § 2 Abs. 5, 6 VOB/B ein.[724] Oben wurde bereits ausführlich dargestellt, dass es sich bei dem Anspruch aus § 648 S. 2 BGB um einen Vergütungsanspruch handelt, der lediglich schadensersatzrechtliche Züge aufweist.[725] Richtig ist allerdings die Schlussfolgerung, dass das wirtschaftliche Interesse des Unternehmers an der vollständigen Durchführung des gekündigten Vertrages durch § 648 S. 2 BGB geschützt und verwirklicht werden soll. Gleichwohl ist nur dasjenige Erfüllungsinteresse des Unternehmers schützenswert, bezüglich dessen er bereits eine verfestige Rechtsposition, ein *„nicht mehr einseitig entziehbares Recht auf Vergütung“*[726] erworben hat. Im Hinblick auf Nachtragsleistungen fehlt es immer dann an einer solch verfestigten Rechtsposition, wenn der Besteller auch ohne weiteres von der Ausführung der Leistungen absehen oder ein Drittunternehmen mit dessen Durchführung beauftragen könnte. Die für die Berücksichtigungsfähigkeit der Vergütung entscheidende Frage muss demnach lauten, ob der Unternehmer bereits ein Recht erworben hat, die Vergütung zu verdienen, welches ihm nicht mehr einseitig durch den Besteller entzogen werden kann. Demzufolge steht dem Unternehmer nach der Kündigung nur eine Vergütung hinsichtlich derjenigen Arbeiten und Nachträge zu, die nach der Vereinbarung der Parteien bei vollständiger Vertragsdurchführung zwingend und zwingend auch von ihm zu erbringen gewesen wären.[727] Nur hinsichtlich der dafür anfallenden Vergütung hat der Unternehmer im Zeitpunkt der Kündigung bereits eine durch § 648 S. 2 BGB gesicherte Rechtsposition. Um zu bestimmen, wann der Unternehmer im Hinblick auf einzelne Nachträge eine gesicherte Rechtsposition erlangt, sind die vertraglichen Vereinbarungen sowie die Regelungen zur Beauftragung von

---

723 *Klein*, BauR 2016, 12 (14-16); *Jacob*, BauR 2021, 751 (755-757).

724 *Jacob*, BauR 2021, 751 (757).

725 Siehe hierzu unter Teil 1, B.II.

726 So die treffende Formulierung von *Jacob*, BauR 2021, 751 (754), der jedoch teilweise unzutreffend darunter subsumiert (dazu sogleich).

727 Ob der Unternehmer die Leistungen selbst erbringt oder im Einklang mit den vertraglichen Regelungen durch einen Subunternehmer durchführen lässt, spielt insoweit keine Rolle.

Nachträgen in den Blick zu nehmen. Ein Anordnungsrecht des Bestellers ergibt sich sowohl hinsichtlich Änderungen des vereinbarten Werkerfolges (§ 650b Abs. 1 S. 1 Nr. 1, Abs. 2 BGB) als auch hinsichtlich Änderungen, die zur Erreichung des vereinbarten Werkerfolges notwendig sind (§ 650b Abs. 1 S. 1 Nr. 2, Abs. 2 BGB).

(1) Änderungen zur Erreichung des vereinbarten Werkerfolges

Bei einem Vertrag mit streng funktionaler Leistungsbeschreibung kann es keine Änderungen gemäß § 650b Abs. 1 S. 1 Nr. 2 BGB geben, weil der Unternehmer ohnehin ein voll funktionsfähiges Werk zu dem vereinbarten Pauschalpreis schuldet.[728] Es ist Sache des Unternehmers, wie er den vertraglich definierten Bauerfolg realisiert.[729] Daher fällt es auch in seinen Risikobereich, wenn sich der für die Erreichung des Vertragsziels erforderliche Aufwand später als größer herausstellt als ursprünglich von ihm angenommen.[730] Da die Vergütung für den vereinbarten Bauerfolg bei einem solchen Vertrag von vornherein abschließend ist, ist auch infolge einer etwaigen freien Kündigung des Vertrages kein Raum für eine zu berücksichtigende zusätzliche Vergütung.

Etwas anderes kann sich hingegen bei einem Vertrag mit detaillierter Leistungsausschreibung ergeben. Der Unternehmer schuldet aufgrund des funktionalen Mängelbegriffs ein mangelfreies Werk.[731] Dies gilt auch dann, wenn eine ursprünglich durch den Besteller erfolgte Leistungsausschreibung unvollständig war und der Besteller gleichwohl keine Anordnung zur Erbringung der für den Werkerfolg notwendigen Änderungen gemäß § 650b Abs. 1 S. 1 Nr. 2, Abs. 2 BGB erteilt hat.[732] Möchte der Unternehmer ein mangelfreies Werk herstellen, muss er die nicht explizit bestellten und nicht bepreisten Leistungen, die für die Erreichung des Werkerfolges erforderlich sind, auch ohne Anordnung oder Vereinbarung erbringen.[733] Diese Verpflichtung des Unternehmers folgt ohne

---

728 *Leupertz,* in: BeckOK Bauvertragsrecht, § 650b Rn. 43.

729 *Leupertz,* BauR 2019, 409 (410).

730 *Leupertz,* BauR 2019, 409 (410).

731 BGHZ 139, 244 = NJW 1998, 3707; BGHZ 174, 110 = NJW 2008, 511.

732 War hingegen der Unternehmer auch für die Planung verantwortlich und hat er damit zugleich das Preisrisiko übernommen, so steht ihm auch im Falle eines Änderungsbegehrens des Bestellers nach § 650b Abs. 1 S. 1 Nr. 2 BGB kein Anspruch auf eine zusätzliche Vergütung zu, § 650c Abs. 1 S. 2 BGB. Siehe hierzu *Leupertz,* in: BeckOK Bauvertragsrecht, § 650b Rn. 54.

733 *Mundt,* in: BeckOGK BGB, § 650b Rn. 239; *Leupertz,* BauR 2019, 409 (411).

weiteres bereits aus dem Ursprungsvertrag.[734] Sodann ist durch Auslegung zu ermitteln, ob die für die zusätzlichen Arbeiten erforderliche Vergütung bereits vom Ursprungsvertrag umfasst ist.[735] Ist dies nicht der Fall, so hat der Unternehmer einen Anspruch auf eine Anpassung der Vergütung.[736]

Teilweise wird in diesen Fall gar davon ausgegangen, dass der Besteller verpflichtet sei, eine notwendige Anordnung nach § 650b Abs. 1 S. 1 Nr. 2, Abs. 2 BGB zu erteilen.[737] Dadurch werde sichergestellt, dass der Unternehmer auch einen Anspruch auf den Werklohn erhalte, der der geänderten Leistung entspreche.[738] Teilweise wird eine Verpflichtung des Bestellers, eine Anordnung zu erteilen, hingegen abgelehnt.[739] Der Besteller sei lediglich berechtigt, Anordnungen zu treffen. Er könne es jedoch auch dem Unternehmer überlassen, wie er den vertraglich vereinbarten Werkerfolg erreichen wolle.[740] Auch in diesem Fall stehe dem Unternehmer indes ein Anspruch auf Anpassung der Vergütung zu.[741]

Die Berücksichtigung der Vergütung für erforderliche Änderungen in Fällen der Kündigung ist im Ergebnis nichts anderes als die Kehrseite der weitreichenden Verpflichtung des Unternehmers zur Erreichung des Werkerfolges im ungekündigten Vertrag. So greift die Erfolgsverpflichtung des Unternehmers für erforderliche Maßnahmen gemäß § 650b Abs. 1 S. 1 Nr. 2 BGB, ohne dass dem Unternehmer die Möglichkeit bliebe, sich auf eine Unzumutbarkeit

---

734 *Leupertz*, BauR 2019, 409 (411). Etwas anderes gilt lediglich dann, wenn die Parteien ausnahmsweise die Herstellung eines (möglicherweise) objektiv nicht funktionstauglichen Werkes vereinbart haben. *Leupertz*, BauR 2019, 409 (414) führt hierzu eindrücklich aus, dass etwa ein undichtes Dach zwar objektiv nicht funktionstauglich, gleichwohl aber vertragsgemäß ist, wenn der Besteller ein undichtes Dach bestellt hat. Siehe auch *Abel/Schönfeld*, BauR 2017, 2047 (2050).

735 *Leupertz*, BauR 2019, 409 (419). Zur Ermittlung des geschuldeten Leistungsumfangs (Bausoll) durch Auslegung siehe auch *Markus*, Jahrbuch Baurecht 2004, 1.

736 Erfolgt eine Anordnung der zusätzlichen Leistungen nach § 650b Abs. 1 S. 1 Nr. 2, Abs. 2 BGB, so folgt die Preisanpassung aus § 650c BGB. *Leupertz*, BauR 2019, 409 (419) spricht zutreffend von einer Äquivalenzstörung des ursprünglichen Vertrages, welcher durch eine Erhöhung der Vergütung Rechnung getragen werden müsse. Umstritten ist hingegen die Anspruchsgrundlage für die erhöhte Vergütung, wenn eine Anordnung unterbleibt, vgl. *Abel/Schönfeld*, BauR 2017, 2047 (2049) m.w.N.

737 *Mundt*, in: BeckOGK BGB, § 650b Rn. 241 f.

738 Vgl. *Mundt*, in: BeckOGK BGB, § 650b Rn. 239.

739 *Abel/Schönfeld*, BauR 2017, 2047 (2051 f.).

740 *Abel/Schönfeld*, BauR 2017, 2047 (2051).

741 *Abel/Schönfeld*, BauR 2017, 2047 (2049 f., 2052).

der Durchführung der Arbeiten zu berufen.[742] Wo der Unternehmer uneingeschränkt zur Durchführung einer Leistung verpflichtet ist, muss er im Gegenzug auch uneingeschränkt vom gesamten Vertragsumfang und der korrespondierenden Vergütung profitieren. Diese Berechtigung des Unternehmers zur Leistungserbringung wirkt sich im Falle der Kündigung regelmäßig zu seinen Gunsten aus.

Demzufolge verdient es keine Zustimmung, Nachträge generell nur dann bei der Berechnung des Vergütungsanspruchs aus § 648 S. 2 BGB zu berücksichtigen, wenn diese im Zeitpunkt der Kündigung bereits beauftragt oder angeordnet waren. Vielmehr ist eine Vergütung für solche Leistungen, die zur Herstellung eines mangelfreien Werkes erforderlich gewesen wären, stets zu berücksichtigen.[743] Da der Unternehmer bereits aus dem Ursprungsvertrag und unabhängig von einer Anordnung des Bestellers zur Erbringung der Leistungen verpflichtet war, kommt es nicht darauf an, ob eine solche Anordnung tatsächlich erfolgt ist. In jedem Fall hatte der Unternehmer nämlich bereits eine gesicherte Rechtsposition, aufgrund derer er die entsprechende Vergütung durch seine Leistungserbringung hätte verdienen dürfen. Gleichwohl sei angemerkt, dass die Erbringung zusätzlicher, zur Erreichung des Werkerfolges erforderlicher Leistungen nicht stets zu einer Erhöhung des Vergütungsanspruchs führt. Vielmehr kommt es auf die vertragliche Vereinbarung der Parteien und insbesondere darauf an, wer das Risiko für die unvollständige Leistungsbeschreibung übernommen hat. Ergibt die Auslegung, dass dem Unternehmer eine gesonderte Vergütung zusteht, so ist dies auch im Fall der freien Kündigung bei der Berechnung des Anspruchs aus § 648 S. 2 BGB zu berücksichtigen.

(2) Änderungen des vereinbarten Werkerfolges

Etwas anderes gilt im Hinblick auf Nachträge, welche zu einer Änderung des Werkerfolges führen. Der Besteller ist völlig frei in seiner Entscheidung, ob er eine Änderung des Werkerfolges wünscht und eine entsprechende Anordnung nach § 650b Abs. 1 S. 1 Nr. 1, Abs. 2 BGB trifft. Dementsprechend besteht auch keine gesicherte Rechtsposition des Unternehmers, entsprechende Leistungen erbringen zu dürfen und sich damit eine gegenüber dem ursprünglichen Vertrag zusätzliche Vergütung zu verdienen. Bloß weil es – vor allem bei der Beauftragung von Generalunternehmern – üblich ist, diese auch mit Nachträgen zur Änderung des Werkerfolges zu beauftragen, folgt daraus noch keine gesicherte

742 Hierzu sowie zu den Grenzen der Leistungsverpflichtung siehe *Abel/Schönfeld*, BauR 2017, 2047 (2053-2055) m.w.N.

743 So wohl auch *Rosendahl*, NZBau 2022, 450 (453).

Rechtsposition des Unternehmers. Ob der Besteller während der Vertragsdurchführung Änderungen des Werkerfolges wünscht, welche zu einer Mehrvergütung beim Unternehmer führen würden, ist aus dessen Sicht rein zufällig. Dementsprechend sind solche Nachträge auch dann nicht bei der Berechnung des Vergütungsanspruchs gemäß § 648 S. 2 BGB zu berücksichtigen, wenn der Unternehmer nach der Kündigung des Ursprungsvertrages einen Drittunternehmer mit der Durchführung beauftragt.

Ein weitergehendes Verständnis, welches die Vergütung des § 648 S. 2 BGB auf sämtliche Nachträge erstrecken möchte, stünde auch nicht im Einklang mit der Bedeutung und Reichweite der Vertragsbindung. Die Pflicht des Bestellers, infolge der freien Kündigung im Grundsatz weiterhin zur Zahlung der Vergütung verpflichtet zu sein, trägt dem Grundsatz der Vertragsbindung Rechnung. Trotz der Kündigung bleibt die Bindung des Bestellers an den Vertrag in modifizierter Form bestehen.[744] Dementsprechend schuldet der Besteller dem Unternehmer eine Vergütung für die Leistungen, bezüglich derer eine Vertragsbindung bereits bestand. Die Kündigung des Vertrages kann hingegen nicht zu einer Vertiefung der Vertragsbindung führen und sich auf Leistungen beziehen, die der Besteller bei vollständiger Vertragsdurchführung gar nicht hätte beauftragen müssen. Es wäre auch eine sachlich nicht zu rechtfertigende Verschlechterung der Rechtsposition des Bestellers sowie ein ungerechtfertigter Eingriff in dessen allgemeine Handlungsfreiheit, wenn jede nachträgliche Leistungsänderung des Bestellers gegenüber einem neu beauftragten Drittunternehmen sich auch auf die Vergütung aus dem gekündigten Vertrag auswirken würde. Jede dieser nachträglichen Änderungen würde dann nämlich aus Sicht des Bestellers doppelte Kosten verursachen. Der Besteller könnte daher von geplanten Änderungen des Werkerfolges abgehalten werden.

Im Hinblick auf Änderungen des Werkerfolges ist es auch kein relevantes Kriterium, ob die geänderte Leistung in jedem Fall auch gegenüber dem ursprünglichen Unternehmer beauftragt worden wäre.[745] Auch in diesem Fall läge der Rechtsgrund für die gesonderte Vergütung allein in der Nachtragsbeauftragung. Ohne eine solche Nachtragsbeauftragung fehlt es an einer Berechtigung des Unternehmers, die Leistung zu erbringen und die Vergütung zu verdienen. Selbst wenn also feststehen sollte, dass der Besteller ohne Kündigung auch eine geänderte Leistung beauftragt hätte, so wäre die dafür zu entrichtende Vergütung nicht gemäß § 648 S. 2 BGB zu berücksichtigen. Unabhängig davon erscheint ein

---

744 Siehe hierzu bereits unter Teil 1, B.III.2.b.aa.

745 So aber *Kiedrowski*, in: BeckOK Bauvertragsrecht, § 648 Rn. 156.

solches Abgrenzungskriterium auch praktisch ungeeignet. So dürfte es kaum je nachweisbar sein, dass eine geänderte Leistung in jedem Fall auch bei weiterer Durchführung des Vertrages gegenüber dem ursprünglichen Unternehmer beauftragt worden wäre.

e. Zusammenfassung

Der Vergütungsanspruch aus § 648 S. 2 BGB umfasst auch die Vergütung für Nachtragsleistungen, welche der Unternehmer bei vollständiger Durchführung des Vertrages hätte erbringen müssen. Hierunter fallen in aller Regel insbesondere Zusatzleistungen gemäß § 650b Abs. 1 S. 1 Nr. 2 BGB, die für die Herstellung des Werkerfolges notwendig gewesen wären. Es kommt nicht darauf an, ob der Besteller die Erbringung dieser Leistungen vor der Kündigung bereits angeordnet hatte. Ebenso wenig kommt es darauf an, ob diese Leistungen später von einem Drittunternehmer erbracht werden. Die Verpflichtung wie auch die Berechtigung des Unternehmers zur Durchführung der für den Werkerfolg notwendigen Leistungen gründen bereits in der Verpflichtung des Unternehmers aus dem ursprünglichen Vertrag, ein funktionsfähiges Werk herzustellen.

Nicht bei der Berechnung des Vergütungsanspruchs aus § 648 S. 2 BGB zu berücksichtigen sind hingegen Nachträge gemäß § 650b Abs. 1 S. 1 Nr. 1 BGB, mit denen nach der Kündigung ein Drittunternehmer beauftragt wird und die zu einer Änderung des Werkerfolges führen. Diesbezüglich bestand weder eine schützenswerte Rechtsposition des Unternehmers noch eine Vertragsbindung des Bestellers, welche eine Berücksichtigung der Nachträge bei der Vergütungsberechnung rechtfertigen könnte.

II. Anderweitiger Erwerb

Nicht abschließend geklärte Auslegungsfragen ergeben sich auch im Hinblick auf die Anrechnungsposition des anderweitigen Erwerbs.

1. Problemstellung

Neben den ersparten Aufwendungen muss der Unternehmer sich auf seinen Vergütungsanspruch aus § 648 S. 2 BGB auch dasjenige anrechnen lassen, was er durch anderweitige Verwendung seiner Arbeitskraft erwirbt oder zu erwerben böswillig unterlässt. Auch diese Anrechnungsposition dient dem Zweck, dass der Unternehmer infolge der Kündigung nicht besser dastehen soll als bei vollständiger Vertragsdurchführung.[746] Angerechnet wird nur der Überschuss, den der Unternehmer durch anderweitigen Erwerb erzielt, d.h. der Gewinn sowie die allgemeinen Geschäftskosten.[747]

Unter welchen Voraussetzungen eine Anrechnung solch (unterlassenen) anderweitigen Erwerbs erfolgt, wirft im Detail Schwierigkeiten auf. Diese Schwierigkeiten resultieren zum einen daraus, dass der historische Gesetzgeber bei der Schaffung des Werkvertragsrechts insgesamt auf den einzelnen Handwerker abgestellt hat, was sich auch an der in § 648 S. 2 BGB gewählten Formulierung „*Arbeitskraft*" zeigt.[748] Der einzelne Handwerker kann seine Arbeitskraft zur selben Zeit nur einmal einsetzen, weshalb verhältnismäßig einfach zu bestimmen war, wann ein anzurechnender anderweitiger Erwerb vorlag. Mit der wirtschaftlichen Realität heutiger Werk- und Bauverträge hat dies jedoch regelmäßig nichts mehr zu tun.[749] Vor allem große Unternehmen verfügen über viele Arbeitskräfte und viele Arbeitsgeräte, welche je nach Auftragslage erhöht oder reduziert werden können.[750] Die Formulierung „*Arbeitskraft*" passt daher schon begrifflich nicht zu der Organisationsstruktur großer Unternehmen. In der Vergangenheit wurde daher vorgeschlagen, den Wortlaut des § 648 S. 2 HS. 2 BGB wie folgt zu ändern: „*Er muß sich jedoch anrechnen lassen, was er infolge der Aufhebung des Vertrages an Aufwendungen erspart, anderweitig erwirbt oder mit zumutbarer Bemühung hätte erwerben können.*"[751] Dem Änderungsvorschlag ist der Gesetzgeber jedoch nicht gefolgt. Daher ist zu fragen, unter welchen Voraussetzungen anderweitiger Erwerb bei großen Organisationseinheiten

---

746 *Lederer,* in: Kapellmann/Messerschmidt, § 8 Rn. 52.

747 BGHZ 131, 362 = NJW 1996, 1282 (1283); *Kiedrowski,* in: BeckOK Bauvertragsrecht, § 648 Rn. 144; *Geheeb,* in: Leinemann/Kues, § 648 Rn. 53; *Beigel,* BauR 1997, 782 (783).

748 *Quack,* in: FS von Craushaar, 309 (309 f); *Glöckner,* BauR 1998, 669 (675). Vgl. auch *Nicklisch,* BB 1979, 533; *Nicklisch,* JZ 1984, 757 (757-759). Demgegenüber spricht § 8 Abs. 1 VOB/B davon, dass nicht nur die anderweitige Verwendung der Arbeitskraft, sondern auch des Betriebs anzurechnen ist. Dies stellt jedoch lediglich eine Klarstellung dar und führt zu keiner inhaltlichen Abweichung von § 648 S. 2 BGB, *Quack,* in: FS von Craushaar, 309 (309 f.).

749 Vgl. *Nicklisch,* BB 1979, 533.

750 *Glöckner,* BauR 1998, 669 (675).

751 *Weyers,* in: Überarbeitung des Schuldrechts, Bd. II, 1115 (1139). Zustimmend *Nicklisch,* JZ 1984, 757 (768). Ablehnend hingegen *Keilholz,* in: Überarbeitung des Schuldrechts, Bd. III, 241 (275), der darauf hinweist, dass mit der Abkehr von dem Erfordernis der „Böswilligkeit" erhöhte Anforderungen an die Bemühungen des Unternehmers zu stellen wären.

als Anrechnungsposition zu berücksichtigen ist.[752] *Quack* ist gar der Ansicht, aufgrund des personalen, nicht auf Unternehmen zugeschnittenen Regelungsmodells bestehe insoweit eine Regelungslücke, die durch eine Analogie geschlossen werden müsse.[753] Unabhängig davon wird bei Unternehmen anderweitiger Erwerb nach den von der Rechtsprechung und Literatur aufgestellten Grundsätzen[754] nur äußerst selten auf den Vergütungsanspruch angerechnet.[755] Ferner stellt sich die Frage, aus welcher zeitlichen Perspektive zu bestimmen ist, ob ein anzurechnender anderweitiger Erwerb vorliegt.

2. *Inhaltliche Kriterien für die Anrechnung anderweitigen Erwerbs*

a. *Kriterien für die Anrechnung nach der Rechtsprechung und überwiegenden Auffassung in der Literatur*

Die Anrechnung anderweitigen Erwerbs setzt einen ursächlichen Zusammenhang zwischen der Kündigung und dem Ersatzauftrag voraus. Erst die Kündigung muss es dem Unternehmer ermöglicht haben, den Ersatzauftrag als Füllauftrag anzunehmen.[756] Dies setzt eine Vollauslastung des Unternehmers voraus.[757] War der Unternehmer hingegen in der Lage, neben dem gekündigten Vertrag weitere Aufträge durchzuführen, handelt es sich dabei schon deshalb nicht um anzurechnende Ersatzaufträge, weil diese Aufträge nicht kausal auf der Kündigung beruhen.[758] Beauftragt derselbe Besteller, der den Vertrag mit dem Unternehmer frei gekündigt hat, den Unternehmer

---

752 Siehe auch *Glöckner*, BauR 1998, 669 (681); *Quack*, in: FS von Craushaar, 309 (309 f).

753 *Quack*, in: FS von Craushaar, 309 (310).

754 Hierzu sogleich unter Teil 3, A.II.2.

755 *Quack*, in: FS von Craushaar, 309 (311); *Werner/Siegburg*, BauR 1997, 181 (189).

756 BGHZ 131, 362 = NJW 1996, 1282 (1283); *Brüninghaus*, in: BeckOK VOB/B, § 8 Abs. 1 Rn. 51; *Kniffka*, in: Kniffka/Koeble, Teil 8 Rn. 80; *Vogel*, in: Nicklisch/Weick/Jansen/Seibel, VOB/B, § 8 Rn. 70. Ein mustergültiger Füllauftrag liegt etwa dann vor, wenn ein ursprünglich als Nachunternehmer von einem Generalunternehmer beauftragter Unternehmer infolge der Kündigung des Generalunternehmervertrages durch den Besteller sowie der anschließenden freien Kündigung des Nachunternehmervertrages durch den Generalunternehmer unmittelbar vom Besteller mit der Durchführung derselben Arbeiten an demselben Bauvorhaben beauftragt wird. In diesem Fall erfolgt eine Anrechnung des anderweitigen Erwerbs. Siehe dazu OLG Hamburg, BeckRS 2015, 125378.

757 OLG Düsseldorf, IBRRS 2012, 3789.

758 BGH, NJW 2000, 205 (206); BGH, NJW 2015, 469 (471 f. Rn. 27-30); OLG Frankfurt, NJW-RR 1987, 979 (980); *Vogel*, in: Nicklisch/Weick/Jansen/Seibel, VOB/B, § 8 Rn. 70.

infolge der Kündigung hingegen mit der Durchführung eines Ersatzauftrages, so soll eine Anrechnung der daraus erzielten Vergütung als anderweitiger Erwerb auch dann erfolgen, wenn der Unternehmer den Ersatzauftrag neben dem gekündigten Auftrag hätte durchführen können.[759] Für die Anrechnung des anderweitigen Erwerbs sei ausreichend, dass eine adäquat kausale Verknüpfung zwischen der Kündigung und der Erteilung des Ersatzauftrags vorliege.[760] Der Anrechnung eines Füllauftrages als anderweitiger Erwerb steht es nicht entgegen, wenn der Füllauftrag später ausgeführt wird als der gekündigte Auftrag durchzuführen gewesen wäre.[761] Ein Füllauftrag ist allerdings nicht zu berücksichtigen, wenn er vorgezogen und anstelle des gekündigten Auftrags durchgeführt wird, im Nachhinein jedoch eine Beschäftigungslücke des Unternehmers entsteht, wodurch dieser nicht voll ausgelastet ist.[762]

In entsprechender Anwendung des § 648 S. 2 BGB ist auch ein anderweitiger Erwerb anzurechnen, der aus der Verwertung des Arbeitsergebnisses oder der für den Arbeitsauftrag ursprünglich vorgesehenen Materialien resultiert.[763]

Eine Anrechnung böswillig unterlassenen anderweitigen Erwerbs setzt lediglich voraus, dass der Unternehmer einen zumutbaren Ersatzauftrag, der nach den zuvor dargestellten Kriterien anzurechnen gewesen wäre, ausgeschlagen hat.[764] Eine Schädigungsabsicht ist nicht erforderlich.[765]

---

759 OLG Saarbrücken, NZBau 2005, 693 (695).

760 OLG Saarbrücken, NZBau 2005, 693 (695 f.). Etwas anderes solle nur dann gelten, wenn der Unternehmer die Durchführung des Ersatzauftrages auch hätte ablehnen können und dementsprechend keine Anrechnung unter dem Gesichtspunkt des böswillig unterlassenen anderweitigen Erwerbs erfolgt wäre.

761 BGHZ 131, 362 = NJW 1996, 1282 (1283); OLG Düsseldorf, 22 U 62/18, Rn. 269 – zitiert nach juris; OLG Hamm, 24 U 195/01, Rn. 98 – zitiert nach juris.

762 *Lührmann/Raab,* in: Dauner-Lieb/Langen, § 648 Rn. 24; *Kiedrowski,* in: BeckOK Bauvertragsrecht, § 648 Rn. 145.

763 BGH, NJW 1969, 237; OLG Hamm, NJW-RR 1992, 889; *Busche,* in: MüKo BGB, § 648 Rn. 29 m.w.N.; *Mansel,* in: Jauernig, § 648 Rn. 6.

764 *Kessen,* in: BeckOGK BGB, § 648 Rn. 159.

765 OLG Koblenz, NJW-RR 1992, 850; *Busche,* in: MüKo BGB, § 648 Rn. 30; *Kessen,* in: BeckOGK BGB, § 648 Rn. 159; vgl. auch *Retzlaff,* in: Grüneberg, § 648 Rn. 8; *Seewald,* in: Motzke/Bauer/Seewald, § 5 A Rn. 589. A.A. *Joussen,* in: Ingenstau/Korbion, § 8 VOB/B Rn. 88; *Geheeb,* in: Leinemann/Kues, § 648 Rn. 55.

b. *Abweichender Lösungsansatz in der Literatur*

Die Handhabung der Rechtsprechung, die auch in der Literatur überwiegend Zustimmung findet, stößt teilweise auf Kritik. Anlass der Kritik ist die praktisch geringe Bedeutung der Anrechnung des anderweitigen Erwerbs, wodurch der Unternehmer regelmäßig Vorteile aus der Kündigung ziehen könne.[766]

Quack moniert die Gewinnfixierung der Rechtsprechung und der wohl überwiegenden Stimmen in der Literatur.[767] So werde die Gemeinkostendeckung im Gegensatz zum Gewinn nicht hinreichend berücksichtigt. Richtigerweise müsse die Anrechnung eines infolge der Kündigung übernommenen Ersatzauftrages auch dann erfolgen, wenn dieser isoliert betrachtet nicht mit voller Gemeinkostendeckung kalkuliert sei. Erst die volle Gemeinkostendeckung aus dem gekündigten Vertrag erlaube es dem Unternehmer, den Ersatzauftrag trotz Unterdeckung gewinnbringend anzubieten. Selbstverständlich sei ein daraus resultierender Ertrag folglich auch anzurechnen.[768] Im Hinblick auf böswillig unterlassenen anderweitigen Erwerb schlägt *Quack* vor, der Unternehmer müsse bei seinem Bemühen um Ersatzaufträge seine Leistung zu besonders günstigen Konditionen anbieten und die Tatsache ausnutzen, dass die Gemeinkosten bereits durch den gekündigten Vertrag gedeckt seien.[769]

Glöckner schließt sich der Kritik an und plädiert für eine Abkehr von der „*Alles-oder-Nichts-Regelung*", wonach ein Ersatzauftrag nur ganz oder gar nicht als anderweitiger Erwerb berücksichtigt werden könne.[770] Große Unternehmen hätten keine streng begrenzten Kapazitäten mehr und seien daher von vornherein nicht vollständig ausgelastet.[771] Vielmehr könnten diese Unternehmen ihre Kapazität erhöhen, indem Mitarbeiter Überstunden leisten, neue Mitarbeiter eingestellt oder Subunternehmer engagiert würden.[772] Für solche flexiblen Erhöhungen der Kapazität entstünden jedoch regelmäßig Mehrkosten. Diese müssten konsequenterweise angerechnet werden, was zu einer teilweisen Berücksichtigung des Ersatzauftrages führe. Eine solch anteilige Anrechnung sehe § 648 S. 2

---

766 Vgl. *Quack,* in: FS von Craushaar, 309 (309-312).

767 *Quack,* in: FS von Craushaar, 309 (315).

768 *Quack,* in: FS von Craushaar, 309 (315).

769 *Quack,* in: FS von Craushaar, 309 (315).

770 *Glöckner*, BauR 1998, 669 (681).

771 *Werner/Siegburg*, BauR 1997, 181 (189 f.) führen aus, auch Freiberufler könnten durch Mehrarbeit ihre Kapazitäten so gut wie immer erhöhen, weshalb auch in diesen Fällen eine Anrechnung des Ersatzauftrags ausscheide.

772 *Glöckner*, BauR 1998, 669 (675, 681).

BGB bei wörtlichem Verständnis aber nicht vor.[773] Als Lösung schlägt *Glöckner* eine analoge Anwendung des § 648 S. 2 BGB vor, wodurch solche ersparten Mehrkosten unter dem Gedanken der Vorteilsanrechnung berücksichtigt und von dem Vergütungsanspruch abgezogen werden sollten.[774]

Auch wird darauf hingewiesen, dass zwischen anderweitig eingesetztem Personal und anderweitig eingesetzten Materialien unterschieden werden müsse, weshalb Ersatzaufträge nicht in jedem Fall einheitlich zu betrachten seien.[775] Auch dies kann dazu führen, dass ein Ersatzauftrag nicht nur ganz oder gar nicht, sondern ggf. auch anteilig zu berücksichtigen ist. Vereinzelt wird darüber hinaus auch vertreten, ein Ersatzauftrag sei auch dann anzurechnen, wenn der Unternehmer diesen neben dem gekündigten Vertrag hätte ausführen können.[776]

c. *Stellungnahme*

aa. Vergleich zu anderen Normen

Das BGB ordnet an unterschiedlichen Stellen die Anrechnung anderweitigen Erwerbs an, so neben § 648 S. 2 BGB auch in § 326 Abs. 2 S. 2, § 615 S. 2, § 642 Abs. 2, § 650f Abs. 5 S. 2 und § 651h Abs. 2 S. 2 BGB. Ein Rückgriff auf die zu diesen Normen ergangene Literatur und Rechtsprechung für die hier aufgeworfenen Auslegungsfragen des § 648 S. 2 BGB ist jedoch nur eingeschränkt möglich. § 615 S. 2 BGB hat von vornherein einen rein personalen Anwendungsbereich. § 642 Abs. 2 BGB bezweckt nicht die vollständige Kompensation, sondern nennt lediglich Kriterien für die Bestimmung einer Entschädigung, was zu inhaltlichen Unterschieden bei der Auslegung führt.[777] Die Rechtsfolgen des § 650f Abs. 5 S. 2 BGB sind identisch mit denen des § 648 S. 2 BGB[778] und auch § 326 Abs. 2 S. 2 BGB hat die identische Zielrichtung wie § 648 S. 2 BGB.[779] Auch die Rechtsfolgen des § 651h Abs. 2 S. 2 BGB decken sich im Wesentlichen mit denen des § 648 S. 2 BGB. Allerdings sieht § 651h Abs. 2 S. 1 BGB vorrangig

---

773 *Glöckner*, BauR 1998, 669 (681).

774 *Glöckner*, BauR 1998, 669 (682); a.A. *Beigel*, BauR 1997, 782 (784).

775 *Kiedrowski*, in: BeckOK Bauvertragsrecht, § 648 Rn. 182-184.

776 *Lachenmann*, MMR 2014, 521 (524).

777 Vgl. *Lasch*, in: BeckOGK BGB, § 642 Rn. 69 f.

778 Siehe etwa *Scharfenberg*, in: BeckOK Bauvertragsrecht, § 650f Rn. 41a; *Busche*, in: MüKo BGB, § 650f Rn. 38; *Mundt*, in: BeckOGK BGB, § 650f Rn. 186.

779 Vgl. *Herresthal*, in: BeckOGK BGB, § 326 Rn. 292. Die zu § 326 Abs. 2 BGB ergangene Rechtsprechung und Literatur ist für die hier behandelten Auslegungsfragen jedoch unergiebig.

die vertragliche Festlegung einer Entschädigungspauschale vor. Da Reiseveranstalter in der Praxis rege Gebrauch hiervon machen, ist die individuelle Bestimmung der Entschädigung gemäß § 651h Abs. 2 S. 2 BGB der Ausnahmefall.[780]

bb. Abkehr von der „Alles-oder-Nichts-Regelung"?

Die praktisch geringe Bedeutung der Anrechnungsposition des anderweitigen Erwerbs erklärt sich maßgeblich mit der veränderten wirtschaftlichen Realität. Dass die Hürden für eine Anrechnung hoch sind, stellt für sich genommen keinen Missstand dar. Wenn große Unternehmen praktisch keine Kapazitätsbegrenzung haben, scheiden Füllaufträge regelmäßig aus.

Zutreffend ist jedoch die Kritik an der *„Alles-oder-Nichts-Regelung"*[781] der Anrechnung des anderweitigen Erwerbs. Dieses wird dem Regelungszweck des § 648 S. 2, dem Prinzip der Vor- und Nachteilswahrung, nicht gerecht.[782] Der Wortlaut steht einer teilweisen Anrechnung eines Ersatzauftrages nicht entgegen. So muss der Unternehmer sich anrechnen lassen, was er *„infolge der Aufhebung des Vertrags […] durch anderweitige Verwendung seiner Arbeitskraft erwirbt oder zu erwerben böswillig unterlässt."* Vom Wortlaut erfasst ist damit jedweder Vorteil des Unternehmers aus dem Ersatzauftrag, der sich infolge der Kündigung ergibt. Sinn und Zweck des § 648 S. 2 BGB gebieten es geradezu, sämtliche, auch lediglich anteilige Vorteile zu berücksichtigen, die infolge der Kündigung bei anderen durchgeführten Aufträgen eintreten. Ein solcher Vorteil besteht auch dann, wenn der Unternehmer den anderen Auftrag auch parallel zu dem gekündigten Vertrag hätte durchführen können, jedoch nicht zu den dabei angebotenen Konditionen oder nur mit höheren eigenen Aufwendungen oder Kosten. Dementsprechend können ersparte Aufwendungen durch eigentlich für die Durchführung des anderen Auftrags eingeplante Überstunden oder Subunternehmereinsatz, die infolge der Kündigung doch nicht notwendig wurden, ohne weiteres angerechnet werden. Letztlich entspricht eine solche Anrechnung auch der Anrechnungssystematik bei Ersatzaufträgen. So wird bei Ersatzaufträgen generell nicht die gesamte dadurch erworbene Vergütung angerechnet, sondern lediglich der Gewinnanteil sowie der Anteil für die allgemeinen Geschäftskosten. Dementsprechend führen ersparte Aufwendungen bei der Durchführung eines Ersatzauftrags dazu, dass sich der aus dem Auftrag generierte Gewinn erhöht. Entsprechend werden im Ergebnis auch nicht die bei der Durchführung

780 *Harke*, in: BeckOGK BGB, § 651h Rn. 29.

781 *Glöckner*, BauR 1998, 669 (681).

782 Vgl. auch *Glöckner*, BauR 1998, 669 (681 f.).

des Ersatzauftrages angefallenen ersparten Aufwendungen in Abzug gebracht, sondern nur der infolge der Kündigung des Vertrages höhere Gewinn bei der Durchführung des Ersatzauftrags abgeschöpft. Eine Analogie zu § 648 S. 2 BGB ist folglich nicht erforderlich, um die entsprechenden Vorteile abzuschöpfen.[783]

cc. Abkehr von der „Gewinnfixierung"?

Im Ansatz nachvollziehbar ist auch die Kritik von *Quack* an der „*Gewinnfixierung*" von Rechtsprechung und den überwiegenden Stimmen der Literatur.[784] Aufträge, die zwar isoliert betrachtet Verlustaufträge wären, aber aufgrund der weiterhin bestehenden Kündigungsvergütung gleichwohl gewinnerhöhend eine Gemeinkostendeckung erwirtschaften, sind als Ersatzaufträge zu berücksichtigen. Konsequent erscheint es daher auch, vom Unternehmer zu verlangen, die infolge der Kündigung bestehende Deckung der allgemeinen Gemeinkosten dergestalt am Markt für sich auszunutzen, dass er seine freiwerdende Arbeitskraft zu besonders günstigen Konditionen anbietet. Anderenfalls könnte man ihm den Vorwurf des böswillig unterlassenen anderweitigen Erwerbs machen. Diese Vorgehensweise würde jedoch Folgeprobleme aufweisen. So wird zurecht gefragt, was für den Fall geschehen solle, dass der Unternehmer einen unterdeckt kalkulierten Ersatzauftrag annimmt, später aber wegen Insolvenz des Bestellers seinen Vergütungsanspruch nicht durchsetzen kann.[785] Vom Unternehmer zu verlangen, einen unterdeckt kalkulierten Vertrag anzunehmen, würde diesem vielmehr erhebliche Risiken aufbürden.[786]

Unabhängig davon würde es dem Besteller schwerfallen, einen böswillig unterlassenen anderweitigen Erwerb darzulegen, wenn der Unternehmer nicht einen konkreten Ersatzauftrag abgelehnt hat. In solchen Fällen müsste der Besteller dann zunächst darlegen, zu welchen Konditionen der Unternehmer einen weiteren Auftrag hätte durchführen müssen, um zumindest eine gewinnerhöhende Gemeinkostendeckung zu erwirtschaften. Ferner müsste er darlegen, dass sich bei einem Angebot des Unternehmers zu diesen Konditionen ein Besteller gefunden hätte, der den Unternehmer beauftragt hätte. Beides erscheint nahezu ausgeschlossen, weshalb die vorstehende Diskussion keine praktische Bedeutung haben dürfte.

783 So aber *Glöckner*, BauR 1998, 669 (681 f.).
784 *Quack*, in: FS von Craushaar, 309 (315).
785 *Kapellmann/Schiffers/Markus*, Rn. 1387.
786 *Kapellmann/Schiffers/Markus*, Rn. 1387.

3. *Zeitliche Grenzen der Berücksichtigung von Ersatzaufträgen*

a. *Problemstellung*

Unabhängig davon stellt sich die Frage, in welcher zeitlichen Dimension die Anrechnung von Ersatzaufträgen möglich sein soll. Richtigerweise kommt es für die Anrechnung eines Ersatzauftrages nicht darauf an, ob dieser zeitgleich mit oder erst nach dem gekündigten Auftrag durchgeführt wird.[787] Ebenso richtigerweise scheidet eine Anrechnung als Füllauftrag aus, wenn ein Auftrag infolge der Kündigung vorgezogen wird, im Nachhinein jedoch eine Beschäftigungslücke entsteht.[788] Wird ein bereits vorhandener Auftrag vorgezogen, kann jedoch das Problem auftreten, dass im Zeitpunkt der Abrechnung des gekündigten Vertrages noch nicht endgültig feststeht, ob zu einem späteren Zeitpunkt eine Beschäftigungslücke entsteht. So könnte eine im Zeitpunkt der Kündigungsabrechnung für die Zukunft vorhandene Auftragslücke später noch durch einen neuen Auftrag geschlossen werden. Dann könnte sich der vorgezogene Auftrag im Nachhinein sehr wohl als anrechnungspflichtiger Füllauftrag entpuppen. Auch der umgekehrte Fall ist denkbar, wenn zunächst von einer lückenlosen Vollauslastung des Unternehmers auszugehen ist, nachfolgend aber durch die Stornierung eines Auftrags eine Auftragslücke entsteht. Daher ist zu fragen, ob solche nachträglichen Veränderungen zu berücksichtigen und innerhalb eines – wie auch immer bestimmten – Nachbetrachtungszeitraums noch zu einer Korrektur des Vergütungsanspruchs führen. Nicht zielführend ist dabei die Auffassung, die Abrechnung des Vertrages sei in Ansehung der Anrechnungsposition des anderweitigen Erwerbs erst dann möglich, wenn die voraussichtliche Dauer des gekündigten Projektes abgelaufen ist.[789] Die Unklarheit über etwaige spätere Auftragslücken würde dadurch nicht beseitigt. Überdies ist es auch interessengerecht und gesetzlich vorgesehen, den Vertrag alsbald nach der Kündigung abzurechnen.[790]

Dieselbe Frage stellt sich im Hinblick auf böswillig unterlassenen anderweitigen Erwerb. So kann im Zeitpunkt der Abrechnung des gekündigten Vertrages die Anrechnung eines vorgezogenen Auftrags als anderweitiger Erwerb zunächst ausscheiden, wenn nachträglich eine Beschäftigungslücke entsteht. Schlägt der

---

787 BGHZ 131, 362 = NJW 1996, 1282 (1283); OLG Düsseldorf, 22 U 62/18, Rn. 269 – zitiert nach juris; OLG Hamm, 24 U 195/01, Rn. 98 – zitiert nach juris.

788 *Lührmann/Raab,* in: Dauner-Lieb/Langen, § 648 Rn. 24; *Kiedrowski,* in: BeckOK Bauvertragsrecht, § 648 Rn. 145.

789 So aber *Koeble*, BauR 1997, 191 (196).

790 Vgl. *Kapellmann/Schiffers/Markus*, Rn. 1387.

Unternehmer zu einem späteren Zeitpunkt gleichwohl einen Auftrag aus, der als Füllauftrag anzurechnen wäre, ist prinzipiell eine Anrechnung geboten, wobei möglicherweise zeitliche Grenzen für die Anrechnung zu definieren sind.

b. Nachforderung/Rückforderung prinzipiell bis Eintritt der Verjährung möglich

Für den BGB-Werkvertrag ist anerkannt, dass die vom Unternehmer vorgelegte Schlussrechnung keine Bindungswirkung entfaltet. Nachträgliche Änderungen der Schlussrechnung sind daher ohne weiteres möglich.[791] Bei VOB/B-Bauverträgen kann die Schlussrechnung nachträglich geändert werden, weil sie keine Bindungswirkung entfaltet.[792] Sowohl eine Nachforderung der Vergütung durch den Unternehmer als auch eine Rückforderung zu viel gezahlter Vergütung durch den Besteller sind danach prinzipiell bis zum Eintritt der Verjährung innerhalb der regelmäßigen Verjährungsfrist von drei Jahren möglich.[793]

c. Ausschluss der Nachforderung/ Schlusszahlungseinrede des § 16 Abs. 3 Nr. 2 VOB/B

Allerdings sieht § 16 Abs. 3 Nr. 2 VOB/B vor, dass der Auftragnehmer bei schriftlicher Unterrichtung und entsprechendem Hinweis nach vorbehaltloser Annahme der Schlusszahlung keine Nachforderungen mehr stellen darf. Dadurch soll der Auftraggeber vor für ihn unerwarteten Nachforderungen geschützt werden. Die Regelung dient also dem Rechtsfrieden und der Rechtssicherheit.[794] Gleichwohl ist die Regelung umstritten und hält isoliert betrachtet einer AGB-rechtlichen Überprüfung nicht stand.[795] Ist die VOB/B als Ganzes vereinbart, erfolgt jedoch keine Inhaltskontrolle, weshalb die Regelung in diesen Fällen wirksam ist.[796] Dasselbe gilt für den Fall, dass der Auftragnehmer

---

791 *Messerschmidt,* in: Messerschmidt/Voit, § 641 BGB Rn. 24.

792 BGHZ 102, 392 = NJW 1988, 910; BGH, NJW-RR 2004, 1384; *Messerschmidt,* in: Kapellmann/Messerschmidt, § 16 Abs. 1 VOB/B Rn. 284.

793 *Kandel,* in: BeckOK VOB/B, § 16 Abs. 3 Rn. 44, 53; *Hummel,* in: Nicklisch/Weick/Jansen/Seibel, VOB/B, § 16 Rn. 144.

794 Siehe etwa BGH, NJW 1972, 51; BGHZ 62, 15 = NJW 1974, 236; BGHZ 86, 135 = NJW 1983, 816 (817).

795 BGHZ 101, 357 = NJW 1988, 55; BGHZ 138, 176 = NJW 1998, 2053; BGH, NJW-RR 2007, 1317 (1318); BGH, NZBau 2016, 548.

796 *Messerschmidt,* in: Kapellmann/Messerschmidt, § 16 VOB/B Rn. 355; *Locher,* in: Ingenstau/Korbion, § 16 Abs. 3 VOB/B Rn. 103; a.A. *Kandel,* in: BeckOK VOB/B, § 16 Abs. 3 Rn. 48. Fälle, in denen die VOB/B ohne jegliche inhaltliche Änderung vereinbart wurden, sind jedoch selten. Die praktische Bedeutung des § 16 Abs. 3

als Verwender die VOB/B stellt.[797] Unterrichtet der Auftraggeber den Auftragnehmer schriftlich von der Schlusszahlung und weist ihn auf die Ausschlusswirkung hin (§ 16 Abs. 3 Nr. 2 VOB/B), so kann der Auftragnehmer nur dann weitere Forderungen aus dem Bauvertrag durchsetzen, wenn er einen Vorbehalt gegen die Schlusszahlung erklärt, § 16 Abs. 3 Nr. 5 VOB/B. Dieser Vorbehalt muss binnen 28 Tagen nach Zugang der Mitteilung des Auftraggebers erfolgen. Binnen weiterer 28 Tage muss der Auftragnehmer sodann entweder eine prüfbare Rechnung über die vorbehaltene Forderung einreichen oder den Vorbehalt eingehend begründen. Die Begründung muss derart konkret sein, dass der Auftraggeber in die Lage versetzt wird, die Berechtigung der vorbehaltenen Ansprüche prüfen zu können.[798] Kann der Auftraggeber sich auf die Schlusszahlungseinrede berufen, etwa weil ein Vorbehalt nicht erklärt wurde oder nicht begründet werden konnte, so scheiden fast alle Ansprüche des Auftragnehmers aus dem Bauvertrag aus.[799] Anerkannte Ausnahmen sind lediglich Ansprüche außerhalb der Schlussrechnung wie etwa aus unerlaubter Handlung, Ansprüche für Leistungen, die erst nachträglich beauftragt wurden sowie Aufmaß-, Rechen- und Übertragungsfehler.[800] Findet die Regelung des § 16 Abs. 3 Nr. 2 VOB/B auf den Vertrag Anwendung, so können nachträgliche Änderungen bei der Anrechnungsfähigkeit eines Ersatzauftrages regelmäßig nur innerhalb der Fristen des § 16 Abs. 3 Nr. 5 VOB/B zugunsten des Auftragnehmers berücksichtigt werden. Der Betrachtungszeitraum, ob ein anrechnungsfähiger Füllauftrag vorliegt oder nicht, ist dann zu Lasten des Auftragnehmers im Vergleich zur Verjährung erheblich verkürzt. Eine nachträgliche Kürzung der Vergütung zu Gunsten des Auftraggebers ist hingegen bis zum Eintritt der Verjährung möglich.

d. Genereller Ausschluss von Nachforderungen infolge der Kündigung?

Das zuvor dargestellte Ergebnis im Fall der Anwendbarkeit des § 16 Abs. 3 Nr. 2 VOB/B erscheint nicht sachgerecht. Die Schlussrechnung bildet den Abschluss eines Vertragsverhältnisses; die darin aufgeführten Leistungspositionen sind in der Vergangenheit erbracht worden. Dementsprechend hat es der

---

Nr. 2 VOB/B ist daher gering. Siehe etwa *Messerschmidt,* in: Kapellmann/Messerschmidt, § 16 VOB/B Rn. 355; *Hummel,* in: Nicklisch/Weick/Jansen/Seibel, VOB/B, § 16 Rn. 102.

797 *Kandel,* in: BeckOK VOB/B, § 16 Abs. 3 Rn. 48a.

798 *Messerschmidt,* in: Kapellmann/Messerschmidt, § 16 Rn. 403.

799 *Kandel,* in: BeckOK VOB/B, § 16 Abs. 3 Rn. 51, 77.

800 *Hummel,* in: Nicklisch/Weick/Jansen/Seibel, VOB/B, § 16 Rn. 135 f. m.w.N.

Auftragnehmer in der Hand, sämtliche Positionen zu erfassen und abzurechnen. Tut er dies nicht, so kann er im Falle der wirksamen Erhebung der Schlusszahlungseinrede keine Nachforderungen mehr durchsetzen. Der hier diskutierte Fall ist damit jedoch nicht vergleichbar. Die sich möglicherweise ändernden tatsächlichen Umstände liegen bei der Stellung der Schlussrechnung in der Zukunft und sind für keine der Vertragsparteien absehbar. Wertungsmäßig wäre es nicht gerechtfertigt, wenn sich nur noch der Auftraggeber, nicht jedoch der Auftragnehmer auf zu seinen Gunsten eingetretene nachträgliche Veränderungen der tatsächlichen Umstände berufen könnte. Interessengerecht wäre es, Auftragnehmer und Auftraggeber im Hinblick auf etwaige nachträgliche Änderungen gleich zu behandeln. Prinzipiell denkbar wäre es, die Abrechnung infolge der Kündigung als endgültig zu betrachten und etwaige nachträgliche Änderungen unberücksichtigt zu lassen. Dies würde zu einer schnellen Klärung führen und damit für Rechtssicherheit und Rechtsfrieden sorgen. Alternativ könnten Änderungen der Vergütungshöhe für beide Parteien bis zum Eintritt der Verjährung berücksichtigt werden. Diese Lösung würde der materiellen Gerechtigkeit Rechnung tragen, jedoch eine längere Unsicherheit für die Parteien bedeuten.

aa. § 648 S. 2 BGB sieht keine endgültige Abrechnung vor

Zunächst ist daher zu untersuchen, welches Abrechnungsmodell § 648 S. 2 BGB vorsieht. Bereits in den Motiven findet sich ein Anhaltspunkt dafür, dass der Gesetzgeber bei der Schaffung der Norm von einer punktuellen und endgültigen Abrechnung der Vergütung nach der Kündigung ausging.[801] Darüber hinaus ist dem Anspruch aus § 648 S. 2 BGB auch eine gewisse Unsicherheit im Hinblick auf die korrekte Bemessung der Anrechnungspositionen immanent. Kommt es zu einer Kündigung des Vertrages und wird das Werk nicht mehr vollendet, so findet notwendigerweise eine Prognose darüber statt, welche Aufwendungen der Unternehmer sich durch die Kündigung erspart hat. Abgezogen werden lediglich die Aufwendungen, die der Unternehmer mutmaßlich im Vergleich zur Durchführung des Vertrages gespart hat.[802]

Vor diesem Hintergrund ließe sich erwägen, die Vergütung des Unternehmers gemäß § 648 S. 2 BGB infolge der Kündigung aus Gründen der Rechtssicherheit und des Rechtsfriedens endgültig festzulegen und keine Nachforderungen zuzulassen. Eine solche Lösung würde indes sogar noch über die Wirkungen des

---

801 Vgl. *Kapellmann*, Jahrbuch Baurecht 1998, 35 (60) unter Berufung auf Mot. II, 208.
802 *Kniffka*, Jahrbuch Baurecht 2000, 1 (10); *Voit*, in: BeckOK BGB, § 648 Rn. 10.

ohnehin kritisierten § 16 Abs. 3 Nr. 2 VOB/B[803] hinausgehen, weil diese Regelung dem Auftraggeber nur eine Einrede mit verjährungsähnlichem Charakter zubilligt[804] und Nachforderungen nicht schlechthin ausschließt oder zeitlich begrenzt. Auch sieht § 648 S. 2 BGB keine zeitliche Beschränkung von Nachforderungen vor. Eine punktuelle und endgültige Abrechnung der Vergütung wäre unter Berücksichtigung des Regelungszweckes des § 648 S. 2 BGB auch nicht sachgerecht. Vielmehr bleibt es dabei, dass gegenseitige Forderungen der Parteien bis zum Eintritt der Verjährung innerhalb der regelmäßigen Verjährungsfrist von drei Jahren möglich sind.

bb. Ausnahme von der Schlusszahlungseinrede

Allerdings ist es sachgerecht, die Kündigungsvergütung gemäß § 648 S. 2 BGB und darauf bezogene nachträgliche Änderungen von der Wirkung des § 16 Abs. 3 Nr. 2 VOB/B auszunehmen. Der Vorbehalt des Unternehmers gegen die Schlusszahlung muss begründet werden. Eine solche Begründung ist nur hinsichtlich eines bereits abgeschlossenen Sachverhalts möglich. Der Unternehmer kann und soll nach dem Sinn und Zweck der Regelung nur solche Vorbehalte gegen die Schlusszahlung erheben, welche ihm überhaupt bekannt sein können. Daher werden auch Ansprüche aus Leistungen, die erst nach der Schlussrechnung beauftragt wurden, nicht von der Schlusszahlungseinrede umfasst.[805] Hiermit vergleichbar sind mögliche Nachforderungen des Unternehmers, die daraus resultieren, dass ein vorgezogener anderer Auftrag keinen anrechnungspflichtigen anderweitigen Erwerb darstellt.

4. Zusammenfassung

- Die Anrechnungsposition des anderweitigen Erwerbs wurde vom historischen Gesetzgeber mit Blick auf den einzelnen Handwerker konzipiert und formuliert. Die Formulierung der Norm („Arbeitskraft") passt teilweise nicht mehr zur heutigen wirtschaftlichen Realität, in der der vielmals große Unternehmen tätig werden, die ihren Arbeits- und Personaleinsatz flexibel erhöhen können.
- Die gängige Praxis, Ersatzaufträge entweder ganz oder gar nicht als anderweitigen Erwerb anzurechnen, ist nicht sachgerecht. Vielmehr kann die aus

803 *Locher,* in: Ingenstau/Korbion, § 16 Abs. 3 Rn. 69 fordert etwa die vollständige Abschaffung des § 16 Abs. 3 Nr. 2 VOB/B.

804 *Locher,* in: Ingenstau/Korbion, § 16 Abs. 3 Rn. 74-78.

805 *Hummel,* in: Nicklisch/Weick/Jansen/Seibel, VOB/B, § 16 Rn. 135 f. m.w.N.

der Durchführung von Ersatzaufträgen erzielte Vergütung auch bloß anteilig als anderweitiger Erwerb berücksichtigt und von der vollen Vergütung gemäß § 648 S. 2 BGB in Abzug gebracht werden. Nur dadurch wird dem Prinzip der Vor- und Nachteilswahrung hinreichend Rechnung getragen.

- Der Unternehmer ist nicht gehalten, zur Schadensminderung Ersatzaufträge anzunehmen, die für sich genommen unterdeckt wären und die er nur deshalb ausführen kann, weil der gekündigte Vertrag die allgemeinen Geschäftskosten des Unternehmers deckt. Das zusätzliche Risiko, das aus der Verpflichtung zur Durchführung eines unterdeckt kalkulierten Vertrages resultiert, ist dem Unternehmer nicht zumutbar. Entgegen einer teilweise vertretenen Ansicht handelt es sich daher auch nicht um anrechnungspflichtigen böswillig unterlassen anderweitigen Erwerb, wenn der Unternehmer einen solch defizitären Ersatzauftrag nicht annimmt.
- Die Abrechnung der Vergütung erfolgt grundsätzlich unmittelbar nach der Kündigung und Abnahme der erbrachten Leistung. Zu diesem Zeitpunkt lässt sich nicht stets mit Gewissheit bestimmen, ob von der Vergütung ein anderweitiger Erwerb durch einen Ersatzauftrag in Abzug zu bringen ist. Wenn sich im Nachhinein herausstellt, dass der aus einem Ersatzauftrag resultierende Erwerb zu Unrecht (nicht) als solcher berücksichtigt wurde, so ist eine Nachforderung zu wenig gezahlter Vergütung oder Rückforderung zu viel gezahlter Vergütung innerhalb der Grenzen der Verjährung möglich. Eine davon abweichende zeitliche Beschränkung von Nachforderungen oder Rückforderungen ist nicht sachgerecht und findet auch keine gesetzliche Grundlage. Bei einem VOB/B-Bauvertrag sollen etwaige nachträgliche Änderungen der Vergütung nach hier vertretener Auffassung nicht von der Wirkung der Schlusszahlungseinrede gemäß § 16 Abs. 3 Nr. 2 VOB/B erfasst werden.

B. Prozessuale Anwendungsprobleme

Prozessuale Fragen stellen sich vor allem bezüglich der Darlegung des Vergütungsanspruchs des Unternehmers aus § 648 S. 2 BGB. Die Darlegungsanforderungen wurden maßgeblich durch die Rechtsprechung des Bundesgerichtshofs geprägt, der vor allem in den 1990er Jahren eine Abkehr von seiner vorherigen Rechtsprechung vollzog. Als Reaktion auf die Rechtsprechungsänderung führte der Gesetzgeber zum Jahr 2009 die Vermutungsregelung in § 648 S. 3 BGB ein. Noch heute ergeben sich regelmäßig Schwierigkeiten bei der Darlegung des Vergütungsanspruchs. Nachfolgend sollen die Rechtsprechungsentwicklung nachgezeichnet, die bestehenden Anwendungsprobleme aufgezeigt und Lösungsvorschläge angeboten werden.

I. Grundsätze der Darlegungs- und Beweislast bei § 648 S. 2 BGB

Die Darlegungs- und Beweislast für die vereinbarte Vergütung trägt nach der allgemeinen Beweislastregel der Unternehmer, der den Anspruch geltend macht. Dazu gehört im Grundsatz auch die Darlegung, welcher Teil der Vergütung auf die erbrachten und welcher auf die nicht erbrachten Leistungen entfällt.[806] Diskutabel ist hingegen, wer die Darlegungs- und Beweislast für die Abzugspositionen der ersparten Aufwendungen und des anderweitigen Erwerbs trägt.[807]

1. *Anforderungen der Rechtsprechung an die Darlegung*

a. *Grundsätze*

Ursprünglich musste der Besteller die Abzugspositionen vollumfänglich darlegen und beweisen, um den Vergütungsanspruch des Unternehmers zu reduzieren.[808] Seit einer Rechtsprechungsänderung des Bundesgerichtshofs muss hingegen der Unternehmer nicht nur die vereinbarte Vergütung schlüssig darlegen, sondern darüber hinaus, welche Kosten er erspart hat und welchen anderweitigen Erwerb er sich anrechnen lassen muss.[809] Tut er dies nicht, ist seine Klage unschlüssig.[810] Zur Begründung heißt es, in der Regel sei nur der Unternehmer in der Lage, zu den Anrechnungspositionen vorzutragen.[811] Dabei muss der Unternehmer so viel über seine Kalkulationsgrundlagen und Interna offenlegen, dass sich der für höhere Aufwendungen und anderweitigen Erwerb darlegungs- und beweisbelastete Besteller sachgerecht verteidigen kann.[812] Der Sache

---

806 *Busche*, in: MüKo BGB, § 648 Rn. 31. A.A. *Peters*, in: Staudinger, § 648 Rn. 43, wonach den Besteller die Darlegungs- und Beweislast dafür treffe, dass eine Leistung nicht mehr ausgeführt worden sei, da § 648 S. 2 BGB vom vollen Vergütungsanspruch des Unternehmers ausgehe. Siehe auch *Peters*, in: Staudinger, § 648 Rn. 50, wonach § 648 S. 2 BGB gar eine Vermutung beinhalte, dass kein anderweitiger Erwerb erfolgt sei.

807 *Kenter*, Vergütungsanspruch, S. 95.

808 *Kenter*, Vergütungsanspruch, S. 95-119 stellt die Rechtsprechungsentwicklung und Veränderung der Darlegungsanforderungen umfassend und detailliert dar. Für einen kurzen Überblick siehe *Schmeel*, MDR 1997, 109.

809 BGHZ 131, 362 = NJW 1996, 1282; anschließend u.a. bestätigt in BGHZ 200, 274 = NJW 2014, 2186 (2187 f. Rn. 21).

810 BGHZ 131, 362 = NJW 1996, 1282.

811 BGHZ 131, 362 = NJW 1996, 1282.

812 BGHZ 104, 263 = NJW 1999, 1253 (1254).

nach handelt es sich dabei um eine Erstdarlegungslast des Unternehmers,[813] wenngleich der VII. Zivilsenat diese in Abweichung vom allgemeinen Verständnis als sekundäre Darlegungslast bezeichnet.[814] Was der Unternehmer darlegen muss, hängt vom konkreten Einzelfall unter Berücksichtigung der Vertragsgestaltung und des Vertragsinhalts ab.[815]

Insgesamt geht der BGH bei § 648 S. 2 BGB von einer Darlegungslast aus, die von der Darlegungslast beim gleichlautenden § 326 Abs. 2 S. 2 BGB abweicht. Der Schuldner kann seinen Anspruch aus § 326 Abs. 2 S. 2 BGB geltend machen, ohne etwaige Anrechnungspositionen darzulegen.[816] Zur Begründung führt der BGH aus, dass der gemäß § 648 S. 1 BGB kündigende Besteller lediglich von einer ihm gesetzlich eingeräumten Möglichkeit Gebrauch mache und der Unternehmer zudem jederzeit mit einer Kündigung des Vertrages rechnen müsse und sich darauf einstellen könne.[817]

aa. Konkrete Anforderungen an die Darlegung nach der Rechtsprechung

Der Unternehmer muss wie folgt vorgehen, um den von der Rechtsprechung aufgestellten Darlegungsanforderungen zu genügen:

Zunächst muss er seine bis zur Kündigung erbrachten Leistungen von den noch nicht erbrachten Leistungen abgrenzen und sodann getrennt abrechnen.[818] Die Abgrenzung der erbrachten und nicht erbrachten Leistungen erfolgt mittels einer Leistungsstandfeststellung, etwa durch Aufmaß.[819] Die anschließende Abrechnung der erbrachten Leistungen erfolgt ohne Besonderheiten nach § 631 Abs. 1 BGB.[820] Die Abrechnung der nicht erbrachten Leistungen erfolgt nach

---

813 *Althaus*, in: Althaus/Heindl, Teil 6 Rn. 36 Fn. 13. m.w.N. Vgl. auch OLG Düsseldorf, NZBau 2022, 30 (31); *Seewald*, in: Motzke/Bauer/Seewald, § 5 A Rn. 594; *Kniffka*, in: Kniffka/Koeble, Teil 8 Rn. 74 Fn. 107; *Kniffka*, Jahrbuch Baurecht 2000, 1 (9).

814 Vgl. BGH, NJW 2011, 1954 (1956 Rn. 28); BGH, NJW 2011, 3030 (3031 Rn. 15); BGH, NJW-RR 2015, 469 (472 Rn. 29).

815 BGHZ 104, 263 = NJW 1999, 1253 (1254).

816 BGH, NJW 2002, 57 (58); BGH, NJW-RR 2004, 989 (990). Allerdings kann der Gläubiger nach den Grundsätzen der sekundären Darlegungslast gehalten sein, zu Umständen aus seiner Sphäre näher vorzutragen, BGH, NJW-RR 2004, 989 (990).

817 BGH, NJW 2002, 57 (58). A.A. *Leineweber*, ZfBR 2005, 110, der zufolge die Kündigung (eines Pauschalpreisvertrages) den Unternehmer in der Regel unvermutet treffe und ihn daher vor unüberwindliche Nachweis- und Abrechnungsprobleme stelle.

818 BGH NJW 1996, 3270 (3271); NJW 1999, 2036. Ein anschauliches Beispiel hierzu findet sich bei *Kniffka*, in: Kniffka/Koeble, Teil 8 Rn. 78.

819 *Kapellmann/Schiffers/Markus*, Rn. 1337.

820 *Kessen*, in: BeckOGK BGB, § 648 Rn. 97.

§ 648 S. 2 BGB, weshalb von dem Vergütungsanspruch die ersparten Aufwendungen sowie der anderweitige Erwerb abzuziehen sind.[821] Von der früher praktizierten und auch in der Rechtsprechung akzeptierten pauschalierten Berechnung der Aufwendungen anhand eines marktüblichen Prozentsatzes ist der BGH explizit abgerückt. Vielmehr müssen die Aufwendungen konkret abgerechnet werden.[822] Die Erstdarlegungslast des Unternehmers zum anderweitigen Erwerb ist hingegen nicht so weitgehend wie die zu den ersparten Aufwendungen; insoweit reicht zunächst die Erklärung aus, dass der Unternehmer keinen Ersatzauftrag angenommen habe.[823] Diese Erklärung kann auch konkludent erfolgen.[824] Teilweise wird eine konkludente Erklärung des Unternehmers, keinen anderweitigen Erwerb erwirtschaftet zu haben, bereits darin erblickt, dass er sich überhaupt nicht zu anderweitigem Erwerb äußere.[825]

Für die konkrete Vergütungsberechnung und die Darlegungsanforderungen kommt es vor allem auch auf die vereinbarte Abrechnungsart an, da grundlegend zwischen Einheitspreisverträgen und Pauschalpreisverträgen zu unterscheiden ist.

bb. Einheitspreisvertrag

Bei einem Einheitspreisvertrag sind sowohl für die erbrachten als auch für die nicht erbrachten Leistungen die Positionen des Leistungsverzeichnisses relevant.[826] Der Unternehmer muss konkret darlegen, welche Positionen er erbracht hat und welche er nicht erbracht hat. Im Grundsatz kann er dabei von den im Leistungsverzeichnis angegebenen Mengen und Massen ausgehen und diese mit den vertraglich vereinbarten Einheitspreisen multiplizieren.[827] Maßgeblich sind jedoch nicht die kalkulierten Massen, sondern diejenigen, die bei vollständiger Vertragsdurchführung für die Erstellung des Werkes tatsächlich noch erforderlich gewesen wären.[828]

---

821 BGHZ 131, 362 = NJW 1996, 1282; *Kessen*, in: BeckOGK BGB, § 648 Rn. 97.

822 Vgl. BGH NJW 1996, 1751. *Glöckner*, BauR 1998, 669 (680) geht davon aus, der BGH meine eine „hypothetische Berechnung“, wenn er auf den „konkreten Vertrag“ abstelle.

823 *Kniffka*, in: Kniffka/Koeble, Teil 8 Rn. 81.

824 BGHZ 143, 79 = NJW 2000, 653 (654).

825 KG, NZBau 2018, 749 (752 Rn. 40 f.).

826 *Kessen*, in: BeckOGK BGB, § 648, Rn. 114, 140.

827 BGHZ 131, 362 = NJW 1996, 1282.

828 Vgl. BGHZ 131, 362 = NJW 1996, 1282, wonach im Allgemeinen nichts dagegensprече, dass der Unternehmer von den im Leistungsverzeichnis angegebenen Massen und Mengen ausgeht. Dies impliziert bereits, dass das Leistungsverzeichnis

cc. *Pauschalpreisvertrag*

(1) *Grundsatz*

Bei einem Pauschalpreisvertrag ist der Wert der erbrachten Teilleistung im Vergleich zu der nach dem Vertrag geschuldeten Gesamtleistung zu berechnen.[829] Für die erbrachten Leistungen steht dem Unternehmer der volle Vergütungsanspruch zu, für die nicht erbrachten Leistungen sind wiederum die ersparten Aufwendungen sowie der anderweitige Erwerb abzuziehen. Bei einem Detailpauschalvertrag kann die Bewertung wie beim Einheitspreisvertrag anhand der einzelnen Leistungspositionen und durch Aufmaß erfolgen.[830] Bei einem Globalpauschalvertrag hingegen ist die Bewertung schwieriger.[831] Der Unternehmer muss daher infolge der Kündigung nicht nur die Grundlagen seiner Kalkulation offenlegen, sondern darüber hinaus gegebenenfalls auch die maßgeblichen Preisermittlungsgrundlagen nachträglich zusammenstellen und die ersparten Aufwendungen konkret vortragen.[832] Dabei kann es ausreichen, wenn der Unternehmer seine Leistung gewerkbezogen abrechnet und eine Gesamtpauschale nachträglich in Einzelpauschalen für einzelne Gewerke aufschlüsselt.[833] Regelmäßig muss ein Pauschalpreisvertrag im Ergebnis also kalkulatorisch in einen Einheitspreisvertrag umgewandelt werden.[834]

(2) *Sonderfälle*

Teilweise weicht die Rechtsprechung von der zuvor dargestellten Abrechnungssystematik bei Pauschalpreisverträgen ab. So hält der BGH in einigen Ausnahmefällen eine getrennte Abrechnung nach erbrachten/nicht erbrachten Leistungen für entbehrlich. Wenn bei einem Pauschalpreisvertrag nur noch geringfügige Restleistungen offen sind und keine kalkulatorischen Verschiebungen zulasten des Bestellers verdeckt werden können, kann der Unternehmer eine Bewertung der nicht erbrachten Leistung vornehmen und diese vom Gesamtpreis abziehen (sog. Abrechnung „von oben“).[835] Schwierigkeiten bereitet die Frage, wann die

---

nicht abschließend maßgebend ist. Siehe auch *Kessen,* in: BeckOGK BGB, § 648, Rn. 114, 140.

829 BGH, NJW 1995, 2712 (2713). Kritisch hierzu *Glöckner*, BauR 1998, 669 (672 f.).

830 Vgl. BGH, NZBau 2000, 424 (426).

831 *Kniffka*, Jahrbuch Baurecht 2000, 1 (5).

832 BGH, NJW 1997, 733.

833 BGH, NZBau 2002, 614 (615).

834 *Kniffka*, EWiR 1996, 1019 (1020).

835 BGHZ 96, 392 = NJW 1986, 1176; BGHZ 144, 242 = NJW 2000, 2988 (2991); BGH, NJW 2014, 3778.

noch offene Restleistung als geringfügig anzusehen ist. Der BGH hat in einem Fall eine noch offene Restleistung in Höhe von etwa 4,5% der Gesamtleistung als geringfügig angesehen.[836] Bei dem streitgegenständlichen Vertrag handelte es sich indes um einen eher übersichtlichen und wenig komplexen Vertrag.[837] In anderen Fällen hielten das OLG Hamm eine offene Restleistung von bis zu 2%,[838] das OLG Celle von 4%[839] sowie das OLG Brandenburg von 3,5% für geringfügig.[840] Das OLG Dresden hat eine offene Restleistung von mehr als 6% hingegen als nicht mehr geringfügig angesehen.[841] Das OLG Düsseldorf hat entschieden, dass eine offene Restleistung von 3% nicht als geringfügig angesehen werden könne, weil noch 13 verschiedene Drittunternehmen in unterschiedlichen Gewerken auf der Baustelle tätig gewesen seien.[842] Gerade das letztgenannte Urteil zeigt, dass weniger eine feste Wertgrenze darüber entscheidet, ob die Restleistung als geringfügig anzusehen ist, sondern vielmehr, ob das Kontrollinteresse des Bestellers trotz der „Abrechnung von oben" gewahrt ist.[843] Unabhängig davon hat die Rechtsprechung bisher noch nicht konkretisiert, wann die neben der Geringfügigkeit der Restleistung formulierte Einschränkung („*keine kalkulatorischen Verschiebungen zu Lasten des Auftraggebers*")[844] vorliegt.[845] Mit der Einschränkung sollen indes lediglich solche Fälle ausgeschlossen werden, in denen der Unternehmer den Werklohn für die ausstehenden Leistungen bewusst oder erkennbar unrichtig reduziert.[846] Den Parteien bleibt es unbenommen, die Abrechnung von oben auch über die von der Rechtsprechung anerkannten Fälle hinaus als vertragliche Abrechnungsmodalität zu vereinbaren.[847]

Als weitere anerkannte Ausnahme von der allgemeinen Abrechnungssystematik kann der Unternehmer von seiner Gesamtvergütung auch die Kosten abziehen, die dem Besteller für die Beauftragung eines Drittunternehmens zur

---

836 BGH, NJW 2014, 3778.
837 *Schmitz*, IBR 2014, 728.
838 OLG Hamm, NJW-RR 2006, 1392.
839 OLG Celle, BeckRS 2009, 5828.
840 OLG Brandenburg, IBRRS 2019, 0019.
841 OLG Dresden, IBRRS 2019, 1944.
842 OLG Düsseldorf, NJW 2015, 355 (356 Rn. 31-33).
843 So auch *Wolber*, IBR 2008, 427; *Schmidt*, NJW 2015, 1159 (1160); *Hille*, NJW 2015, 2455 (2459).
844 BGHZ 144, 242 = NJW 2000, 2988 (2991); BGH, NJW 2014, 3778.
845 *Hille*, NJW 2015, 2455 (2458).
846 So *Hille*, NJW 2015, 2455 (2459).
847 *Hille*, NJW 2015, 2455 (2459).

Fertigstellung des Werks entstanden sind.[848] Möchte der Besteller einer solchen Abrechnung widersprechen, so muss er triftige Gründe gegen die Abrechnung vorbringen, da die Beauftragung eines Drittunternehmens regelmäßig höhere Kosten verursacht als dem ursprünglich beauftragten Unternehmer als Vergütung für diesen nicht erbrachten Teil der Leistung zusteht.[849] Im umgekehrten Fall, dass der Unternehmer bis zur Kündigung des Pauschalpreisvertrages nur geringfügige Leistungen erbracht hat, kann er seine Mindestvergütung abrechnen, indem er die gesamte Leistung als nicht erbracht zugrunde legt und von dem Pauschalpreis die hinsichtlich der Gesamtleistung ersparten Aufwendungen absetzt (Abrechnung „von unten").[850] Diese Art der Abrechnung hilft dem Unternehmer gleichwohl nur bei der „zivilrechtlichen" Verfolgung seines Vergütungsanspruchs.[851] Aus umsatzsteuerrechtlichen Gründen muss der Unternehmer gleichwohl eine Abgrenzung der erbrachten von den nicht erbrachten Leistungen vornehmen, wenn er nicht die Umsatzsteuer auf die gesamte Vergütung entrichten möchte.[852]

Das OLG Frankfurt hat bei der Abrechnung eines Detailpauschalvertrags ausreichen lassen, dass der Besteller die (entsprechend der Pauschalierung reduzierten) Einzelkosten der nicht erbrachten Teilleistungen als Ersparnis in Abzug bringt und als Vergütung nur noch die anteilig auf diese Positionen entfallenden Deckungsbeiträge für allgemeine Geschäftskosten, Wagnis und Gewinn in Ansatz bringt.[853] Auch dies erleichtert dem Unternehmer die Darlegung.

2. *Rezeption der Rechtsprechung in der Literatur*

a. *Allgemeine Kritik*

Die grundsätzliche Rechtsprechungsänderung ist überwiegend auf Zustimmung in der Literatur gestoßen.[854] Zwar sei die Begründung, dass der Vergütung-

---

848 BGH, NJW 2014, 1804 Rn. 5; BGH, NJW-RR 2005, 1103 (1103 f.); OLG Düsseldorf, NJW-RR 2015, 535 (538 Rn. 120).

849 *Kessen*, in: BeckOGK BGB, § 648 Rn. 133.

850 BGH, NJW-RR 2005, 325.

851 *Kapellmann/Schiffers/Markus*, Rn. 1353.

852 *Kapellmann/Schiffers/Markus*, Rn. 1353.

853 OLG Frankfurt, NZBau 2020, 237 (238 Rn. 23). Kritisch hierzu *Koos*, NZBau 2020, 240. Vgl. auch *Vowinckel*, NJW 2020, 884 (885), der die rechtlichen Ausführungen für vertretbar, die konkrete Berechnung des OLG jedoch für fehlerhaft hält.

854 *Kiedrowski*, in: BeckOK Bauvertragsrecht, § 648 Rn. 105; *Küpper*, in: Baumgärtel/Laumen/Prütting, § 648 Rn. 18; *Schmeel*, MDR 1997, 109; *Kniffka*, EWiR 1996, 1019

sanspruch von vornherein nur abzüglich der Anrechnungspositionen bestehe,[855] nicht geeignet, eine Erstdarlegungslast des Unternehmers zu begründen.[856] Vielmehr entstehe der Vergütungsanspruch bereits mit Vertragsschluss in voller Höhe. Dass im Falle der Kündigung der Anspruch aus § 648 S. 2 BGB von vornherein nur abzüglich der Anrechnungspositionen bestehe, ändere nichts daran, dass es sich dabei um eine Einrede des Bestellers handle, für welche dieser nach allgemeinen Grundsätzen darlegungs- und beweisbelastet sei.[857] Teilweise heißt es, da nur der Unternehmer Kenntnis über die Abzugspositionen und deren Höhe habe, trage er folgerichtig auch die Erstdarlegungslast.[858] Hierauf wird entgegnet, dass alleine die entsprechende Kenntnis und daraus resultierende Möglichkeit zu sachgerechtem Vortrag noch keine Darlegungslast begründen.[859] Allerdings sprächen sowohl die Erfahrung als auch die Logik dafür, dass der Unternehmer infolge der Kündigung stets Aufwendungen erspart habe.[860] Daher wäre es reine Förmelei, vom Besteller den Einwand der ersparten Aufwendungen zu verlangen, auf welchen hin der Unternehmer sich dann ohnehin substantiiert einlassen müsse.[861] Ferner heißt es, vor der Rechtsprechungsänderung sei der Besteller kaum in der Lage gewesen, eine halbwegs schlüssige Abrechnung des Unternehmers zu widerlegen und höhere Abzüge zu beweisen als vom Unternehmer behauptet.[862] Im Ergebnis könne nur durch die vom BGH aufgestellten Darlegungsanforderungen gewährleistet werden, dass der Unternehmer infolge der Kündigung keine Vorteile davontrage.[863]

Teilweise werden die von der Rechtsprechung aufgestellten Darlegungsanforderungen in der Literatur hingegen auch kritisiert. So heißt es, dem Unternehmer bereite es in der Praxis Schwierigkeiten, seinen Darlegungspflichten nachzukommen.[864] Dabei ist zu berücksichtigen, dass es sich bei der von der

---

(1020). Wohl auch *Löwe*, ZfBR 1998, 121, der die vorherige Rechtsprechung des Bundesgerichtshofs als „*großzügig*" bezeichnet.

855 So BGHZ 131, 362 = NJW 1996, 1282.

856 *Küpper*, in: Baumgärtel/Laumen/Prütting, § 648 Rn. 18.

857 *Küpper*, in: Baumgärtel/Laumen/Prütting, § 648 Rn. 18.

858 *Kiedrowski*, in: BeckOK Bauvertragsrecht, § 648 Rn. 105.

859 *Küpper*, in: Baumgärtel/Laumen/Prütting, § 648 Rn. 18 unter Verweis auf *Peters*, in: Staudinger, § 648 Rn. 47.

860 *Küpper*, in: Baumgärtel/Laumen/Prütting, § 648 Rn. 18.

861 *Küpper*, in: Baumgärtel/Laumen/Prütting, § 648 Rn. 18.

862 *Schmeel*, MDR 1997, 109.

863 *Küpper*, in: Baumgärtel/Laumen/Prütting, § 648 Rn. 18, allerdings mit Einschränkungen bezüglich der Darlegung für anderweitigen Erwerb, dazu sogleich.

864 *Busche*, in: MüKo BGB, § 648 Rn. 18.

Rechtsprechung angenommenen „sekundären Darlegungslast" des Unternehmers faktisch um die Erstdarlegungslast handelt.[865] Daher wird teilweise vertreten, die Darlegungs- und Beweislast liege auch für die Abzugspositionen vollumfänglich beim Besteller.[866] Dies ergebe sich bereits aus der negativen Formulierung des § 648 S. 2 BGB.[867] Die Rechtsprechung zu § 648 S. 2 BGB folge zwar der allgemeinen Tendenz des Bundesgerichtshofs, die Beweislast nach Sphären zuzuordnen, also für die Beweislastverteilung zu berücksichtigen, aus wessen Gefahrenbereich die streitige Tatsache stammt. Gleichwohl sei eine Beweislastverteilung nach Sphären gesetzlich nicht vorgesehen, sondern lediglich in einzelnen Fällen durch Rechtsfortbildung des Bundesgerichtshofs angenommen worden und stelle keine allgemeine Grundregel der Beweislast dar.[868] Teilweise wird lediglich die vom BGH angenommene Erstdarlegungslast hinsichtlich des anderweitigen Erwerbs kritisiert.[869] Im Gegensatz zu ersparten Aufwendungen liege nicht regelmäßig auch anderweitiger Erwerb des Unternehmers vor, weshalb eine entsprechende Erstdarlegungslast nicht sachgerecht sei.[870] Letzterer Kritik lässt sich indes entgegenhalten, dass die Rechtsprechung nur äußerst geringe Anforderungen an die Erstdarlegung des Unternehmers zum anderweitigen Erwerb stellt.[871]

Kniffka[872] verteidigt die Rechtsprechung gegen die zuvor dargestellte Kritik. So habe der BGH die Darlegungsanforderungen nicht nur erhöht, sondern durch mehrere klarstellende Urteile aus dem Jahr 1999 die von den Instanzgerichten teilweise überhöhten Anforderungen an die Schlüssigkeit einer Vergütungsklage

865 *Kniffka,* in: Kniffka/Koeble, Teil 8 Rn. 74 Fn. 107; *Kessen,* in: BeckOGK BGB, § 648 Rn. 167.1.

866 *Kenter*, Vergütungsanspruch, S. 140; *Peters,* in: Staudinger, § 648 Rn. 46, 48.

867 *Pamperien*, Auskunftspflicht des Werkunternehmers, S. 9 f.

868 *Pamperien*, Auskunftspflicht des Werkunternehmers, S. 10-13. *Pamperien* differenziert bei seinen Ausführungen an dieser Stelle jedoch nicht hinreichend zwischen der Darlegungs- und Beweislast. Folglich verkennt er auch, dass die Rechtsprechung hinsichtlich der Abzugspositionen keine Umkehr der Beweislast auf den Unternehmer vorsieht, sondern diesem lediglich die Erstdarlegungslast aufbürdet.

869 *Küpper,* in: Baumgärtel/Laumen/Prütting, § 648 Rn. 20.

870 Vgl. *Küpper,* in: Baumgärtel/Laumen/Prütting, § 648 Rn. 20.

871 So lässt die Rechtsprechung zunächst den Vortrag des Unternehmers genügen, er habe keinerlei anderweitigen Erwerb erzielt. Siehe hierzu bereits unter Teil 3, B.I.1.a.

872 *Prof. Dr. Rolf Kniffka* war ab Juni 1998 selbst Richter des VII. Zivilsenats des Bundesgerichtshofs. An den von ihm kommentierten Urteilen war er dementsprechend teilweise selbst beteiligt. Siehe Pressemitteilung Nr. 156/2014 des Bundesgerichtshofs.

des Unternehmers korrigiert.[873] So handle es sich etwa um eine Darlegungserleichterung für den Unternehmer, dass er nach der Rechtsprechung des Bundesgerichtshofs im Grundsatz die Ersparnisse auf Basis der vertraglichen Kalkulation berücksichtigen dürfe. Nur bei einer tatsächlich abweichenden Kostenentwicklung müsse er hierzu näher vortragen.[874] Ferner werde von den Instanzgerichten übersehen, dass eine Offenlegung der Kalkulation durch den Unternehmer keinesfalls stets erforderlich sei.[875]

b. Gegenmodell

Pamperien schlug – noch vor Schaffung des § 648 S. 3 BGB – in Abweichung von der Rechtsprechung des Bundesgerichtshofs ein „*Lösungsmodell der wechselseitigen Darlegung*" vor.[876] Eine Klage des Unternehmers auf Werklohn sei nur dann schlüssig, wenn er seine ersparten Aufwendungen benenne und von der vereinbarten Vergütung abziehe. Es sei jedoch ausreichend, wenn der Unternehmer zunächst einen pauschalen Abzug ersparter Aufwendungen vornehme. Zwar liege die Darlegungs- und Beweislast für die Abzugspositionen grundsätzlich beim Besteller, doch spreche ein Erfahrungswert dafür, dass der Unternehmer Aufwendungen erspart habe. Daher müsse er auch von Anfang an zu den ersparten Aufwendungen vortragen, zumal grundsätzlich ein Auskunftsanspruch des Bestellers gemäß § 242 BGB auf Auskunft über die Ersparnisse bestehe.[877] Halte der Besteller den pauschalen Abzug der ersparten Aufwendungen für zu gering, so müsse er seinerseits substantiiert bestreiten. Dies könne er etwa dadurch tun, dass er branchenübliche Ersparnissätze vorlege. Ergebe sich daraus, dass branchenüblich mehr Aufwendungen erspart würden als vom Unternehmer vorgetragen, so müsse der Unternehmer seinerseits seine Darlegung weiter substantiieren und zu den konkret ersparten Aufwendungen vortragen.[878] Dies gelte jedoch nur dann, wenn der branchenübliche Ersparnissatz um mehr als 10% von dem durch den Unternehmer vorgenommenen pauschalen Abzug abweiche. Da die branchenüblichen Ersparnissätze lediglich Näherungswerte darstellen, sei dem Unternehmer eine entsprechende Karenzspanne zuzubilligen.[879] Den Umfang

873 *Kniffka*, Jahrbuch Baurecht 2000, 1 (2).
874 *Kniffka*, Jahrbuch Baurecht 2000, 1 (10).
875 *Kniffka*, Jahrbuch Baurecht 2000, 1 (10 f.).
876 *Pamperien*, Auskunftspflicht des Werkunternehmers, S. 153.
877 *Pamperien*, Auskunftspflicht des Werkunternehmers, S. 154.
878 *Pamperien*, Auskunftspflicht des Werkunternehmers, S. 155.
879 *Pamperien*, Auskunftspflicht des Werkunternehmers, S. 155 f.

der Darlegungspflicht des Unternehmers leitet *Pamperien* aus dem Umfang des von ihm angenommenen Auskunftsanspruchs des Bestellers aus § 242 BGB her. Wenngleich dieser Auskunftsanspruch materiell-rechtlicher Natur sei, wirke er sich auch auf die prozessuale Darlegungslast aus.[880] Im Rahmen des Auskunftsanspruchs und damit für die Darlegungspflicht des Unternehmers müsse zwischen nicht geschütztem Betriebsgeheimnis und geschütztem Geschäftsgeheimnis unterschieden werden. Die Offenlegung der Kalkulation unterfalle dem verfassungsrechtlich geschützten Geschäftsgeheimnis und könne daher nicht verlangt werden.[881] Die Offenlegung der jeweils ersparten Mengen pro Teilleistung unterfalle hingegen nur dem Betriebsgeheimnis.[882] Auf diese Weise habe es der Unternehmer im Ergebnis selbst in der Hand, die Kalkulation offenzulegen oder sich ggf. nach einer entsprechenden Darlegung durch den Besteller mit den branchenüblichen Ersparnissätzen zufrieden zu geben.[883]

Im Ergebnis identisch – wenn auch ohne Bezugnahme auf *Pamperien* – ist die Lösung von *Peters*.[884] Auch dieser sieht die Darlegungs- und Beweislast für die ersparten Aufwendungen grundsätzlich beim Besteller. Da dieser jedoch keinen Einblick in die Interna des Unternehmers habe, stehe ihm prinzipiell ein Auskunftsanspruch aus § 242 BGB zu. Indes sei die Offenlegung von Geschäftsinterna für den Unternehmer regelmäßig nicht zumutbar.[885] Der Besteller müsse daher seiner Darlegungs- und Beweislast folgend zunächst – ggf. mit sachverständiger Hilfe – das Preisgefüge des Vertrages darlegen. Dabei könne er branchenübliche Ersparnissätze ansetzen. Diese wiederum könne der Unternehmer – ggf. seinerseits unter sachverständiger Hilfe – substantiiert bestreiten. Falls die Geheimhaltungsinteressen des Unternehmers es geböten, könne er seine Interna auch nur gegenüber dem Sachverständigen offenlegen.[886] Soweit der Unternehmer sich hingegen auf die Vermutung des § 648 S. 3 BGB berufe, treffe ihn keine sekundäre Darlegungslast, da dies dem Zweck des § 648 S. 3 BGB widerspreche.[887] Hinsichtlich des anderweitigen Erwerbs möchte *Peters* wie folgt differenzieren: Wenn der Besteller nachvollziehbar darlege, dass die Kündigung

880 *Pamperien*, Auskunftspflicht des Werkunternehmers, S. 162.

881 *Pamperien*, Auskunftspflicht des Werkunternehmers, S. 112-114. Siehe auch *Weller*, Vertragstreue, S. 329 m.w.N.

882 Hierzu ausführlich *Pamperien*, Auskunftspflicht des Werkunternehmers, S. 156-162.

883 *Pamperien*, Auskunftspflicht des Werkunternehmers, S. 172.

884 *Peters*, in: Staudinger, § 648 Rn. 46-49.

885 *Peters*, in: Staudinger, § 648 Rn. 48.

886 *Peters*, in: Staudinger, § 647 Rn. 49.

887 *Peters*, in: Staudinger, § 648 Rn. 45.

kausal für einen anderweitigen Erwerb gewesen sei, entstehe eine sekundäre Darlegungslast des Unternehmers. Hinsichtlich des Auftragsvolumens bestehe ein Auskunftsanspruch des Bestellers gegen den Unternehmer aus § 242 BGB. Für einen böswillig unterlassenen anderweitigen Erwerb treffe den Besteller hingegen die volle Darlegungs- und Beweislast ohne Beweiserleichterung zu seinen Gunsten.[888]

c. *Detailkritik*

Neben der soeben dargestellten grundsätzlichen Kritik werden die aus der Rechtsprechung resultierenden konkreten Anforderungen an die Darlegung auch mit Blick auf die bauwirtschaftliche Praxis kritisiert. Viele Aufträge, vor allem solche mit kleinerem und mittlerem Volumen, würden häufig gar nicht oder nur überschlägig kalkuliert.[889] Folglich müsse für die Abrechnung infolge der Kündigung eine Neu- oder Nachkalkulation vorgenommen werden. Eine solche sei aber letztlich nur fingiert, weshalb die Rechtsstreitigkeiten auf einer fingierten Basis entschieden würden. Besondere Probleme ergäben sich bei Pauschalpreisverträgen, weil die Menge der verbauten Materialen sich oft mangels Aufmaßes nicht ermitteln lasse. Im Ergebnis orientiere sich die Rechtsprechung des Bundesgerichtshofs nicht an der Praxis.[890]

Auch speziell im Hinblick auf gemäß § 648 S. 1 BGB gekündigte Architektenverträge wird die Rechtsprechung des Bundesgerichtshofs kritisiert.[891] Die praktischen Auswirkungen der Rechtsprechungsänderung auf Architektenverträge waren besonders groß. Dort war zuvor akzeptiert, dass der Architekt infolge der freien Kündigung des Vertrages auch ohne entsprechende vertragliche Vereinbarung pauschal ein Honorar in Höhe von 60% der vereinbarten Gesamtvergütung verlangen kann.[892] Diese Abrechnungspraxis hat der BGH mit einem Urteil aus dem Jahr 1996 für unzureichend erklärt. Vielmehr müsse der Architekt konkret vortragen und beziffern, welche ersparten Aufwendungen und welchen anderweitigen Erwerb er sich anrechnen lasse.[893] Diese Rechtsprechungsänderung, so

---

888 Zu alledem siehe *Peters*, in: Staudinger, § 648 Rn. 50.
889 *Niemöller*, BauR 1997, 539 (545); *Pamperien*, Auskunftspflicht des Werkunternehmers, S. 175 f.
890 *Niemöller*, BauR 1997, 539 (545); *Pamperien*, Auskunftspflicht des Werkunternehmers, S. 175 f.
891 *Werner/Siegburg*, BauR 1997, 181.
892 *Werner/Siegburg*, BauR 1997, 181 (181-184) m.w.N.
893 BGH, NJW 1996, 1751.

wird kritisiert, habe erhebliche Rechtsuntersicherheit herbeigeführt, da die vorherige Pauschalierung einem praktischen Bedürfnis entsprochen und die ohnehin oft komplizierten Bauprozesse insoweit vereinfacht habe.[894]

3. *Stellungnahme*

Die grundsätzliche Entscheidung des Bundesgerichtshofs, dem Unternehmer auch die Erstdarlegung für die ersparten Aufwendungen sowie den anderweitigen Erwerb aufzubürden, verdient Zustimmung. Zutreffend ist vor allem die Begründung, dem Besteller fehle regelmäßig ein Einblick in die Abläufe des Unternehmers, um substanziell zu den Abzugspositionen vortragen zu können. Wenngleich die vorherige Rechtslage für den Unternehmer bequem war,[895] führte sie regelmäßig zu materiell ungerechten Ergebnissen. Die Entscheidungen des Bundesgerichtshofs zur Darlegungslast im Rahmen des § 648 S. 2 BGB fügen sich auch in die allgemeine Tendenz der Rechtsprechung zur Darlegungslast ein. So wurde in den letzten Jahren eine schrittweise Abkehr der Rechtsprechung von dem Grundsatz beobachtet, dass jede Partei nur die für sie positiven Tatsachen vortragen muss.[896] In Fällen, in denen ein Informationsgefälle zwischen den Parteien besteht, obliegt regelmäßig auch der nicht beweisbelasteten Partei eine Substantiierungslast.[897]

Das von der Literatur entwickelte Gegenmodell[898] enthält durchaus bedenkenswerte Ansätze, führt im Ergebnis jedoch weder zu einer einfacheren Abrechnung noch zu mehr materieller Gerechtigkeit. Zunächst dürfte der Unternehmer seine ersparten Aufwendungen lediglich pauschal abziehen, was in einem ersten Schritt eine Erleichterung für ihn darstellen würde. In streitigen Fällen würde der Besteller jedoch fast immer die vom Unternehmer angesetzten Aufwendungen als zu gering rügen. Dann käme es auf die von ihm darzulegenden branchentypischen Ersparnissätze an. Im Einzelfall mag die Einholung branchenüblicher Ersparnissätze ein geeignetes Mittel für den Besteller sein, um den Vortrag des

---

894 *Werner/Siegburg*, BauR 1997, 181 (181 f., 184).

895 *Schmeel*, MDR 1997, 109.

896 *Laumen*, MDR 2019, 193. Vgl. auch *Pamperien*, Auskunftspflicht des Werkunternehmers, S. 10-13.

897 Für eine ausführliche Auflistung von Fällen, in denen der BGH eine sekundäre Darlegungslast angenommen hat, sowie zu den (teils ungeklärten) Fragen der sekundären Darlegungslast siehe *Laumen*, MDR 2019, 193.

898 *Pamperien*, Auskunftspflicht des Werkunternehmers, S. 153-162; *Peters*, in: Staudinger, § 648 Rn. 46-49. Siehe hierzu unter Teil 3, B.I.2.b.

Unternehmers zu erschüttern. Letztlich stünden sich dann ein pauschalierter Abzug durch den Unternehmer sowie ein ebenfalls pauschalierter, an branchentypischen Sätzen orientierter Abzug durch den Besteller gegenüber. Dies würde zu einer Abkehr von der Einzelfallbetrachtung des konkreten Vertrages führen. Gerade die Wichtigkeit einer solchen Einzelfallbetrachtung wurde indes zu Recht vom BGH betont, weshalb er der lediglich pauschalen Betrachtung von Abzügen explizit eine Absage erteilt hat. Der Ansatz von *Pamperien*, dem Besteller zur Substantiierung vermeintlich höherer Abzüge als Anhaltspunkt die Berufung auf branchenübliche Ersparnissätze zu berücksichtigen, ist durchaus nachvollziehbar. Dadurch soll mutmaßlich auch dem Umstand Rechnung getragen werden, dass eine ganz exakte Abrechnung der Kündigungsvergütung regelmäßig illusorisch ist.[899] Gleichwohl ist das von *Pamperien* vorgeschlagene Modell, insbesondere auch die dem Unternehmer stets gewährte Karenzspanne von 10%,[900] zu schematisch. Letztlich führt das Gegenmodell also weder zu einer wesentlichen Vereinfachung der Abrechnung noch zu gerechteren Ergebnissen im Einzelfall.

Obschon die grundsätzliche Verteilung der Darlegungslast durch den BGH daher Zustimmung verdient, führt auch die umfassende Erstdarlegungslast des Unternehmers zu Problemen und im Einzelfall zu materiellen Ungerechtigkeiten.[901] Zu den einzelnen Problemen sowie Lösungsansätzen soll nachfolgend Stellung genommen werden.

II. Die Vorschrift des § 648 S. 3 BGB

Der nachträglich eingeführte § 648 S. 3 BGB soll den Darlegungsproblemen des Unternehmers begegnen, die aus den zuvor dargestellten Darlegungsanforderungen durch die Rechtsprechung resultieren.[902] Gemäß § 648 S. 3 BGB wird vermutet, dass dem Unternehmer nach der Kündigung 5% der auf den noch

899 Siehe hierzu auch die Ausführungen unter Teil 3, B.IV.

900 Vgl. *Pamperien*, Auskunftspflicht des Werkunternehmers, S. 155 f.

901 Vgl. auch *Kniffka*, EWiR 1996, 1019 (1020), der zunächst ausführte, die vom BGH aufgestellten Darlegungserfordernisse müssten einzelfallbezogen sowie mit Augenmaß umgesetzt werden. Einige Jahre später stellte er dann fest, dass dies in der instanzgerichtlichen Rechtsprechung nicht stets der Fall sei. Siehe dazu *Kniffka*, Jahrbuch Baurecht 2000, 1 (2). Die Ursache hierfür liegt nach hiesiger Auffassung nicht lediglich in unzutreffender Rechtsanwendung durch die Gerichte, sondern ist durchaus auch strukturell bedingt. Zu den Lösungsansätzen siehe unter Teil 3, B.III. und B.IV.

902 Hierzu sogleich unter Teil 3, B.II.1.

nicht erbrachten Teil der Werkleistung entfallenden vereinbarten Vergütung zustehen. Dabei handelt es sich um eine widerlegbare Vermutung.[903] Eine identische Regelung findet sich in § 650f Abs. 5 S. 3 BGB für den Fall der Kündigung durch den Unternehmer, der dem Besteller zuvor erfolglos eine angemessene Frist zur Stellung einer Bauhandwerkersicherung gesetzt hatte.

1. Gesetzesbegründung

Die Vermutungsregelung wurde mit dem Forderungssicherungsgesetz zum 01.01.2008 eingeführt. Ziel des Gesetzes insgesamt war es unter anderem, die Position des Gläubigers allgemein zu verbessern.[904]

Mit der Einführung des § 648 S. 3 BGB wollte der Gesetzgeber dem Unternehmer die Durchsetzung seines Vergütungsanspruchs infolge der freien Kündigung erleichtern. Schon bei der Einführung der Vermutungsregelung des § 648a Abs. 5 S. 4 BGB a.F. (heute modifiziert in 650f Abs. 5 S. 3 BGB) wurde im Gesetzgebungsverfahren im Jahr 2000 darauf hingewiesen, dass der Unternehmer bei der Abrechnung seines Vergütungsanspruchs aus § 648 S. 2 BGB und der dabei erforderlichen Darlegung der erbrachten und nicht erbrachten Leistungen Schwierigkeiten haben könnte.[905] In der Gesetzesbegründung zum Forderungssicherungsgesetz im Jahr 2006 heißt es, die Rechtsprechung habe die Darlegungsanforderungen an den Anspruch des Unternehmers aus § 648 S. 2 BGB derart hoch angesetzt, dass dieser praktisch kaum durchsetzbar sei. Wenngleich die Rechtsprechung davon etwas abgerückt sei, bestünden die Durchsetzungsprobleme des Unternehmers fort. Diesen solle mit der Vermutungsregelung begegnet werden.[906]

---

903 BT-Drs. 16/511, S. 15.

904 BT-Drs. 16/511, S. 1.

905 BT-Drs. 14/2752, S. 13 f. Diese Feststellung wurde zum Anlass genommen, den damaligen § 648a Abs. 5 S. 3 BGB a.F einzuführen. Dadurch sollte dem Besteller die Möglichkeit genommen werden, sich seiner Verpflichtung zur Zahlung eines Schadensersatzanspruchs gemäß § 648a Abs. 5 S. 2 BGB a.F. dadurch zu entziehen, dass er den Vertrag selbst frei kündigt und sich die Abrechnung des Vertrages daher nach § 648 S. 2 BGB richtet. Der Gesetzgeber ging folglich davon aus, dass die Darlegung des Anspruchs aus § 648 S. 2 BGB für den Unternehmer schwieriger sei als die Darlegung des Anspruchs aus § 648a Abs. 5 S. 2 BGB a.F.

906 BT-Drs. 16/511, S. 17 f.

2. *Rechtsprechung*

Der BGH[907] widerspricht explizit der Gesetzesbegründung, wonach die von ihm aufgestellten Anforderungen an die Darlegung des Anspruchs zu hoch seien. Auch sei er nicht von seiner eigenen Rechtsprechung abgerückt. Die Einführung des § 648 S. 3 BGB ändere nichts daran, dass der Unternehmer darlegen müsse, welcher Teil der Vergütung auf die erbrachten und welcher Teil auf die nicht erbrachten Leistungen entfalle. Es reiche nicht aus, wenn der Unternehmer die Gesamtvergütung darlege, da diese nicht Bemessungsgrundlage der Pauschale sei. Mit der Einführung des § 648 S. 3 BGB habe lediglich die Darlegungslast zur Ersparnis vereinfacht werden sollen.[908] Folglich bleibt es dabei, dass der Unternehmer zunächst schlüssig vortragen muss, welchen Teil der Leistung er bereits erbracht und welchen er noch nicht erbracht hat, um die Anforderungen des Bundesgerichtshofs an die Darlegung des Vergütungsanspruchs zu erfüllen. Der BGH wendet § 648 S. 3 BGB nur auf den nicht erbrachten Teil der Leistung an.[909]

Die Vermutung des § 648 S. 3 BGB ändert nichts an der Beweislastverteilung. Legt der Unternehmer nach Abzug der Anrechnungspositionen eine höhere Vergütung als 5% dar, muss der Besteller beweisen, dass die Vergütung niedriger ist.[910]

3. *Kritik*

Sowohl die Ausgestaltung der Norm durch den Gesetzgeber als auch deren Handhabung durch die Rechtsprechung werden kritisiert.

a. *Kritik an der Norm*

In Hinblick auf die Norm selbst wird kritisiert, der Gesetzgeber habe keine wesentliche Verbesserung für den Unternehmer bewirkt, da er die etwaig schon erbrachten Leistungen weiterhin konkret abrechnen müsse.[911] Die Schwierigkeit für den Unternehmer liege regelmäßig darin, seine erbrachten und nicht

---

907 BGH, NJW-RR 2011, 1588.

908 BGH, NJW-RR 2011, 1588 (1589).

909 BGH, NZBau 2011, 669.

910 KG, BauR 2014, 1523; OLG Düsseldorf, NZBau 2022, 30 (31); *Kessen,* in: BeckOGK BGB, § 648 Rn. 180; *Vogel*, BauR 2011, 313 (325); a.A. *Voit,* in: BeckOK BGB, § 648 Rn. 18.

911 *Schmitz,* in: ibrOK Bauvertragsrecht, § 648 Rn. 73-75; *Geheeb,* in: Leinemann/Kues, § 648 Rn. 57.

erbrachten Leistungen voneinander abzugrenzen und darzulegen.[912] Gelingt dem Unternehmer diese Darlegung, kann er meist auch die ersparten Aufwendungen und den anderweitigen Erwerb konkret darlegen und zu einer höheren Vergütung als 5% gelangen. Folglich – so heißt es – werde nur der abrechnungsunwillige Unternehmer pauschal nach § 648 S. 3 BGB abrechnen, da eine detaillierte Abrechnung sich weiterhin lohne.[913] Insgesamt habe der Gesetzgeber das Problem nicht gelöst, sondern nur auf eine andere Ebene verlagert.[914]

Vogel vertritt die Auffassung, der Gesetzgeber sei bei der Schaffung des § 648 S. 3 BGB von falschen Voraussetzungen ausgegangen.[915] So bezwecke die Norm eine Erleichterung der Darlegungslast des Unternehmers für die ersparten Aufwendungen und den anderweitigen Erwerb, obwohl die Darlegungs- und Beweislast hierfür beim Besteller liege.[916] Richtig ist jedoch, dass gerade schon die vom BGH angenommene Erstdarlegungslast[917] mit Schwierigkeiten für den Unternehmer verbunden sein kann und die Vermutung des § 648 S. 3 BGB dem Unternehmer somit zumindest eine gewisse Erleichterung verschafft.[918]

Unabhängig davon wird kritisiert, eine einheitliche Pauschale für alle Branchen sei unangemessen, weil die Unkosten sowie die Gewinnmarge teils deutlich differierten. Für Architektenverträge etwa sei die Pauschale von 5 % weit untersetzt.[919] Auch für Bauverträge wird vertreten, die Pauschale von 5 % sei

---

912 *Kniffka,* in: Kniffka/Koeble, Teil 8 Rn. 73; *Brüninghaus,* in: BeckOK VOB/B, § 8 Abs. 1 Rn. 56.

913 *Fochler*, Kommentar vom 27.10.2008 zu *Drittler*, ibr-online-Blog vom 26.10.2008 „Freie Kündigung: Abrechnungsvereinbarung im FoSiG – Interesse des AN hinlänglich gewahrt?"; zustimmend *Drittler,* Nachträge und Nachtragsprüfung, 3. Freie Kündigung Rn. 96.

914 *Busche,* in: MüKo BGB, § 648 Rn. 33.

915 *Vogel*, BauR 2011, 313 (324).

916 *Vogel*, BauR 2011, 313 (324 f.).

917 Missverständlich auch als „sekundäre Darlegungslast" bezeichnet. Siehe bereits unter Teil 3, B.I.1.a.

918 *Vogel*, BauR 2011, 313 (324 f.) nennt diesen Vorteil selbst. Vor diesem Hintergrund bleibt unklar, worauf seine Kritik am Gesetzgeber sich konkret bezieht. Soweit die Kritik sich darauf beziehen soll, dass allein der Besteller darlegungsbelastet sei, wäre dies unter Berücksichtigung der BGH-Rechtsprechung unzutreffend. Der Kritik lässt sich indes auch nicht entnehmen, dass *Vogel* die Vermutungswirkung des § 648 S. 3 BGB für nicht weitreichend genug hielte.

919 *Peters,* in: Staudinger, § 648 Rn. 44; *Schwenker/Rodemann,* in: Erman BGB, § 648 Rn. 6e. Auch bei Softwareentwicklungsverträgen liegen der Kostenanteil und damit die Ersparnis regelmäßig deutlich niedriger, vgl. *Merkle,* in: BeckOGK BGB, § 631 Rn. 828.

regelmäßig zu niedrig.[920] Auch und vor allem bei Branchen mit hohen Unkosten könne es in Extremfällen zu fragwürdigen Unterschieden kommen.[921]

Umstritten ist, ob die Vermutung des § 648 S. 3 BGB nur die ersparten Aufwendungen oder auch den anderweitigen Erwerb umfasst. Teilweise wird unter Berufung auf die Gesetzesmaterialien[922] vertreten, die Vermutungswirkung erstrecke sich nicht auf den anderweitigen Erwerb, weil eine solche Vermutung sich nicht sinnvoll aufstellen lasse.[923] Diese Einschränkung überzeugt jedoch nicht. So wird richtigerweise auch mehrheitlich der anderweitige Erwerb als von der Vermutungswirkung umfasst angesehen. Dafür spricht zunächst der Wortlaut, der keine solche Beschränkung vorsieht.[924] Auch die systematische Anknüpfung des § 648 S. 3 BGB an § 648 S. 2 BGB spricht für eine Anwendung der Vermutung auf den anderweitigen Erwerb.[925]

Ferner ist umstritten, ob auch den Unternehmer, der sich auf die Vermutung des § 648 S. 3 BGB stützt, eine sekundäre Beweislast trifft, wenn der Besteller substantiiert behauptet, der Anspruch des Unternehmers sei geringer als die vermuteten 5% des entsprechenden Anteils der vereinbarten Vergütung.[926] Teilweise wird dies unter Berufung auf den Gesetzeszweck verneint.[927] Der Besteller habe folglich ohne Beweislasterleichterung kumulativ darzulegen und zu beweisen, dass der Vergütungsanspruch geringer als die vermuteten 5% ausfalle.[928] Teilweise hingegen wird auch insoweit für eine sekundäre Darlegungslast des Unternehmers plädiert.[929] Da die Vermutung in § 648 S. 3 BGB widerleglich sei, könne dem Besteller nicht jede Möglichkeit genommen werden, den zur Widerlegung erforderlichen Beweis auch zu führen.[930] Das gesetzgeberische Ziel, dem Unternehmer die Durchsetzung seines Vergütungsanspruchs zu erleichtern, werde

---

920 *Bötzkes*, BauR 2016, 429 (443). *Brüninghaus,* in: BeckOK VOB/B, § 8 Abs. 1 Rn. 56 f. hält die Pauschale sogar generell für zu niedrig. Ebenso wohl *Drittler,* Nachträge und Nachtragsprüfung, 3. Freie Kündigung Rn. 94 f.

921 Vgl. *Peters,* in: Staudinger, § 648 Rn. 44.

922 BT-Drs. 16/511, S. 17 f.

923 *Peters,* in: Staudinger, § 648 Rn. 42.

924 So zutreffend *Busche,* in: MüKo BGB, § 648 Rn. 33; *Lührmann/Raab,* in: Dauner-Lieb/Langen, § 648 Rn. 28; *Schmitz,* in: ibrOK Bauvertragsrecht, § 648 Rn. 69.

925 *Kessen,* in: BeckOGK BGB, § 648 Rn. 164.

926 *Voit,* in: BeckOK BGB, § 648 Rn. 18.

927 *Peters,* in: Staudinger, § 648 Rn. 45.

928 *Peters,* in: Staudinger, § 648 Rn. 45.

929 *Voit,* in: BeckOK BGB, § 648 Rn. 18.

930 *Voit,* in: BeckOK BGB, § 648 Rn. 18.

gleichwohl erreicht, da die Vermutung auch dann greife, wenn dem Besteller der Beweis einer höheren Ersparnis nicht gelinge.[931] Die letztgenannte Auffassung überzeugt nicht. Bürdet man dem Unternehmer eine substanzielle Darlegungslast auf, so verbessert § 648 S. 3 BGB seine Position regelmäßig nicht. In vielen Fällen müsste der Unternehmer dann exakt jene Darlegung seines Vergütungsanspruchs sowie der Abzugspositionen unter Vorlage einer etwaig vorhandenen Kalkulation vornehmen, von welcher § 648 S. 3 BGB ihn nach der Intention des Gesetzgebers befreien möchte.[932] Soweit darauf hingewiesen wird, die Vermutungswirkung des § 648 S. 3 BGB greife auch dann noch, wenn dem Besteller der Beweis höherer Ersparnisse nicht gelinge, wird verkannt, dass die Norm keine Beweiserleichterung, sondern eine Darlegungserleichterung zugunsten des Unternehmers statuiert.

b. Kritik an der Rechtsprechung

Teilweise wird entgegen der Rechtsprechung[933] vertreten, die Vermutung des § 648 S. 3 BGB sei über ihren Wortlaut hinaus auf die Gesamtvergütung des Unternehmers anwendbar. Es sei davon auszugehen, dass das Verhältnis von Aufwand und Ertrag beim gesamten Vertrag identisch sei. Daher müsse der Unternehmer nicht zwischen dem ausgeführten und nicht ausgeführten Vertrag unterscheiden, sondern könne 5% bezogen auf die Gesamtvergütung verlangen.[934] Dieses Verständnis ist indes weder mit dem Wortlaut noch mit der Entstehungsgeschichte des § 648 S. 3 BGB vereinbar. Schon der Wortlaut ist eindeutig.[935] Danach erstreckt sich die Vermutung nur auf die *„auf den noch nicht erbrachten Teil der Werkleistung entfallende[n] vereinbarte[n] Vergütung"*. Diese Formulierung ist auch kein Zufall. Ursprünglich sah der Gesetzesentwurf des Bundesrates folgende Formulierung des § 648 S. 3 BGB vor: *„Es wird vermutet, dass danach dem Unternehmer 5 vom Hundert der vereinbarten noch nicht verdienten Vergütung zustehen."*[936] Durch die Bundesregierung wurde dieser Wortlaut im Gesetzgebungsverfahren modifiziert, was zu der letztlich verabschiedeten Fassung geführt hat. Durch die Änderung der Formulierung sollte deutlicher gemacht werden, dass die Vermutung sich lediglich auf die Vergütung

931 *Voit,* in: BeckOK BGB, § 648 Rn. 18.
932 So aber *Voit,* in: BeckOK BGB, § 648 Rn. 18.
933 BGH, NZBau 2011, 669.
934 *Peters,* in: Staudinger, § 648 Rn. 45; *Peters,* NZBau 2012, 149.
935 So auch *Schmitz,* IBR 2011, 570.
936 BT-Drs. 16/511, S. 6.

für den Teil der Leistung des Unternehmers bezieht, der noch nicht erbracht wurde.[937]

4. *Einordnung: § 648 S. 3 BGB als gesetzgeberische Reaktion auf Rechtsprechung*

Die Vorschrift des § 648 S. 3 BGB stellt aufgrund ihrer Entstehungsgeschichte eine Besonderheit dar. Wie bereits dargestellt hat der Gesetzgeber die Norm als Reaktion auf die Rechtsprechungsänderung des Bundesgerichtshofs eingeführt.[938] Gesetzgeberische Reaktionen auf eine vorherige Rechtsprechung sind keine Seltenheit. Regelmäßig wird dabei indes vorheriges Richterrecht kodifiziert und damit bestätigt. Beispiele hierfür sind etwa der § 313 BGB,[939] § 439 Abs. 3 BGB,[940] § 475 Abs. 4 BGB,[941] § 906 Abs. 2 S. 2 BGB[942] oder auch Teile des 2018 eingeführten Bauvertragsrechts,[943] z.B. die Kündigung aus wichtigem Grund gemäß § 648a BGB.[944] § 648 S. 3 BGB stellt indes keine Kodifizierung von Richterrecht, sondern vielmehr eine Reaktion auf die Gesetzesauslegung durch die Rechtsprechung dar. Der Gesetzgeber sah eine Notwendigkeit, die aus seiner Sicht für den Unternehmer zu strengen Darlegungsanforderungen zu erleichtern.[945] Gleichwohl hat der Gesetzgeber dabei lediglich die Vermutungsregelung in § 648 S. 3 BGB eingeführt und die Regelung im Übrigen nicht angetastet. Dies zwingt zu dem Schluss, dass der Gesetzgeber die vom BGH entwickelten Darlegungserfordernisse im Grundsatz billigt. Anderenfalls hätte er auch schlicht die Vorschrift des § 648 S. 2 BGB ändern oder auf andere Weise eine abweichende Darlegungslast festschreiben können.[946] Dies ist jedoch nicht geschehen.

---

937 BT-Drs. 16/511, S. 29.

938 Hierzu bereits unter Teil 3, B.II.1.

939 *Finkenauer,* in: MüKo BGB, § 313 Rn. 1; *Lorenz,* in: BeckOK BGB, § 313 Rn. 1; *Martens,* in: BeckOGK BGB, § 313 Rn. 1; *Jung,* in: Dauner-Lieb/Langen, § 313 Rn. 1.

940 *Dauner-Lieb*, NZBau 2015, 684 (685).

941 *Dauner-Lieb*, NZBau 2015, 684 (689). Die Regelung des § 475 Abs. 4 BGB fand sich noch bis zum 01.01.2022 in § 475 Abs. 6 BGB.

942 *Wenzel*, NJW 2015, 241 (243).

943 *Rintelen,* in: Messerschmidt/Voit, § 631 Rn. 15a.

944 *Karczewski*, NZBau 2018, 328 (337); *Sienz,* in: BeckOK Bauvertragsrecht, § 648a Rn. 1.

945 Hierzu bereits unter Teil 3, B.II.1.

946 Denkbar wäre es etwa gewesen, dem Besteller ausdrücklich die Darlegungslast für Abzugspositionen aufzubürden, ggf. ergänzt durch einen Auskunftsanspruch gegen den Unternehmer.

Die praktischen Auswirkungen des § 648 S. 3 BGB sind begrenzt. In jedem Fall stellt die Norm eine Rückfalloption für den Unternehmer dar, die es ihm regelmäßig ermöglicht, einen Teil der Kündigungsvergütung ohne besonderen Darlegungsaufwand einzufordern.[947] Gleichwohl werden Unternehmer regelmäßig eine konkrete Abrechnung unter Darlegung der Abzugspositionen vorziehen, da eine solche Abrechnung sich regelmäßig lohnt.[948] Probleme, die sich für den Unternehmer bei der Abgrenzung zwischen dem erbrachten sowie nicht erbrachten Teil der Leistung ergeben, werden von § 648 S. 3 BGB nicht adressiert. Diesen Problemen kann teilweise jedoch durch die Möglichkeit einer Schätzung der Vergütung gemäß § 287 Abs. 2 ZPO begegnet werden.[949]

III. Lösungsansätze zur Darlegungs- und Beweislast

Wie zuvor dargestellt verbleiben trotz der im Grundsatz interessengerechten Verteilung der Darlegungslast durch die Rechtsprechung teilweise Darlegungsprobleme des Unternehmers bestehen, welche diesen unangemessen benachteiligen. Die Vermutung des § 648 S. 3 BGB schafft hier teilweise, aber nicht vollständig Abhilfe. Daher sollen nachfolgend einige Lösungsansätze diskutiert werden, wie die Darlegung des Anspruchs aus § 648 S. 2 BGB interessengerechter gestaltet werden könnte.

1. *Beweislastumkehr bei Aufmaßvereitelung*

Ein Lösungsansatz betrifft das Szenario der Aufmaßvereitelung durch den Besteller. Zur konkreten Darlegung und Bezifferung des Vergütungsanspruchs aus § 648 S. 2 BGB, vor allem zur Abgrenzung des erbrachten von dem nicht erbrachten Teil der Leistung, ist regelmäßig ein Aufmaß erforderlich.[950] Für den Fall, dass eine Partei die Mitwirkung an einem Aufmaßtermin unentschuldigt unterlässt, statuiert § 648a Abs. 4 S. 2 BGB eine Beweislastumkehr. Die Norm bezieht sich indes nur auf die Abrechnung infolge einer Kündigung des Vertrages aus wichtigem Grund. Es wird vertreten, diese Norm analog auf die freie Kündigung gemäß § 648 BGB anzuwenden.[951] So wird gemutmaßt, der Gesetzgeber

---

947 *Retzlaff,* in: Grüneberg, § 648 Rn. 9.

948 Hierzu bereits unter Teil 3, B.II.3.

949 Siehe hierzu unter Teil 3, B.IV.

950 *Sienz,* in: BeckOK Bauvertragsrecht, § 648a Rn. 32a.

951 So *Voit,* in: BeckOK BGB, § 648a Rn. 16; *Geheeb,* in: Leinemann/Kues, § 648a Rn. 70. *Kniffka,* BauR 2017, 1747 (1778). *Sienz,* in: BeckOK Bauvertragsrecht, § 648a Rn. 32a hält eine analoge Anwendung für *„durchaus denkbar".* *Oberhauser,* in: Messerschmidt/Voit, § 648 Rn. 20 führt aus, die Anwendung der Norm auf die freie Kündigung müsse

habe sich über die Anwendung auf die freie Kündigung keine Gedanken gemacht, weshalb eine planwidrige Regelungslücke vorliege.[952] Auch die Interessenlage sei vergleichbar.[953] In der Tat ist kein Grund ersichtlich, wieso für eine Aufmaßvereitelung nach einer freien Kündigung andere Maßstäbe gelten sollten als nach einer außerordentlichen Kündigung. Die Abrechnung des erbrachten Teils der Leistung ist völlig unabhängig davon, ob die Kündigung frei oder aus wichtigem Grund erfolgte.[954] Der Unterschied im Hinblick auf die Vergütung besteht lediglich darin, dass dem Unternehmer nur bei einer freien Kündigung im Grundsatz auch eine Vergütung für den nicht erbrachten Teil der Leistung zusteht. Eine Abgrenzung der erbrachten von den nicht erbrachten Leistungen und damit ein Aufmaß können in beiden Fällen gleichermaßen erforderlich sein. Die Regelung des § 648a Abs. 4 S. 2 BGB soll laut der Gesetzesbegründung einem späteren Streit über den Umfang der erbrachten Leistung vorbeugen.[955] Zudem sollte ein Anreiz geschaffen werden, das notwendige Zusammenwirken der Parteien auch nach der Kündigung zu fördern.[956] Wenn der Gesetzgeber schon im Falle einer Kündigung aus wichtigem Grund, welcher ein Fehlverhalten einer der Parteien zugrunde liegt, ein Zusammenwirken fördern wollte, so muss dies erst recht für den Fall einer freien Kündigung gelten, die keinerlei Fehlverhalten voraussetzt. Im Ergebnis ist § 648a Abs. 4 S. 2 BGB daher analog auf die freie Kündigung anzuwenden. Verweigert der Besteller die Mitwirkung an einem Aufmaßtermin oder bleibt er einem solchen unentschuldigt fern, so trifft ihn die Beweislast für den Leistungsstand im Zeitpunkt der Kündigung.

---

in Erwägung gezogen werden, vermeidet jedoch eine klare Positionierung. Anders als bei § 648a Abs. 4 S. 2 BGB kommt bei § 648 S. 2 BGB indes nur eine Beweislastumkehr zulasten des Bestellers in Betracht, da die Beweislast im Übrigen ohnehin beim Unternehmer liegt. § 648a Abs. 4 S. 2 BGB in direkter Anwendung kann demgegenüber auch zugunsten des Bestellers wirken, da dieser die Beweislast etwa für Ansprüche auf Ersatz von Mehrkosten infolge der Kündigung trägt. Siehe dazu *Sienz,* in: BeckOK Bauvertragsrecht, § 648a Rn. 36.

952 *Kniffka*, BauR 2017, 1747 (1778).

953 *Kniffka*, BauR 2017, 1747 (1778).

954 *Kniffka*, Jahrbuch Baurecht 2000, 1 (3); *Schmitz,* in: ibrOK Bauvertragsrecht, § 648 Rn. 34; BGH, NJW 1999, 2036.

955 BT-Drs. 18/8486, S. 51.

956 BT-Drs. 18/8486, S. 51.

2. *Beibehaltung der Abrechnungsweise bei Pauschalpreisverträgen?*

Ferner soll zur Diskussion gestellt werden, ob die Anforderungen an die Abrechnung eines Pauschalpreisvertrages infolge der Kündigung interessengerecht sind. Aufgrund der vom BGH formulierten Anforderungen muss der Unternehmer seine Vergütung infolge der Kündigung faktisch abrechnen und kalkulieren wie bei einem Einheitspreisvertrag.[957] Gerade dies stellt den Unternehmer in der Praxis vor große Herausforderungen.[958] Dies führt regelmäßig dazu, dass der Unternehmer im Falle der Kündigung einen erheblich größeren Aufwand für die Kalkulation, Abrechnung und Darlegung seines Vergütungsanspruchs hat als bei vollständiger Vertragsdurchführung. Es wurde bereits dargestellt, dass diese erst durch die Kündigung entstehenden Abrechnungskosten in teleologischer Extension des § 648 S. 2 BGB der Besteller tragen muss.[959] Dies allein hilft dem Unternehmer indes nicht, wenn ihm die konkrete Darlegung des Vergütungsanspruchs durch Aufgliederung des Pauschalpreises nicht gelingt. Vor allem beim Abschluss eines Globalpauschalvertrages verständigen die Parteien sich auf eine vereinfachte Abrechnungsweise. Es stellt sich daher die Frage, ob nicht auch im Fall der freien Kündigung eine vereinfachte Abrechnungsweise gelten sollte. In einem anderen Zusammenhang wurde bereits die Bedeutung der gewählten Abrechnungsart für die Schutzwürdigkeit der Parteien betont. So weist *Pamperien* zu Recht darauf hin, dass das Geschäftsgeheimnis eines Unternehmers bei einem Einheitspreisvertrag weniger schützenswert sei als bei einem Pauschalpreisvertrag, da nur bei ersterem ein konkretes Aufmaß der erbrachten Mengen vor der Abrechnung erfolge.[960] Eine Aufrechterhaltung der ursprünglich vereinbarten Abrechnungsmodalitäten auch im Fall der Kündigung könnte daher mit dem Argument gestützt werden, der vertraglichen Vereinbarung der Parteien am ehesten zu entsprechen. Indes schützt § 648 S. 2 BGB nur das unmittelbare finanzielle Interesse des Unternehmers an der Durchführung des Vertrages.[961] Die Abrechnungsmodalitäten infolge der Kündigung wirken sich hingegen allenfalls mittelbar auf das finanzielle Interesse des Unternehmers aus. Der Vorschrift des § 648 S. 2 BGB lässt sich nicht entnehmen, dass das gesamte Vertragsgefüge inklusive dieser Modalitäten aufrecht zu erhalten wäre. Hinzu kommt die Problematik, dass ein gekündigter Pauschalpreisvertrag zwangsweise

---

957 *Kniffka*, EWiR 1996, 1019 (1020).

958 Vgl. hierzu *Leineweber*, ZfBR 2005, 110; *Hille*, NJW 2015, 2455 (2456).

959 Siehe hierzu unter Teil 1, C.IV.2.b.ee.

960 *Pamperien*, Auskunftspflicht des Werkunternehmers, S. 137.

961 Siehe etwa *Bitter/Rauhut*, JZ 2007, 964 (967).

anders abgerechnet werden muss als ein vollständig durchgeführter Pauschalpreisvertrag. Eine Abgrenzung von erbrachten und nicht erbrachten Leistungen erfordert eine Feststellung des Leistungsstandes auch dann, wenn nicht jede Einzelposition genau erfasst wird. Gleichwohl sollte die vereinbarte Abrechnungsweise auch infolge der Kündigung berücksichtigt werden. Wo eine exakte Feststellung des Leistungsstandes aus vom Unternehmer nicht zu vertretenden Gründen nicht möglich ist, soll im Einzelfall zugunsten des Unternehmers von § 287 Abs. 2 ZPO Gebrauch gemacht werden.[962]

3. *Abkehr von starrer Pauschale des § 648 S. 3 BGB?*

Ein weiterer zur Diskussion gestellter Lösungsansatz knüpft an die häufige Kritik an der starren prozentualen Pauschalierungsregelung des § 648 S. 3 BGB an. So wird im Kern vorgebracht, die einheitliche Vermutung einer Vergütung abzüglich ersparter Aufwendungen in Höhe von 5% trage den Unterschieden der verschiedenen Branchen nicht hinreichend Rechnung.[963] Denkbare Alternativen wären eine unternehmens- oder eine branchenbezogene Pauschalierung. Dies würde den Anwendungsbereich des § 648 S. 3 BGB teils deutlich erweitern und könnte auch in Einzelfällen zu gerechteren Ergebnissen führen.

Eine unternehmensbezogene Pauschalierung würde auf die durchschnittliche Kalkulation und die durchschnittliche Vergütung nach Abzug aller Aufwendungen des jeweiligen Unternehmers abstellen. Eine solche Lösung wäre jedoch schon allein deshalb nicht praktikabel, weil auch die Ermittlung dieser Vergütung aufklärungs- und regelmäßig beweisbedürftig wäre. Im Übrigen ist es auch interessengerecht, auf den einzelnen Vertrag abzustellen. Durchschnittswerte eines einzelnen Unternehmers haben nur eine sehr begrenzte Aussagekraft und bieten daher keine ausreichende Datengrundlage für eine sachgerechte Ermittlung der Vergütung.

Branchenübliche Pauschalierungen für unterschiedliche Branchen wären hingegen denkbar. Anstatt für alle Bereiche von einer Pauschalierung in Höhe von 5% auszugehen, könnten entweder im Gesetz bereits unterschiedliche Pauschalen genannt oder aber abstrakt geregelt werden, dass die Höhe der vermuteten Pauschale sich nach branchenüblichen Sätzen bemisst. Solche Lösungen begegnen jedoch in mehrerlei Hinsicht Bedenken. Zum einen lässt sich – vor allem bei komplexen Bauvorhaben – nicht stets eine eindeutige Zuordnung zu

---

962 Hierzu näher unter Teil 3, B.IV.3.b.

963 Vgl. *Peters*, in: Staudinger, § 648 Rn. 44; *Schwenker/Rodemann*, in: Erman BGB § 648 Rn. 6e.

einer bestimmten Branche treffen. Bei einem lediglich abstrakten Verweis auf branchenübliche Sätze wäre daher auch völlig unklar, wie dieser zu bemessen wäre. Regelmäßig würde es daher zu Streit zwischen den Parteien darüber kommen, welche Branche überhaupt betroffen ist und welche Vergütung nach Abzug der ersparten Aufwendungen branchenüblich ist. Im Ergebnis würden die schon jetzt auf Ebene des konkreten Vertrages bestehenden Schwierigkeiten lediglich auf eine abstrakte Ebene verlagert. Hinzu kommt, dass die Höhe der Pauschale von 5% für viele Branchen keinesfalls als grundsätzlich zu niedrig anzusehen ist.[964]

Einzig für Architektenverträge lässt sich die Höhe der in § 648 S. 3 BGB festgesetzten Pauschale als insgesamt ungeeignet bezeichnen. Zu Recht wurde bereits darauf hingewiesen, dass die Pauschale in Höhe von 5% für Architektenverträge viel zu gering ist.[965] Faktisch hat § 648 S. 3 BGB daher für Architektenverträge keine Bedeutung. Gleichwohl stellt dies keinen Missstand dar. Zwar kann die Abrechnung des Vergütungsanspruchs infolge der Kündigung gemäß § 648 S. 2 BGB auch Architekten vor Schwierigkeiten stellen.[966] Aufwendungen des Architekten bestehen weit überwiegend in dem Einsatz der eigenen Arbeitskraft oder dem Einsatz angestellten Personals.[967] Sachliche Aufwendungen spielen hingegen eine bloß untergeordnete Rolle. Regelmäßig sind im Fall der Kündigung daher kaum Aufwendungen erspart, was der Architekt auch wird darlegen können. Hinsichtlich des anderweitigen Erwerbs kann der Architekt sich hingegen im Einklang mit den Anforderungen der Rechtsprechung regelmäßig mit dem Vortrag begnügen, dass ein solcher nicht angefallen sei. Es besteht nach alledem keinerlei Notwendigkeit, Darlegungserleichterungen für Architekten zu schaffen. Dass die Vermutung des § 648 S. 3 BGB die wirtschaftliche Realität bei Architektenverträgen nicht ansatzweise widerspiegelt, ist daher unschädlich.

4. *Vertragliche Pauschalierungsklauseln*

In der Praxis werden die gesetzlichen Regelungen teilweise durch vertragliche Regelungen modifiziert. Regelmäßig vereinbaren die Parteien etwa eine

964 So aber *Bötzkes*, BauR 2016, 429 (443), der die Pauschale bei Bauverträgen für zu niedrig hält, sowie *Brüninghaus*, in: BeckOK VOB/B, § 8 Abs. 1 Rn. 56 f., der die Pauschale generell für zu niedrig hält.

965 *Peters*, in: Staudinger, § 648 Rn. 44; *Schwenker/Rodemann*, in: Erman BGB § 648 Rn. 6e. Vgl. auch *Fuchs*, in: Fuchs/Berger/Seifert, § 650q Rn. 591.

966 *Fuchs*, in: Fuchs/Berger/Seifert, § 650q Rn. 570.

967 Vgl. *Fuchs*, in: Fuchs/Berger/Seifert, § 650q Rn. 570.

Pauschalierung des Vergütungsanspruchs infolge der Kündigung.[968] Teilweise wird vertreten, seit der Einführung des § 648 S. 3 BGB sei eine über 5% hinausgehende Pauschalierung in AGB wegen Verstoßes gegen § 309 Nr. 12 BGB oder § 307 BGB unwirksam.[969] Dem ist der BGH jedoch zu Recht mit der Begründung entgegengetreten, § 648 S. 3 BGB sei kein gesetzliches Leitbild für die Vereinbarung von Vergütungspauschalen.[970] Dagegen spreche bereits, dass § 648 S. 3 BGB dem Unternehmer die Abrechnung erleichtern solle. Bisher übliche und gebilligte Pauschalierungsabreden sollten hingegen nicht beschränkt werden.[971]

Klauseln in allgemeinen Geschäftsbedingungen, welche eine höhere Pauschalierung als 5% vorsehen, können wegen Verstoßes gegen § 308 Nr. 7 BGB unwirksam sein. Diesbezüglich kommt es jedoch entscheidend auf die Art des Vertrages sowie auf die Ausgestaltung der konkreten Pauschalierung an.[972]

In den von der Rechtsprechung gesetzten Grenzen können die Parteien folglich Vereinbarungen treffen, die von der gesetzlichen Regelung abweichen.

IV. Schätzung der Vergütung gemäß § 287 ZPO

Bedeutung für die Darlegung des Vergütungsanspruchs aus § 648 S. 2 BGB kommt auch der Vorschrift des § 287 ZPO zu. Die Norm ermöglicht es dem Gericht, die Höhe einer Forderung unter bestimmen Voraussetzungen zu schätzen. Nach hiesiger Auffassung sollte dem § 287 ZPO eine größere Bedeutung für die Bestimmung der Kündigungsvergütung des Unternehmers zukommen. Hierzu wie folgt:

1. Grundlagen des § 287 ZPO

Die Vorschrift des § 287 ZPO erleichtert dem Anspruchsteller die ansonsten gemäß § 286 ZPO gültigen Darlegungsanforderungen.[973] Die Vorschrift soll verhindern, dass materiell berechtigte Ansprüche an zu hohen prozessualen

---

968 *Schwenker/Rodemann,* in: Erman BGB, § 648 Rn. 7; *Voit,* in: BeckOK BGB, § 648 Rn. 27; *Leupertz/Halfmeier,* in: Prütting/Wegen/Weinreich, § 648 Rn. 18.

969 *Peters,* in: Staudinger, § 648 Rn. 39.

970 BGH, NJW 2011, 3030 (3031 Rn. 15).

971 BGH, NJW 2011, 1954 (1956 Rn. 28); BGH, NJW 2011, 3030 (3031 Rn. 15).

972 Eine ausführliche Darstellung der Rechtsprechung zu Vertragsklauseln im Hinblick auf unterschiedliche Vertragstypen findet sich bei *Weiler,* in: BeckOGK BGB, § 308 Nr. 7 Rn. 170-176.

973 *Prütting,* in: MüKo ZPO, § 287 Rn. 1; *Bacher,* in: BeckOK ZPO, § 287 Rn. 14.

Hürden scheitern.[974] § 287 Abs. 1 ZPO eröffnet dem Gericht die Möglichkeit, sowohl über die Entstehung als auch über die Höhe eines streitigen Schadens nach freier Überzeugung zu entscheiden. Im Hinblick auf die Höhe, nicht jedoch auf die Entstehung der Forderung, erweitert § 287 Abs. 2 ZPO den Anwendungsbereich auch auf sonstige vermögensrechtliche Streitigkeiten.[975] Es obliegt dem Anspruchsberechtigten, die Anknüpfungstatsachen darzulegen, auf deren Basis das Gericht eine Schätzung der Anspruchshöhe vornehmen kann.[976] Die konkreten Anforderungen an die Darlegung sind abhängig vom jeweiligen Einzelfall.[977] Eine Schätzung nach § 287 Abs. 2 ZPO ist hingegen unzulässig, wenn die festgestellten Umstände keine greifbaren Anhaltspunkte liefern und damit keine ausreichende Schätzgrundlage vorliegt.[978] Zudem muss die vollständige Aufklärung der für die Ermittlung der Höhe maßgebenden Umstände mit Schwierigkeiten verbunden sein, die außer Verhältnis zu der Bedeutung des streitigen Teils der Forderung stünden. Raum für eine Anwendung des § 287 Abs. 2 ZPO ist stets nur, wenn und soweit eine nähere Sachverhaltsaufklärung zur Ermittlung der Wahrheit nicht möglich ist.[979] Besondere Bedeutung hat § 287 Abs. 2 ZPO daher in Fällen, in welchen die Höhe der Forderung abhängig von einer fiktiven Entwicklung ist.[980] Gleichwohl kann aus § 287 ZPO keine allgemeine Befugnis des Gerichts hergeleitet werden, stets dann eine Schätzung vorzunehmen, wenn die Feststellung der entscheidungserheblichen Tatsachen mit Schwierigkeiten verbunden ist.[981] In systematischer Hinsicht ist zu beachten, dass die ZPO den Gerichten an anderer Stelle einen noch weitergehenden Spielraum einräumt, indem es ihnen eine Festlegung der Anspruchshöhe nach Billigkeit ermöglicht.[982]

---

974 *Thole*, in: Stein/Jonas, § 287 Rn. 1; *Prütting*, in: MüKo ZPO, § 287 Rn. 1; *Saenger*, in: Saenger ZPO, § 287 Rn. 1.

975 *Prütting*, in: MüKo ZPO, § 287 Rn. 20; *Saenger*, in: Saenger ZPO, § 287 Rn. 11.

976 *Bacher*, in: BeckOK ZPO, § 287 Rn. 14; *Saenger*, in: Saenger ZPO, § 287 Rn. 16 m.w.N.

977 *Bacher*, in: BeckOK ZPO, § 287 Rn. 14 m.w.N.

978 BGH, NJW 1987, 909 (910); BGH, NJW-RR 1992, 1077 (1078).

979 *Foerste*, in: Musielak/Voit ZPO, § 287 Rn. 9 m.w.N.

980 *Bacher*, in: BeckOK ZPO, § 287 Rn. 11; *Saenger*, in: Saenger ZPO, § 287 Rn. 8.

981 BGH, NJW-RR 1992, 1077 (1078); *Thole*, in: Stein/Jonas, § 287 Rn. 29.

982 So etwa in §§ 315 Abs. 3 S. 2, 319 Abs. 1 S. 2, 343 BGB. Siehe hierzu *Prütting*, in: MüKo ZPO, § 287 Rn. 4 m.w.N.

2. *Anwendung des § 287 Abs. 2 ZPO auf den Vergütungsanspruch infolge der Kündigung durch die Rechtsprechung*

Die Rechtsprechung hat in mehreren Urteilen eine Schätzung der Vergütung des Unternehmers infolge einer Kündigung gemäß § 287 Abs. 2 ZPO vorgenommen oder für zulässig erachtet.[983] Den zuvor dargestellten Maßstäben folgend ist eine Schätzung sowohl der Vergütung als auch der ersparten Aufwendungen gemäß § 287 Abs. 2 ZPO nur dann möglich, wenn eine ausreichende Schätzgrundlage zur Verfügung steht.[984] Voraussetzung für eine solche Schätzung ist ferner, dass die konkrete Ermittlung des Vergütungsanspruchs mit unverhältnismäßig hohen Schwierigkeiten verbunden wäre.[985] Eine Schätzung der Vergütung ist sowohl im Hinblick auf den erbrachten als auch auf den nicht erbrachten Teil der Leistung und dabei insbesondere auch hinsichtlich der ersparten Aufwendungen möglich.[986] Auch der Fertigstellungsgrad einzelner Nachträge, im Ergebnis also die teilweise Abgrenzung zwischen dem erbrachten und nicht erbrachten Teil der Leistung, wurde von der Rechtsprechung bereits auf Basis des § 287 Abs. 2 ZPO geschätzt.[987]

In einer Reihe von Urteilen hat der BGH entschieden, dass § 287 Abs. 2 ZPO zugunsten des Unternehmers angewendet werden kann, wenn seine Schlussrechnung nicht prüfbar oder sachlich fehlerhaft ist.[988] So genüge der Unternehmer seiner Darlegungslast auch dann, wenn ihm die Ermittlung der tatsächlich erbrachten Leistungen am Bau nicht mehr möglich sei, er dem Gericht durch seinen Vortrag aber die Möglichkeit eröffne, den für die Erbringung der Bauleistung erforderlichen Mindestaufwand gemäß § 287 Abs. 2 ZPO zu schätzen.[989] Diese Schätzung des Mindestaufwands

---

983 Siehe etwa BGH, BeckRS 2003, 2391; BGH, NJW-RR 2004, 1384; BGH, NJW 2004, 1385; BGH, NZBau 2006, 179 (180 Rn. 21); OLG Düsseldorf, NZBau 2022, 30 (32 Rn. 46).

984 BGH; BeckRS 2011, 8035 Rn. 17.

985 *Kessen,* in: BeckOGK BGB, § 648 Rn. 175.

986 BGH, NJW-RR 1992, 1077 (1078); BGH, BeckRS 2003, 2391 (zur Kündigungsvergütung für die erbrachte Leistung infolge einer außerordentlichen Kündigung).

987 OLG München, BeckRS 2013, 19911 Rn. 62.

988 BGH, NJW-RR 2004, 1384; BGH, NJW-RR 2004, 1385; BGH, NJW-RR 2005, 167 (168); BGH, NJW-RR 2006, 454 (455 Rn. 21); BGH, NJW-RR 2006, 1455 (1456 Rn. 10).

989 BGH, NJW-RR 2004, 1384; BGH, NJW 2004, 1385.

könne das Gericht erforderlichenfalls auch mithilfe eines Sachverständigen vornehmen.[990]

Bemerkenswert ist auch ein Urteil des Kammergerichts Berlin aus dem Jahr 2018. Das KG hatte über die Höhe einer Bauhandwerkersicherung infolge der freien Kündigung eines Werkvertrages zu entscheiden. Zur Bestimmung der Höhe der Sicherheit machte das KG von § 287 Abs. 2 ZPO Gebrauch. Zwar ist zu bezweifeln, ob für die Bemessung einer lediglich vorübergehenden Sicherheit gemäß § 650f BGB dieselben Maßstäbe anzusetzen sind wie für die Berechnung des endgültigen Vergütungsanspruchs infolge der Kündigung.[991] Gleichwohl äußerte sich das KG auch dezidiert zur Berechnung des Vergütungsanspruchs infolge der Kündigung sowie zur Anwendbarkeit des § 287 Abs. 2 ZPO. So heißt es in dem Urteil: „*Es ist kein Argument gegen die Höhenbestimmung nach freier Überzeugung, dass sie notgedrungen auf abstrakten Bewertungen aufbaut, die sich nur in begrenztem Umfang quantifizieren lassen. Diese* ***Unschärfe folgt aus den spezifischen Schwierigkeiten der Vergütungsermittlung beim Bauvertrag*** *und ist* ***keine Folge der Anwendung von § 287 ZPO****. Die Abrechnung einer Kündigungsvergütung baut immer auf einem Zahlenwerk auf, in das* ***notgedrungen Hypothesen, Näherungen und Fiktionen*** *einfließen. Die maßgebliche Größe, die zwischen den Vertragsparteien typischerweise in Streit steht, sind die tatsächlichen hypothetischen Kosten, die der Unternehmer durch die Kündigung erspart hat […] Jedes Zahlenwerk, das hierzu präsentiert wird, ist notgedrungen vage und hypothetisch. [Hervorhebungen durch den Verfasser]*“[992] Weiter führte das KG aus, dass es bei einer Kündigung des Werkvertrages, vor allem in der Anfangsphase der Vertragsdurchführung, praktisch unmöglich sei, eine exakte und „richtige“ Vergütung zu ermitteln.[993] Gerade für diese Fälle existiere die Vorschrift des § 287 ZPO, weshalb davon auch Gebrauch zu machen sei.[994] Faktisch erfolgt eine Schätzung der Vergütung infolge der Kündigung gemäß § 287 Abs. 2 ZPO gleichwohl nur dann, wenn ein verhältnismäßig geringer Betrag betroffen ist.[995]

990 BGH, NJW-RR 2004, 1384.

991 So ist etwa umstritten, ob der Unternehmer im Falle des Bestreitens die Höhe des zu sichernden Vergütungsanspruchs beweisen muss oder ob die schlüssige Darlegung ausreichend ist. Zum Streitstand siehe *Mundt,* in: BeckOGK BGB, § 650f Rn. 197-204 m.w.N.

992 KG, NZBau 2018, 749 (751 Rn. 33).

993 KG, NZBau 2018, 749 (751 Rn. 34).

994 KG, NZBau 2018, 749 (751 Rn. 34).

995 Vgl. KG, NJW 2018, 3721 (3730 Rn. 103).

3. *Schätzung der Vergütung nach § 287 Abs. 2 ZPO als Allheilmittel?*

Erweist sich § 287 Abs. 2 ZPO für den Unternehmer demnach als Lösung seiner Darlegungsschwierigkeiten? Teilweise heißt es in der Literatur, die Schätzung nach § 287 Abs. 2 ZPO ermögliche es dem Unternehmer, keine finanziellen Nachteile infolge der Kündigung zu erleiden.[996]

a. *Unternehmer bleibt darlegungsbelastet*

Zutreffend ist, dass § 287 Abs. 2 ZPO den Unternehmer in vielerlei Hinsicht entlasten kann. Nach der oben dargestellten Rechtsprechung ist nicht nur eine Schätzung der Vergütungshöhe für den erbrachten wie den nicht erbrachten Teil der Leistung, sondern darüber hinaus auch eine Schätzung des Leistungsstandes und damit eine teilweise Abgrenzung zwischen erbrachten und nicht erbrachten Leistungen möglich. Im Grundsatz kann die Norm dem Unternehmer daher auf allen Ebenen helfen, die Darlegungsschwierigkeiten für ihn bergen. Allerdings dürfen die Grenzen des § 287 Abs. 2 ZPO nicht verkannt werden. So entbindet die Norm den Unternehmer nicht prinzipiell von seiner Darlegungslast sowie davon, so detailliert wie möglich zum Leistungsstand, zur Höhe der vereinbarten Vergütung sowie zu seinen etwaig ersparten Aufwendungen vorzutragen. Auch die Einschränkung des letzten Halbsatzes des § 287 Abs. 2 ZPO, wonach die vollständige Aufklärung in keinem Verhältnis zur Bedeutung des streitigen Teils der Forderung stehen darf, schränkt die Anwendung der Norm auf die Berechnung des Vergütungsanspruchs ein. Richtigerweise sollte die Möglichkeit der Schätzung nach § 287 Abs. 2 ZPO daher nicht als Freifahrtschein des Unternehmers verkannt werden, unschlüssigen Vergütungsklagen stets zu einem (Teil-)Erfolg zu verhelfen. Die Schlussfolgerung, § 287 Abs. 2 ZPO schütze den Unternehmer vor finanziellen Nachteilen, verdient daher in dieser Pauschalität keine Zustimmung.

b. *Einzelfallbezogene Kriterien für die Reichweite der Schätzung*

Gleichwohl ermöglicht die Norm dem Gericht im Einzelfall, sachgerechte Ergebnisse zu erzielen. Nach hier vertretener Ansicht sollten Gerichte abhängig vom jeweiligen Einzelfall teils weitgehend, teils nur zurückhaltend von ihrer Möglichkeit einer Schätzung der Vergütung gemäß § 287 Abs. 2 ZPO Gebrauch machen. Maßgeblich für die Anwendung des § 287 Abs. 2 ZPO sollten dabei

---

996 *Leineweber*, ZfBR 2005, 110 (113) unter Berufung auf BGH, NJW-RR 2004, 1384 und BGH, NJW 2004, 1385.

vor allem zwei Kriterien sein. Zum einen sollte danach unterschieden werden, ob nach Art und Umfang des Vertrages eine Kalkulation üblich/zu erwarten ist. Zum anderen sollte berücksichtigt werden, in welchem Maße der Unternehmer die tatsächliche Unaufklärbarkeit (mit-)verursacht hat.

aa. Umfang des Vertrages und Üblichkeit einer Kalkulation

Bei Verträgen mit geringem Volumen ist eine detaillierte Kalkulation üblicherweise nicht zu erwarten.[997] Regelmäßig dürfte dem Unternehmer eine Darlegung seiner Kündigungsvergütung in diesen Fällen auch keine größeren Schwierigkeiten bereiten, da der Leistungsumfang überschaubar ist. Sollte infolge der Kündigung gleichwohl eine konkrete Ermittlung der Vergütung nicht oder nur mit Schwierigkeiten möglich sein, darf das Gericht den Fertigstellungsstand sowie die ersparten Aufwendungen weitgehend schätzen. Dies steht im Einklang mit dem Wortlaut des § 287 Abs. 2 ZPO und entspricht überdies dem Sinn und Zweck der Norm. Die Einschränkung des letzten Halbsatzes, wonach die vollständige Aufklärung in keinem Verhältnis zur Bedeutung des streitigen Teils der Forderung stehen darf, setzt lediglich einen Vergleich zwischen der Höhe der zu schätzenden Forderung sowie dem zur Ermittlung der Forderungshöhe erforderlichen Aufwand voraus. Geschätzt werden kann prinzipiell also auch die gesamte Höhe der Forderung, nicht nur ein Teil der Forderung.[998] Vielmehr dient die Formulierung lediglich dazu, einen etwaig unstreitigen Teil der Forderung nicht in die Betrachtung miteinzubeziehen. Bei Bauverträgen mit großem Umfang, denen üblicherweise schon allein deshalb eine detaillierte (Ur-) Kalkulation zugrunde liegt, weil stets mit Änderungen des Leistungsinhalts und Leistungsumfangs und damit auch mit Modifikationen der Vergütung gerechnet werden muss, sollte § 287 Abs. 2 ZPO hingegen nur zurückhaltend zum Einsatz kommen. In diesen Fällen kann vom Unternehmer prinzipiell eher erwartet werden, dass er die von ihm erbrachten Leistungen näher darlegt, von den nicht erbrachten Leistungen abgrenzt und auf Basis seiner Kalkulation bewertet. Versäumt er dies, ist er nicht in gleichem Maße schutzwürdig wie ein Unternehmer,

---

997 *Niemöller*, BauR 1997, 539 (545); *Pamperien*, Auskunftspflicht des Werkunternehmers, S. 175 f.

998 Vgl. etwa BGH, BeckRS 1961, 31187644. Der BGH stützte sich bei seiner Entscheidung auf die Schätzung des gesamten Anspruchs durch einen Sachverständigen. Dabei führte er aus, § 287 Abs. 2 ZPO sei entsprechend anzuwenden, wenn die Ermittlung der Höhe des Anspruchs nicht nur mit Schwierigkeiten verbunden, sondern vielmehr unmöglich sei.

der entsprechende Vorkehrungen aufgrund der Art der Umstände des Vertrages üblicherweise nicht zu treffen hat.

bb. Verantwortlichkeit der Parteien für die tatsächlichen Aufklärungsschwierigkeiten

Als zweites Kriterium sollte berücksichtigt werden, ob und in welchem Maße der Unternehmer dafür verantwortlich ist, dass die Darlegung des Vergütungsanspruchs für ihn schwierig oder unmöglich ist. Eine Schätzung der Vergütungshöhe ist laut BGH nicht bereits deshalb ausgeschlossen, weil sich der Gläubiger selbstverschuldet in Beweisnot befindet.[999] Unklarheiten bei der Abrechnung, die sich aus einer groben Verletzung der Abrechnungspflicht des Unternehmers ergäben, gingen bei der Schätzung der Vergütung jedoch zu seinen Lasten.[1000] Dasselbe gelte für Unklarheiten, die aus einer fehlerhaften oder unvollständigen Kalkulation resultieren.[1001] Diese Wertung verdient Zustimmung und ist verallgemeinerungsfähig. So sollte ein Gericht, welches eine Schätzung der Vergütung nach § 287 Abs. 2 ZPO in Erwägung zieht, stets berücksichtigen, weshalb eine konkrete Abrechnung des Vergütungsanspruchs schwierig oder unmöglich ist. Ist der Grund hierfür vor allem in der Sphäre des Unternehmers zu verorten, so ist allenfalls die Ermittlung einer Mindestvergütung im Wege der Schätzung möglich. Ebenso gilt umgekehrt, dass Abrechnungsschwierigkeiten, die der Besteller zu verantworten hat, nicht zu Lasten des Unternehmers gehen dürfen. Hat der Besteller etwa ein Aufmaß durch den Unternehmer vereitelt, wodurch diesem eine Abgrenzung zwischen den erbrachten und nicht erbrachten Leistungen nicht mehr möglich ist, ist eine großzügige Schätzung der Vergütung gemäß § 287 Abs. 2 ZPO vorzunehmen. Der BGH hat dem Unternehmer in einem solchen Fall lediglich einen durch Schätzung eines Sachverständigen ermittelten Mindestaufwand zugesprochen.[1002] Angesichts der festgestellten Aufmaßvereitelung, welche in analoger Anwendung des § 648a Abs. 4 S. 2 BGB zu einer Beweislastumkehr führen sollte,[1003] geht das Urteil des Bundesgerichtshofs nicht weit genug. Eine geringfügige Besserstellung infolge der Schätzung ist in einem solchen Fall eher hinzunehmen als eine Schlechterstellung des Unternehmers,

999 BGH, BeckRS 1961, 31187644.
1000 BGH, BeckRS 1961, 31187644.
1001 BGH, NJW-RR 2004, 1385 (1386).
1002 BGH, NJW-RR 2004, 1384.
1003 Siehe hierzu die Ausführungen unter Teil 3, B.III.1. Vgl. auch BGH, NJW 2003, 2678.

der aufgrund des Verhaltens des Bestellers überhaupt keine Möglichkeit hatte, seinen Anspruch näher zu substantiieren.

c. *Allgemeines Prognoserisiko im Zweifel zu Lasten des Bestellers*

Unabhängig von den Umständen des Einzelfalls stellt sich ferner die Frage, wer das allgemeine Prognoserisiko infolge der Kündigung trägt, beziehungsweise, wie dieses zwischen den Parteien aufzuteilen ist. Das von § 648 S. 2 BGB angestrebte Ideal ist die Aufrechterhaltung des Äquivalenzverhältnisses des Werkvertrages.[1004] Vor allem bei großen und umfangreichen Bauvorhaben ist die Ermittlung einer rechnerisch korrekten, exakten Vergütungshöhe des Unternehmers jedoch illusorisch. Instruktiv hierzu sind die bereits wörtlich zitierten Ausführungen des KG Berlin.[1005] Eine Schätzung der Vergütung gemäß § 287 Abs. 2 ZPO auf Basis der dafür erforderlichen Anknüpfungspunkte ist daher regelmäßig möglich und sinnvoll. Noch nicht beantwortet ist damit die Frage, zu wessen Lasten Unsicherheiten der tatsächlichen Entwicklung und damit der Höhe der Vergütung gehen sollen. Im Schadensersatzrecht ist anerkannt, dass Unklarheiten bei der Schadensberechnung aufgrund eines zu berücksichtigenden hypothetischen Kausalverlaufs zu Lasten des Schädigers gehen.[1006] Diese Wertung lässt sich aber schon deshalb nicht unmittelbar auf § 648 S. 2 BGB übertragen, weil die freie Kündigung des Werkvertrages kein rechtswidriges Verhalten des Bestellers darstellt. Allerdings bleibt auch bei bestmöglicher Dokumentation und Darlegung durch den Unternehmer[1007] ein allgemeines Prognoserisiko bezüglich des hypothetischen Kausalverlaufs bestehen. Daher ergibt sich ein tatsächlicher Konflikt zwischen dem Prinzip der Vorteilswahrung und dem Prinzip der Nachteilswahrung. Im Zweifel sollte dem Prinzip der Vorteilswahrung das höhere Gewicht beigemessen werden. Wie bereits ausgeführt stellt schon die Möglichkeit der freien Kündigung eine Ausnahme von der schuldrechtlichen Systematik dar, da der Besteller sich ohne jeden Grund vom Vertrag lösen kann.[1008] Als Kompensation muss daher zwingend das Gegenleistungsinteresse

---

1004 Siehe hierzu unter Teil 1, C.

1005 KG, NZBau 2018, 749 (751 Rn. 33). Siehe hierzu unter Teil 3, B.IV.2.

1006 Siehe etwa *Bacher,* in: BeckOK ZPO, § 287 Rn. 18.

1007 Mit der Begründung, dass der Unternehmer sich aufgrund der gesetzlichen Kündigungsmöglichkeit auf eine jederzeitige Kündigung einstellen und entsprechende Vorkehrungen treffen müsse, bürdet der BGH dem Unternehmer eine umfassende Darlegungslast auf. Siehe dazu BGH, NJW 2002, 57 (58) sowie die Ausführungen unter Teil 3, B.I.1.

1008 Siehe hierzu unter Teil 1, B.III.

des Unternehmers gewahrt werden. Wenngleich der Besteller im Falle der Kündigung nur von einer ihm gesetzlich eingeräumten Möglichkeit Gebrauch macht, ist er es, der die Kündigung veranlasst.[1009] Insgesamt erscheint der Besteller daher weniger schutzwürdig als der Unternehmer, der die freie Kündigung weder verhindern noch deren Zeitpunkt bestimmen kann. Daher ist es im Zweifelsfall eher hinzunehmen, dass der Unternehmer zu Ungunsten des Bestellers einen Vorteil davonträgt, als dass er zu Gunsten des Bestellers einen Nachteil durch die Kündigung erleidet. Etwaige tatsächliche Unsicherheiten und faktische Restzweifel bei der Bemessung der Vergütung sollten daher zu Gunsten des Unternehmers aufgelöst werden. Diese Wertung sollte ein Gericht auch bei der Schätzung der Vergütung gemäß § 287 Abs. 2 ZPO berücksichtigen.

V. Zusammenfassung zur Darlegung des Vergütungsanspruchs

Die grundsätzliche Verteilung der Darlegungs- und Beweislast durch die Rechtsprechung ist interessengerecht und verdient Zustimmung. Trotz teilweise fundamentaler Kritik durch die Literatur bedarf die Handhabung der Darlegungslast durch die Rechtsprechung lediglich kleinerer Korrekturen. Eine gewisse Erleichterung für den Unternehmer hat bereits die Einführung der Vermutungsregelung des § 648 S. 3 BGB gebracht. Diese ermöglicht dem Unternehmer indes nur die vereinfachte Darlegung und Durchsetzung einer Mindestvergütung für den entfallenden Teil der Leistung, die regelmäßig deutlich unterhalb der materiell berechtigten Höhe des Anspruchs aus § 648 S. 2 BGB liegt. Möchte der Unternehmer diesen höheren Anspruch durchsetzen, verschafft die Vorschrift des § 648 S. 3 BGB ihm keinerlei Erleichterung.

Die konkrete Darlegung des Vergütungsanspruchs erfordert in vielen Fällen ein Aufmaß zur Leistungsabgrenzung oder eine erstmalige oder erneute Kalkulation durch den Unternehmer. Die dabei entstehenden kündigungsbedingten (Mehr-)Aufwendungen sind dem Unternehmer zu erstatten.[1010]

Als sachgerecht zur Behandlung von Darlegungsschwierigkeiten des Unternehmers, vor allem bei der Abgrenzung zwischen erbrachten und nicht erbrachten Leistungen, erweist sich ferner die prozessuale Regelung des § 287 Abs. 2 ZPO. Die Norm ermöglicht eine Schätzung des Vergütungsanspruchs des Unternehmers durch das Gericht. Ob und in welchem Maße die Vergütung durch Schätzung ermittelt werden kann, richtet sich nach den Umständen des

1009 Vgl. auch *Lederer*, in: Kapellmann/Messerschmidt, § 8 VOB/B Rn. 37 f.

1010 Die Erstattung der Aufwendungen erfolgt in teleologischer Extension des § 648 S. 2 BGB. Siehe hierzu unter Teil 1, C.IV.2.b.ee(1).

Einzelfalls. Ein Unternehmer, der nachlässig ist und keine dem Umfang und der Bedeutung des Vertrages angemessenen Vorkehrungen dafür trifft, seinen Anspruch auch im Falle der Kündigung darzulegen, bekommt im Wege der Schätzung gemäß § 287 Abs. 2 ZPO allenfalls eine Mindestvergütung zugesprochen. Sieht sich der Unternehmer hingegen mit Darlegungsproblemen konfrontiert, die ihre Ursache in der Sphäre des Bestellers haben, so ist ein großzügigerer Maßstab bei der Schätzung anzusetzen. Auch Prognoseschwierigkeiten, die auf tatsächlichen Unsicherheiten beruhen, gehen zu Lasten des Bestellers, weil dieser die Kündigung veranlasst hat.

Zusammenfassung der wesentlichen Forschungsergebnisse und Ausblick

1. Die Existenz des freien Kündigungsrechts gemäß § 648 S. 1 BGB ist keine zwingende Konsequenz schuldrechtlicher Dogmatik. Vielmehr handelt es sich bei § 648 BGB um eine auf Interessenserwägungen beruhende Sonderregelung. Der Gesetzgeber hätte ohne dogmatischen Bruch auf die Regelung des freien Kündigungsrechts verzichten können. Die Vorschrift des § 648 BGB weist auch einen eigenständigen Regelungsgehalt auf, da die Wirkungen der Norm sich nicht bereits aus allgemeinen schuldrechtlichen Normen ergeben. Der Schutz des Unternehmers ließe sich weitgehend auch über das Schadensersatz- und Unmöglichkeitsrecht gewährleisten. Erst § 648 S. 1 BGB erlaubt hingegen dem Besteller, den Vertrag grund- und anlasslos für die Zukunft zu beenden, ohne auf eine Mitwirkung oder ein Einverständnis des Unternehmers angewiesen zu sein und ohne eine Vertragsverletzung zu begehen.
2. Die Existenz des freien Kündigungsrechts stellt den Grundsatz der Vertragstreue nicht in Frage. Die Vertragsbindung des Bestellers bleibt auch im Fall der Kündigung grundsätzlich aufrechterhalten – im Hinblick auf den erbrachten Teil der Leistungen gar unbeschränkt. Der Besteller befreit sich aber von seiner Pflicht zur Abnahme des Werkes sowie von etwaigen Mitwirkungspflichten und -obliegenheiten. Hinsichtlich des gekündigten Vertrags(teils) beendet die freie Kündigung das vertragliche Synallagma, weil der Besteller die Vergütung nur noch zur Schuldbefreiung, nicht jedoch zum Erhalt des Werkes entrichtet. Im Fall der Kündigung verliert der Unternehmer sein Naturalerfüllungsrecht; geschützt wird dann allein sein Gegenleistungsinteresse. Die Vorschrift des § 648 S. 1 BGB legalisiert die einseitige Lossagung des Bestellers vom Vertrag und befreit ihn von seinen Leistungstreuepflichten hinsichtlich des noch nicht durchgeführten Teils des Vertrages.
3. Dem Anspruch aus § 648 S. 2 BGB liegt das Prinzip der Vor- und Nachteilswahrung zugrunde. Die bisher gängige Definition des Prinzips ist jedoch mit der praktischen Handhabung der Norm nicht vollständig vereinbar. Richtigerweise gilt das Prinzip der Vor- und Nachteilswahrung nur für den originär aus § 648 S. 2 BGB resultierenden Anspruch, welcher sich auf den gekündigten Teil der Leistung bezieht. Für den Anspruch auf Werklohn für den bereits erbrachten Teil der Leistung, der sich unmittelbar aus § 631 BGB ergibt, und soweit § 648 S. 2 BGB lediglich deklaratorische Wirkung hat, gilt

das Prinzip nicht. Es wird daher folgende Definition vorgeschlagen: „Der Unternehmer darf hinsichtlich des gekündigten Teils des Vertrages nicht besser oder schlechter gestellt werden, als er bei vollständiger Vertragsdurchführung stünde. Unberührt bleiben etwaige Vorteile des Unternehmers, die allein darin bestehen, dass er bei der vorzeitigen Kündigung eines unterdeckt kalkulierten Vertrages oder Vertragsteils keinen darauf bezogenen Verlust realisiert." Sich faktisch ergebende Vor- und Nachteile bei der Anwendung der Norm müssen vermieden werden, soweit sie mit dem Prinzip der Vor- und Nachteilswahrung unvereinbar sind. Aufwendungen, die der Unternehmer einzig und allein als Folge der Kündigung getätigt und bei denen sich nicht bloß das allgemeine Lebensrisiko realisiert hat, sind ihm im Wege der teleologischen Extension des § 648 S. 2 BGB zu erstatten.

4. Die gesetzgeberische Entscheidung, dem Besteller ein Kündigungsrecht einzuräumen, verdient Zustimmung, da die Leistung beim Werkvertrag üblicherweise in besonderem Maße auf das Interesse des Bestellers ausgerichtet ist. Demgegenüber ist es interessengerecht – aber auch erforderlich – lediglich die unmittelbaren finanziellen Interessen des Unternehmers an der Durchführung des Vertrages vollumfänglich zu schützen. Obwohl der historische Gesetzgeber bei der Schaffung der Norm im Jahr 1900 vom Unternehmerbild eines kleinen Handwerksbetriebes ausgegangen ist, erweist sich die Vorschrift vor allem auch bei umfangreichen Verträgen als sachgerecht, deren Durchführung sich über einen längeren Zeitraum erstreckt. Aufgrund des stark individuellen Einschlags von Werkverträgen ist das freie Kündigungsrecht gegenüber einer starren Vertragsbindung des Unternehmers auch ökonomisch effizient. An der Herstellung eines auf die individuellen Bedürfnisse des Bestellers angepassten Werkes besteht regelmäßig kein gesamtwirtschaftliches Interesse.
5. Richtigerweise ist das freie Kündigungsrecht auf den Werkvertrag sowie in leicht abweichender Gestalt auf den Pauschalreisevertrag, den Vertrauensdienstvertrag sowie unter gewissen Umständen den Darlehensvertrag beschränkt. Eine Ausweitung des freien Loslösungsrechts auf weitere Vertragstypen wäre nicht interessengerecht und würde das Institut der Vertragsbindung insgesamt empfindlich entwerten. Die Ausweitung des freien Kündigungsrechts auf andere Vertragstypen wurde in der Vergangenheit wiederholt diskutiert und vom Gesetzgeber bewusst abgelehnt. Es ist daher nicht davon auszugehen, dass der Gesetzgeber weitere Loslösungsrechte oder gar ein generelles anlassloses Loslösungsrecht für alle Vertragstypen schaffen wird. Gleichwohl kann nicht ausgeschlossen werden, dass – vor allem im

Zuge der Internationalisierung des Rechts – zukünftig weitere oder erleichterte Loslösungsrechte von Verträgen geschaffen werden könnten.

6. Der Vergütungsanspruch aus § 648 S. 2 BGB kann auch die Vergütung für Nachtragsleistungen umfassen. Entscheidendes Kriterium für die Berücksichtigungsfähigkeit von Nachtragsleistungen ist, ob dem Unternehmer im Zeitpunkt der Kündigung bereits eine gesicherte und schützenswerte Rechtsposition zustand, er die entsprechende Leistung bei weiterer Vertragsdurchführung mithin hätte erbringen und dadurch eine zusätzliche Vergütung verdienen dürfen. Danach kann der Unternehmer regelmäßig eine Vergütung für Zusatzleistungen gemäß § 650b Abs. 1 S. 1 Nr. 2 BGB verlangen, die für die Herstellung des Werkerfolges notwendig gewesen wären. Nicht bei der Berechnung des Vergütungsanspruchs aus § 648 S. 2 BGB zu berücksichtigen sind hingegen Nachträge gemäß § 650b Abs. 1 S. 1 Nr. 1 BGB, die nach der Kündigung gegenüber einem Drittunternehmer beauftragt werden.
7. Die Anrechnungsposition des anderweitigen Erwerbs hat nur eine geringe praktische Bedeutung. Vor allem große Unternehmen haben die Möglichkeit, ihren Personal- und Materialeinsatz flexibel zu erhöhen und damit praktisch keine Kapazitätsbegrenzung; daher scheiden Füllaufträge regelmäßig aus. Das Prinzip der Vor- und Nachteilswahrung gebietet es indes, auch lediglich anteilige Vorteile des Unternehmers zu berücksichtigen, die er infolge der Kündigung bei der Durchführung anderer Aufträge erlangt.
8. Der Unternehmer trägt nach der grundsätzlich zustimmungswürdigen Rechtsprechung des Bundesgerichtshofs neben der Darlegungslast für die von ihm erbrachten Leistungen auch die Erstdarlegungslast für die ersparten Aufwendungen sowie den anderweitigen Erwerb. Gleichwohl ergeben sich für den Unternehmer im Einzelfall nicht gerechtfertigte Darlegungsprobleme. Um diesen zu begegnen und dem Unternehmer die Darlegung zu erleichtern, führte der Gesetzgeber die Regelung des § 648 S. 3 BGB ein. Die praktischen Auswirkungen des § 648 S. 3 BGB sind jedoch beschränkt. Die Regelung entbindet den Unternehmer nicht davon, die erbrachten von den nicht erbrachten Leistungen abzugrenzen, was regelmäßig die größte Schwierigkeit für ihn darstellt. Gelingt dem Unternehmer diese Abgrenzung, ermöglicht § 648 S. 3 BGB ihm ohne weiteren Vortrag die Geltendmachung einer Mindestvergütung für die nicht erbrachten Leistungen. Bei konkreter Darlegung der Abzugspositionen wird der Unternehmer meist jedoch eine höhere Vergütung geltend machen können, weshalb sich eine solch konkrete Darlegung lohnen kann. Über die Vermutung des § 648 S. 3 BGB hinaus sind – teilweise abhängig von den Umständen des Einzelfalls – weitere Darlegungs- und Beweiserleichterungen für den Unternehmer sachgerecht. So

sollte im Falle einer Aufmaßvereitelung durch den Besteller die Regelung des § 648a Abs. 4 S. 2 BGB analog angewendet werden, wodurch eine Beweislastumkehr zugunsten des Unternehmers greift. Gerichte sollten überdies vermehrt von der prozessualen Möglichkeit des § 287 Abs. 2 ZPO Gebrauch machen und die Vergütung schätzen, wenn der Unternehmer aus von ihm nicht zu vertretenden Gründen an einer detaillierten Darlegung scheitert. Das allgemeine Prognoserisiko aufgrund von tatsächlichen Unklarheiten hinsichtlich des hypothetischen Kausalverlaufs nach der Kündigung trägt hingegen der Besteller. Dies ist sachgerecht, da allein der Besteller die Kündigung veranlasst hat.

9. Die freie Kündigung des Werkvertrages gemäß § 648 BGB, vor allem die Abrechnung infolge der Kündigung, wird die Rechtspraxis auch zukünftig weiter beschäftigen. Schon aus tatsächlichen Gründen wird die Abgrenzung von erbrachten und nicht erbrachten Leistungen sowie die Abrechnung infolge der Kündigung regelmäßig sehr aufwendig bleiben. Sowohl der Gesetzgeber als auch die Rechtsprechung haben stets das Ziel verfolgt, die Interessen von Unternehmer und Besteller in Ausgleich zu bringen und dabei dem Prinzip der Vor- und Nachteilswahrung Rechnung zu tragen. Sämtliche Korrekturen der Rechtsprechung sowie die Schaffung des § 648 S. 3 BGB waren von diesem Gedanken getragen. Es bleibt abzuwarten, ob der Gesetzgeber oder die Rechtsprechung weitere Korrekturen am Gesetzestext oder der Rechtsprechungspraxis für erforderlich halten, um einen angemessenen Interessenausgleich zu erzielen.

Literaturverzeichnis

Abel, Wolfgang/ Schönfeld, Thomas, Das Anordnungsrecht des Bestellers nach § 650b BGB – Teil 2, in: BauR 2017, 2047-2070.

Acker, Wendelin/ Roskosny, Sigrid, Die Abnahme beim gekündigten Bauvertrag und deren Auswirkungen auf die Verjährung, in: BauR 2003, 1279-1287.

Althaus, Stefan/ Heindl, Christian (Hrsg.), Der öffentliche Bauauftrag. Handbuch für den VOB-Vertrag, 3. Auflage, München 2013 (zitiert: *Bearbeiter*, in: Althaus/Heindl).

Armbrüster, Christian/ Bickert, Elmar, Unzulängliche Mitwirkung des Auftraggebers beim Bau- und Architektenvertrag, in: NZBau 2006, 153-160.

Arz, Matthias, Stolperfallen bei der Geltendmachung vorgerichtlicher Rechtsanwaltskosten, in: NJW 2019, 1858-1860.

Baumgärtel, Gottfried/ Laumen, Hans-Willi/ Prütting, Hanns (Hrsg.), Handbuch der Beweislast, 4. Auflage, Köln 2018 (zitiert: *Bearbeiter*, in: Baumgärtel/Laumen/Prütting).

Becher, Johann G.G./ Lauterbach, Michael, Darlehenskündigung nach § 490 Abs. 2 BGB wegen günstigerer Zinskonditionen?, in: WM 2004, 1163-1168.

Beigel, Herbert, Zum Anspruch des Architekten gemäß § 649 Satz 2 BGB nach Kündigung des Architektenvertrages durch den Bauherrn, in: BauR 1997, 782-785.

Bitter, Georg/ Rauhut, Tilman, Vertragsdurchführungspflicht des Werkbestellers? — § 649 BGB zwischen wirtschaftlicher Vernunft und Treuwidrigkeit, in: JZ 2007, 964-970.

Bötzkes, Frank, Die Abrechnung eines gekündigten Bauvertrages, in: BauR 2016, 429-443.

Canaris, Claus-Wilhelm, Die Feststellung von Lücken im Gesetz, 2. Auflage, Berlin 1983 (zitiert: *Canaris*, Feststellung von Lücken im Gesetz).

Canaris, Claus-Wilhelm, Nichtabnahmeentschädigung und Vorfälligkeitsvergütung bei Darlehen mit fester Laufzeit, in: Vorzeitige Beendigung von Finanzierungen. Rating von Unternehmen, in: Bankrechtstag 1996, 3-42 (zitiert: *Canaris*, in: Bankrechtstag 1996, 3).

Canaris, Claus-Wilhelm, Die Reform des Rechts der Leistungsstörungen, in: JZ 2001, 499-528.

Cantzler, Klaus, Die Vorteilsausgleichung beim Schadensersatzanspruch, in: AcP 156 (1957), 29-59.

Cramer, Stephan/ Kandel, Roland/ Preussner, Mathias (Hrsg.), BeckOK VOB/B, 45. Edition, München 2023 (zitiert: *Bearbeiter*, in: BeckOK VOB/B).

Däubler-Gmelin, Herta, Die Entscheidung für die so genannte Große Lösung bei der Schuldrechtsreform - Zum Entwurf eines Gesetzes zur Modernisierung des Schuldrechts, in: NJW 2001, 2281-2289.

Dauner-Lieb, Barbara, Zur Reichweite des Vorrangs der (Nach-)Erfüllung beim Kauf, in: Festschrift für Claus-Wilhelm Canaris zum 70. Geburtstag, S. 143-163, München 2007 (zitiert: *Dauner-Lieb*, in: FS Canaris, 143).

Dauner-Lieb, Barbara, Die geplante Änderung der kaufrechtlichen Mängelhaftung, in: NZBau 2015, 684-689.

Dauner-Lieb, Barbara/ Langen, Werner (Hrsg.), Nomos Kommentar BGB, mehrere Bände, 4. Auflage, Baden-Baden 2021 (zitiert: *Bearbeiter*, in: Dauner-Lieb/Langen).

Dölle, Ulrich, Kosten der Rechnungserstellung nach freier Kündigung eines Pauschalvertrages, in: Festschrift für Ulrich Werner zum 65. Geburtstag, S. 169-176, Neuwied 2005 (zitiert: *Dölle*, in: FS Werner, 169).

Dornbusch, Johannes/ Plum, Heinz, Die „freie" Teil-Kündigung - noch Klärungsbedarf aus baubetrieblicher Sicht?, in: Jahrbuch Baurecht 2000, 160-173.

Dörner, Heinrich/ Staudinger, Ansgar, Schuldrechtsmodernisierungsgesetz, 1. Auflage, Baden-Baden 2002.

Drittler, Matthias, Freie Kündigung: Ersparte Kosten sind grundsätzlich als tatsächliche Kosten abzuziehen, in: BauR 2006, 1215-1221.

Drittler, Matthias, Nachträge und Nachtragsprüfung beim Bau- und Anlagenbauvertrag, 4. Auflage 2022 (zitiert: *Drittler*, Nachträge und Nachtragsprüfung).

Eidenmüller, Horst, Effizienz als Rechtsprinzip, 3. Auflage, Tübingen 2005.

Ellenberger, Jürgen/ Bunte, Hermann-Josef (Hrsg.), Bankrechts-Handbuch, 6. Auflage, München 2022 (zitiert: *Bearbeiter*, in: Ellenberger/Bunte BankR-HdB).

Erfurter Kommentar zum Arbeitsrecht, herausgegeben von *Müller-Glöge, Rudi/ Preis, Ulrich/ Schmidt, Ingrid (Hrsg.)*, 23. Auflage, München 2023 (zitiert: *Bearbeiter*, in: ErfK).

Erman, Walther (Begr.), Bürgerliches Gesetzbuch, herausgegeben von *Westermann, Harm Peter/ Grunewald, Barbara/ Maier-Reimer, Georg*, 16. Auflage, Köln 2020 (zitiert: *Bearbeiter*, in: Erman BGB).

Fischer, Christopher, Die fristlose Kündigung bei Vertrauensstellung (§ 627 BGB), Baden-Baden 2014 (zitiert: *Fischer*, Fristlose Kündigung).

Freitag, Robert, Die Beendigung des Darlehensvertrages nach dem Schuldrechtsmodernisierungsgesetz, in: WM 2001, 2370-2377.

Fuchs, Heiko, Kooperationspflichten der Bauvertragsparteien, Köln 2004 (zitiert: *Fuchs*, Kooperationspflichten).

Fuchs, Heiko/ Berger, Andreas/ Seifert, Werner (Hrsg.), Beck'scher HOAI- und Architektenrechts-Kommentar Honorarordnung für Architekten und Ingenieure mit systematischen Darstellungen zum Architektenrecht, 3. Auflage, München 2022 (zitiert: *Bearbeiter*, in: Fuchs/Berger/Seifert).

Gauch, Peter, Der Rücktritt des Bestellers vom Werkvertrag - Gedanken zu Art. 377 des Schweizerischen Obligationenrechts, in: Festschrift für Horst Locher zum 65. Geburtstag, S. 35-51, Düsseldorf 1990 (zitiert: *Gauch*, in: FS Locher, 35).

Gelder, Alfons van, Der Anspruch nach § 649 Satz 2 BGB bei Verlustgeschäften und seine Geltendmachung im Prozeß, in: NJW 1975, 189-192.

Glöckner, Jochen, § 649 Satz 2 BGB — ein künstlicher Vergütungsanspruch?, in: BauR 1998, 669-682.

Grüneberg, Bürgerliches Gesetzbuch, 82. Auflage, München 2023 (zitiert: *Bearbeiter*, in: Grüneberg).

Gsell, Beate/ Krüger, Wolfgang/ Lorenz, Stephan/ Reymann, Christoph (Hrsg.), beck-online Grosskommentar BGB, München 2023 (zitiert: *Bearbeiter*, in: BeckOGK BGB).

Harbeke, Christof, Die Vorzeitige Beendigung von Finanzierungen aus der Sicht eines Kreditinstitutes, in: Vorzeitige Beendigung von Finanzierungen. Rating von Unternehmen Bankrechtstag 1996, S. 85-111 (zitiert: *Harbeke*, in: Bankrechtstag 1996, 85).

Hartmann, Christian, Die unterlassene Mitwirkung des Gläubigers, Berlin 1997 (zitiert: *Hartmann*, Unterlassene Mitwirkung).

Hartmann, Christian, Der Gegenleistungsanspruch des Werkunternehmers bei unterlassener Mitwirkung des Bestellers, in: BB 1997, 326-329.

Hau, Wolfgang/ Poseck, Roman (Hrsg.), BeckOK BGB, 65. Edition, München 2023 (zitiert: *Bearbeiter*, in: BeckOK BGB).

Heile, Bernhard, Ersatzmietergestellung bei Wohn- und Geschäftsraummiete, in: ZMR 1990, 249-254.

Herberger, Maximilian/ Martinek, Michael/ Rüßmann, Helmut/ Weth, Stephan/ Würdinger, Markus (Hrsg.), juris PraxisKommentar BGB, Band 2 - Schuldrecht, 10. Auflage, Saarbrücken 2023 (zitiert: *Bearbeiter*, in: jurisPK-BGB).

Hille, Christian Peter, Abrechnung des gekündigten Pauschalpreisvertrags, in: NJW 2015, 2455-2460.

Historisch-kritischer Kommentar zum BGB, herausgegeben von *Schmoeckel, Mathias/ Rückert, Joachim/ Zimmermann, Reinhard*, Bd. I, Tübingen 2003 (zitiert: *Bearbeiter*, in: HKK).

Huber, Ulrich, Leistungsstörungen Bd. I, Tübingen 1999.

Huber, Ulrich, Modellregeln für ein Europäisches Kaufrecht, in: ZEuP 2008, 708-744.

Huber, Ulrich, Schadensersatz statt der Leistung, in: AcP 210 (2010), 319-353.

Ingenstau/Korbion, VOB Teile A und B, herausgegeben von *Leupertz, Stefan/ Wietersheim, Mark von*, 22. Auflage, Köln 2023 (zitiert: *Bearbeiter*, in: Ingenstau/Korbion).

Jacob, Andreas, Was kostet die nicht erbrachte Leistung nach freier Kündigung?, in: BauR 2021, 751-759.

Jakobs, Horst Heinrich, Die Abnahme beim Werkvertrag, in: AcP 183 (1983), 145-188.

Jansen, Arnold/ Seibel, Mark (Hrsg.), Nicklisch/Weick/Jansen/Seibel, VOB/B, 5. Auflage, München 2019 (zitiert: *Bearbeiter*, in: Nicklisch/Weick/Jansen/Seibel, VOB/B).

Jansen, Günther, Abnahme und Abrechnung nach Kündigung, in: BauR 2011, 371-378.

Jauernig, Othmar (*Begr.*), Bürgerliches Gesetzbuch, 18. Auflage, München 2021 (zitiert: *Bearbeiter*, in: Jauernig).

Kapellmann, Klaus, Die Berechnung der Vergütung nach Kündigung des Bau- oder Architektenvertrages durch den Auftraggeber, in: Jahrbuch Baurecht 1998, 35-86.

Kapellmann, Klaus, Die erforderliche Mitwirkung nach § 642 BGB, § 6 VI VOB/ B – Vertragspflichten und keine Obliegenheiten, in: NZBau 2011, 193-198.

Kapellmann, Klaus/ Messerschmidt, Burkhard (Hrsg.), VOB-Kommentar, 8. Auflage, München 2022 (zitiert: *Bearbeiter*, in: Kapellmann/Messerschmidt).

Kapellmann, Klaus/ Schiffers, Karl-Heinz/ Markus, Jochen, Vergütung, Nachträge und Behinderungsfolgen beim Bauvertrag, Bd. II, 6. Auflage, Köln 2017 (zitiert: *Kapellmann/Schiffers/Markus*).

Karczewski, Thomas, Der neue alte Bauträgervertrag, in: NZBau 2018, 328-338.

Keilholz, Kurt, Baurecht, in: Gutachten und Vorschläge zur Überarbeitung des Schuldrechts, Band III, S. 241-344, Köln 1983 (zitiert: *Keilholz*, in: Überarbeitung des Schuldrechts, Bd. III, 241).

Kenter, Carolin, Der Vergütungsanspruch des Werkunternehmers gemäß § 649 S. 2 BGB, Düsseldorf 2000 (zitiert: *Kenter*, Vergütungsanspruch).

Kern, Bernd-Rüdiger, Zur Dogmatik des § 324 I BGB, in: AcP 200 (2000), 684-702.

Klein, Georg, Die Gewährleistung der Vor- und Nachteilswahrung beim frei gekündigten VOB/B-Werkvertrag, in: BauR 2016, 12-20.

Kleine-Möller, Nils/ Merl, Heinrich/ Glöckner, Jochen (Hrsg.), Handbuch des privaten Baurechts, 6. Auflage, München 2019 (zitiert: *Bearbeiter*, in: Kleine-Möller/Merl/Glöckner).

Kniffka, Rolf, Anmerkung zu BGH, Urteil vom 04.07.1996, VII ZR 227/93, in: EWiR 1996, 1019-1020.

Kniffka, Rolf, Abnahme und Abnahmewirkungen nach der Kündigung des Bauvertrages - Zur Abwicklung des Bauvertrages nach der Kündigung unter besonderer Berücksichtigung der Rechtsprechung des Bundesgerichtshofs, in: ZfBR 1998, 113-120.

Kniffka, Rolf, Die neuere Rechtsprechung des Bundesgerichtshofs zur Abrechnung nach Kündigung des Bauvertrags, in: Jahrbuch Baurecht 2000, 1-21.

Kniffka, Rolf, Das neue Recht nach dem Gesetz zur Reform des Bauvertragsrechts, zur Änderung der kaufrechtlichen Mängelhaftung und zur Stärkung des zivilprozessualen Rechtsschutzes (BauVG), in: BauR 2017, 1747-1900.

Kniffka, Rolf/ Jurgeleit, Andreas (Hrsg.), ibr-online-Kommentar Bauvertragsrecht, München 2021 (zitiert: *Bearbeiter*, in: ibrOK Bauvertragsrecht).

Kniffka, Rolf/ Koeble, Wolfgang/ Jurgeleit, Andreas/ Sacher, Dagmar (Hrsg.), Kompendium des Baurechts, 5. Auflage, München 2020 (zitiert: *Bearbeiter*, in: Kniffka/Koeble).

Koeble, Wolfgang, Probleme des Gerichtsstands sowie der Darlegungs- und Beweislast im Architektenhonorarprozeß, in: BauR 1997, 191-198.

Kohler, Josef, Annahme und Annahmeverzug, in: IhJb 1879, 261-424.

Kohler, Josef, Ungehorsam und Vollstreckung im Civilproceß, AcP 80 (1893), 141-300.

Kohler, Josef, Zwölf Studien zum Bürgerlichen Gesetzbuch – der Gläubigerverzug, in: Archiv für bürgerliches Recht 1897, 149-295 (zitiert: *Kohler*, Archiv bürg. Recht 1897, 149).

Köndgen, Johannes, Anmerkung zu BGH, Urteil vom 01.07.1997, XI ZR 267/96, in: ZIP 1997, 1645-1646.

Köndgen, Johannes, Darlehen, Kredit und finanzierte Geschäfte nach neuem Schuldrecht – Fortschritt oder Rückschritt?, in: WM 2001, 1637-1648.

Koos, Oliver, Anmerkung zu OLG Frankfurt, Urteil vom 19.08.2019, 21 U 11/19, in: NZBau 2020, 240-241.

Kübel, Franz Philipp von, Die Vorlagen der Redaktoren für die erste Kommission zur Ausarbeitung des Entwurfes eines Bürgerlichen Gesetzbuches, Recht der Schuldverhältnisse, herausgegeben von Werner *Schubert* (Unveränderter Nachdruck der als Manuskript vervielfältigten Ausgabe aus den Jahren 1876-1883), mehrere Bände, Berlin u.a.1980 (zitiert: *Kübel*, Vorlagen der Redaktoren zum BGB).

Lachenmann, Matthias, Anmerkung zu OLG Düsseldorf, Urteil vom 05.12.2013, I-5 U 135/12, in: MMR 2014, 521-525.

Lachmann, Ulrike, Die Rechtsfolgen unterlassener Mitwirkungshandlungen des Werkbestellers, in: BauR 1990, 409-412.

Langen, Werner, Praxisprobleme des gekündigten Schlüsselfertigbauvertrages, in: Vom Bau-SOLL zum Bau-IST, Festschrift für Klaus Dieter Kapellmann zum 65. Geburtstag, S. 237-251, Neuwied 2007 (zitiert: *Langen*, in: FS Kapellmann, 237).

Langheineken, Paul, Anspruch und Einrede nach dem Deutschen Bürgerlichen Gesetzbuch, Leipzig 1903 (zitiert: *Langheineken*, Anspruch und Einrede).

Larenz, Karl/ Canaris, Claus-Wilhelm, Methodenlehre der Rechtswissenschaft, 3. Auflage, Berlin u.a. 1995 (zitiert: *Larenz/Canaris*, Methodenlehre).

Laumen, Hans-Willi, Die sekundäre Behauptungslast, in: MDR 2019, 193-197.

Leinemann, Ralf (Hrsg.), VOB/B Kommentar, 7. Auflage, Köln 2019 (zitiert: *Bearbeiter*, in: Leinemann, VOB/B).

Leinemann, Ralf/ Kues, Jarl-Hendrik (Hrsg.), BGB-Bauvertragsrecht, 2. Auflage, München 2023 (zitiert: *Bearbeiter*, in: Leinemann/Kues).

Leineweber, Anke, Kündigung bei Pauschalverträgen - Möglichkeiten und Problemlösungen für den Auftragnehmer im Zusammenhang mit der Abrechnung -, in: ZfBR 2005, 110-113.

Lenzen, Elmar, Ansprüche gegen den Besteller, dem Mitwirkungspflichten unmöglich werden, in: BauR 1997, 210-215.

Leupertz, Stefan, Die Ermittlung des geschuldeten und verpreisten Leistungsumfangs durch Auslegung des Bauvertrages, in: BauR 2019, 409-419.

Leupertz, Stefan/ Preussner, Mathias/ Sienz, Christian (Hrsg.), BeckOK Bauvertragsrecht, 20. Edition, München 2023 (zitiert: *Bearbeiter*, in: BeckOK Bauvertragsrecht).

Lichtenberg, Christoph, Zur Berücksichtigung einer Unterdeckung bei der Abrechnung nach freier (Teil-)Kündigung, in: BauR 2014, 615-620.

Löwe, Hans Peter, Die Vergütungsklage des Unternehmers nach Kündigung des Werkvertrages durch den Auftraggeber nach § 649 Satz 2 BGB unter

Berücksichtigung der Entscheidungen des BGH vom 8.2.1996, 10.10.1996 und 7.11.1996, in: ZfBR 1998, 121-128.

Mankowski, Peter, Beseitigungsrechte – Anfechtung, Widerruf und verwandte Institute, Tübingen 2003 (zitiert: *Mankowski*, Beseitigungsrechte).

Markus, Jochen, Ansprüche des Auftragnehmers nach wirksamer Zuschlagserteilung bei „unklarer Leistungsbeschreibung" des Auftraggebers, in: Jahrbuch Baurecht 2004, 1-42.

Markus, Jochen, § 649 S. 2 BGB: Die Anrechnung der tatsächlich ersparten Aufwendungen auf die kalkulierten Kosten, in: NZBau 2005, 417-423.

Messerschmidt, Burkhard, Die Abnahme von Bauleistungen nach vorzeitiger Beendigung des Bauvertrages - Kritische Anmerkungen zur neuen Rechtsprechung des Bundesgerichtshofes, in: Vom Bau-SOLL zum Bau-IST, Festschrift für Klaus Dieter Kapellmann zum 65. Geburtstag, S. 309-320, Neuwied 2007 (zitiert: *Messerschmidt*, in: FS Kapellmann, 309).

Messerschmidt, Burkhard/ Voit, Wolfgang (Hrsg.), Privates Baurecht, 4. Auflage, München 2022 (zitiert: *Bearbeiter*, in: Messerschmidt/Voit).

Mommsen, Friedrich, Die Lehre von der Mora nebst Beiträgen zur Lehre von der Culpa, Braunschweig 1855 (zitiert: Mommsen, Lehre von der Mora).

Motzke, Gernd/ Bauer, Günter/ Seewald, Thomas (Hrsg.), Prozesse in Bausachen, 3. Auflage, Baden-Baden 2018 (zitiert: *Bearbeiter*, in: Motzke/Bauer/Seewald).

Mugdan, Benno, Die gesammten Materialien zum Bürgerlichen Gesetzbuch für das Deutsche Reich, Band II, Recht der Schuldverhältnisse, Berlin 1899 (zitiert: *Mugdan*, Bd. II).

Mugler, Fritz, Vergütungs- und Schadensersatzprobleme nach „Kündigung" von Werkverträgen am Beispiel von Bauverträgen, in: BB 1993, 1460-1463.

Münchener Kommentar zum Bürgerlichen Gesetzbuch, herausgegeben von *Säcker, Franz Jürgen/ Rixecker, Roland/ Oetker, Hartmut/ Limperg, Bettina*, 9. Auflage, München 2023 (zitiert: *Bearbeiter*, in: MüKo BGB).

Münchener Kommentar zur Zivilprozessordnung mit Gerichtsverfassungsgesetz und Nebengesetzen, herausgegeben von *Rauscher, Thomas/ Krüger, Wolfgang*, 6. Auflage, München 2020 (zitiert: *Bearbeiter*, in: MüKo ZPO).

Musielak, Hans-Joachim/ Voit, Wolfgang (Hrsg.), Zivilprozessordnung, 19. Auflage, München 2022 (zitiert: *Bearbeiter*, in: Musielak/Voit ZPO).

Nicklisch, Fritz, Mitwirkungspflichten des Bestellers beim Werksvertrag, insbesondere beim Bau- und Industrieanlagenvertrag, in: BB 1979, 533-544.

Nicklisch, Fritz, Empfiehlt sich eine Neukonzeption des Werkvertragsrechts? - unter besonderer Berücksichtigung komplexer Langzeitverträge, in: JZ 1984, 757-771.

Niemöller, Christian, Vergütungsansprüche nach Kündigung des Bauvertrages, in: BauR 1997, 539-551.

Oertmann, Paul, Die Vorteilsausgleichung beim Schadensersatzanspruch im römischen und deutschen bürgerlichen Recht, Berlin 1901 (zitiert: *Oertmann*, Vorteilsausgleichung).

Oetker, Hartmut, Das Dauerschuldverhältnis und seine Beendigung, Tübingen 1994 (zitiert: *Oetker*, Dauerschuldverhältnis).

Orthmann, Katharina, Anmerkung zu OLG Celle, Urteil vom 24.09.2008, 7 U 12/05, in: IBR 2010, 78.

Palandt, Bürgerliches Gesetzbuch, 79. Auflage, München 2020 (zitiert: *Bearbeiter*, in: Palandt (2020)).

Pamperien, Jörg, Die Auskunftspflicht des Werkunternehmers über ersparte Aufwendungen gemäß § 649 S. 2 BGB, Hamburg 2000 (zitiert: *Pamperien*, Auskunftspflicht des Werkunternehmers).

Peters, Frank, Der Einwand des Mitverschuldens gegenüber Erfüllungsansprüchen, in: JZ 1995, 754-758.

Peters, Frank, Die Stornierung von Verträgen, in: JZ 1996, 73-78.

Peters, Frank, Abrechnungsmodelle für den vorzeitig beendeten Werkvertrag, in: Festschrift für Reinhold Thode zum 65. Geburtstag, S. 65-76, München 2005 (zitiert: *Peters*, in: FS Thode, 65).

Peters, Frank, Zu der Struktur und den Wirkungen einer auf § 649 BGB gestützten Kündigung des Bestellers, in: BauR 2012, 11-16.

Peters, Frank, Die Abrechnung eines gekündigten Internet-System-Vertrags, in: NZBau 2012, 149-150.

Prütting, Hanns/ Wegen, Gerhard/ Weinreich, Gerd (Hrsg.), Bürgerliches Gesetzbuch, 17. Auflage, Hürth 2022 (zitiert: *Bearbeiter*, in: Prütting/Wegen/ Weinreich).

Quack, Friedrich, Einige Probleme der Vergütungsabrechnung nach § 649 Satz 2 BGB, in: Festschrift für Götz von Craushaar zum 65. Geburtstag, S. 309-316, Düsseldorf 1997 (zitiert: *Quack*, in: FS von Craushaar, 309).

Reus, Andreas, Die Kündigung durch den Auftraggeber gemäß § 8 VOB/B, in: BauR 1995, 636-642.

Riehm, Thomas, Der Grundsatz der Naturalerfüllung, Tübingen 2015 (zitiert: *Riehm*: Naturalerfüllung).

Rintelen, Claus von, Vergütungsanspruch des Architekten im Falle der sogenannten freien Kündigung des Architektenvertrages — Zulässigkeit seiner Pauschalierung durch AGB, in: BauR 1998, 603-612.

Röder, Erik, Die vorzeitige Beendigung von Darlehensverträgen gegen Vorfälligkeitsentschädigung im Spannungsfeld von Rechtsfortbildung und Kodifizierung, in: Richterliche Rechtsfortbildung und kodifiziertes Richterrecht, Jahrbuch Junger Zivilrechtswissenschaftler 2014, S. 359-400, Stuttgart u.a. 2016 (zitiert: *Röder*, in: Jahrbuch Junger Zivilrechtswissenschaftler 2014, 359).

Rohland, Markus/ Wawra, Anne-Kathrin, Der „entgangene Gewinn" des Auftragnehmers bei „freier Kündigung", in: NJW-Spezial 2021, 684-685.

Rosendahl, Danilo, Abrechnung nicht ausgeführter Nachtragsleistungen bei vorzeitig beendetem Bauvertrag, in: NZBau 2022, 450-453.

Rösler, Patrick/ Wimmer, Konrad, Vermeintlich und wirklich offene Fragen zur Vorfälligkeitsentschädigung, in: NJW 2021, 1194-1198.

Roth, Herbert, Die Reform des Werkvertragsrechts, in: JZ 2001, 543-551.

Saenger, Ingo (Hrsg.), Zivilprozessordnung, 9. Auflage, Baden-Baden 2021 (zitiert: *Bearbeiter*, in: Saenger ZPO).

Schäfer, Hans-Bernd/ Ott, Claus, Lehrbuch der ökonomischen Analyse des Zivilrechts, 6. Auflage, Berlin 2021 (zitiert: *Schäfer/Ott*, Ökonomische Analyse).

Schmeel, Günter, § 649 BGB: Anrechnung ersparter Aufwendungen – Abschied von der Bequemlichkeit –, in: MDR 1997, 109-110.

Schmid, Ronald/ Puschkarski, Franziska, Die Abrechnung beim Luftbeförderungsvertrag nach Kündigung durch den Fluggast, in: NJW 2018, 657-661.

Schmidt, Volker, Materiell-rechtliche Fragen zur Prüfbarkeit der Schlussrechnung des Werkunternehmers, in: NJW 2015, 1159-1161.

Schmitz, Claus, Anmerkung zu BGH, Urteil vom 28.07.2011, VII ZR 45/11, in: IBR 2011, 570.

Schmitz, Claus, Anmerkung zu BGH, Urteil vom 16.10.2014, VII ZR 176/12, in: IBR 2014, 728.

Schurr, Francesco, Geschäftsimmanente Abstandnahme - Das ius poenitendi des Europäischen Fernabsatzrechts in Gegenüberstellung zu artverwandten Instituten des allgemeinen Privatrechts, Tübingen 2006 (zitiert: *Schurr*, Geschäftsimmanente Abstandnahme).

Sienz, Christian, Die Anwendung des § 642 BGB in der Praxis, in: BauR 2014, 390-402.

Soergel, Hans Theodor (Begr.), Bürgerliches Gesetzbuch, Bd. 3/2 Schuldrecht 1/2, 13. Auflage, Stuttgart 2014 (zitiert; *Bearbeiter,* in: Soergel).

Stathopoulos, Michael, Probleme der Vertragsbindung und Vertragslösung in rechtsvergleichender Betrachtung, in: AcP 194 (1994), 543-571.

Staudinger, Julius von (Begr.), Kommentar zum Bürgerlichen Gesetzbuch mit Einführungsgesetz und Nebengesetzen, Berlin, mehrere Bände ab 2019 (zitiert: *Bearbeiter*, in: Staudinger).

Stein/Jonas, Kommentar zur Zivilprozessordnung, mehrere Bände, 23. Auflage, Tübingen 2018 (zitiert: *Bearbeiter*, in: Stein/Jonas).

Taupitz, Jochen, Ökonomische Analyse und Haftungsrecht - Eine Zwischenbilanz, in: AcP 196 (1996), 114-167.

Thierau, Thomas, Anmerkung zu OLG Hamm, Urteil vom 13.03.2008, 21 U 15/06, in: IBR 2010, 610.

Thode, Reinhold, Werkleistung und Erfüllung im Bau- und Architektenvertrag, in: ZfBR 1999, 116-124.

Unberath, Hannes, Die Vertragsverletzung, Tübingen 2007.

Venrooy, Gerd van, „Kündigung" des Werkvertrags durch den Besteller nach § 649 Satz 1 BGB, in: JR 1991, 492-497.

Vogel, Achim Olrik, Die gesetzlichen Kündigungstatbestände, in: BauR 2011, 313-330.

Voit, Wolfgang, Die ausserordentliche Kündigung des Werkvertrages durch den Besteller, in: Festschrift für Heinrich Honsell zum 60. Geburtstag, S. 415-438, Zürich u.a. 2002 (zitiert: *Voit*, in: FS Honsell, 415).

Vorwerk, Volkert/ Wolf, Christian, BeckOK ZPO, 47. Edition, München 2022 (zitiert: *Bearbeiter*, in: BeckOK ZPO).

Vowinckel, Cornelius, Abrechnung eines Bauvertrags nach einvernehmlicher stillschweigender Beendigung, in: NJW 2020, 884-885.

Vygen, Klaus/ Joussen, Edgar, Bauvertragsrecht nach VOB und BGB - Handbuch des privaten Baurechts, 5. Auflage, Köln 2013 (zitiert: *Vygen/Joussen*, Bauvertragsrecht).

Weidt, Heinz, Antizipierter Vertragsbruch: Eine Untersuchung zum deutschen und englischen Recht, Tübingen 2008 (zitiert: *Weidt*, Antizipierter Vertragsbruch).

Weller, Marc-Philippe, Die Vertragstreue – Vertragsbindung – Naturalerfüllungsgrundsatz – Leistungstreue, Tübingen 2009 (zitiert: *Weller*, Vertragstreue).

Wenzel, Joachim, Der Störer und seine verschuldensunabhängige Haftung im Nachbarrecht, in: NJW 2015, 241-247.

Werner, Ulrich/ Pastor, Walter (Hrsg.), Der Bauprozess, 17. Auflage, Köln 2020 (zitiert: *Bearbeiter*, in: Werner/Pastor).

Werner, Ulrich/ Siegburg, Frank, Der „entgangene Gewinn" des Architekten gemäß § 649 Satz 2 BGB – im Blickwinkel der neuesten Rechtsprechung des Bundesgerichtshofes –, in: BauR 1997, 181-190.

Wertenbruch, Johannes, Das Wahlrecht des Gläubigers zwischen Erfüllungsanspruch und den Rechten aus § 326 BGB nach einer Erfüllungsverweigerung des Schuldners, in: AcP 193 (1993), 191-203.

Weyers, Hans-Leo, Werkvertrag, in: Gutachten und Vorschläge zur Überarbeitung des Schuldrechts, Band II, S. 1115-1208, Köln 1981 (zitiert: *Weyers*, in: Überarbeitung des Schuldrechts, Bd. II, 1115).

Wieling, Hans Josef, Venire contra factum proprium und Verschulden gegen sich selbst, in: AcP 176 (1976), 334-355.

Wolber, Nina, Anmerkung zu OLG Celle, Urteil vom 04.01.2007, 13 U 244/05, in: IBR 2008, 427.

Zimmermann, Reinhard, The Law of Obligations - Roman Foundations of the Civilian Tradition, Oxford 1996 (zitiert: *Zimmermann*, Law of Obligations).